科学家精神丛书

科学家精神
SPIRIT OF SCIENTISTS

求实篇

科学家精神丛书编写组 ◎ 编

科学技术文献出版社
SCIENTIFIC AND TECHNICAL DOCUMENTATION PRESS

·北京·

图书在版编目（CIP）数据

科学家精神.求实篇 / 科学家精神丛书编写组编. —北京：科学技术文献出版社，2020.12（2023.5重印）
（科学家精神丛书）
ISBN 978-7-5189-7572-3

Ⅰ.①科… Ⅱ.①科… Ⅲ.①科学家—列传—中国 Ⅳ.① K826.1

中国版本图书馆 CIP 数据核字（2020）第 266168 号

科学家精神·求实篇

策划编辑：丁坤善 李 蕊 责任编辑：赵 斌 责任校对：王瑞瑞 责任出版：张志平	
出 版 者	科学技术文献出版社
地 址	北京市复兴路15号 邮编 100038
编 务 部	（010）58882938，58882087（传真）
发 行 部	（010）58882868，58882870（传真）
邮 购 部	（010）58882873
官方网址	www.stdp.com.cn
发 行 者	科学技术文献出版社发行 全国各地新华书店经销
印 刷 者	北京时尚印佳彩色印刷有限公司
版 次	2020年12月第1版 2023年5月第2次印刷
开 本	710×1000 1/16
字 数	214千
印 张	17.5
书 号	ISBN 978-7-5189-7572-3
定 价	86.00元

版权所有 违法必究

购买本社图书，凡字迹不清、缺页、倒页、脱页者，本社发行部负责调换

编审委员会名单

主　任：王志刚
副主任：李　萌
委　员：戴国庆　李桂华　苗　鸿　高　翔
　　　　　　戴国强　赵志耘　李　普　许志龙

序 言
PREFACE

我国科学家是充满理想和献身精神、具有优良传统的群体。长期以来,一代又一代科学家怀着深厚的爱国主义情怀,以忠诚和担当、智慧和才能、奉献和牺牲,为祖国和人民作出了彪炳史册的重大贡献,铸就了"两弹一星""载人航天"等光照千秋的精神丰碑,展现了高尚人格风范和优良作风学风。

进入新时代,世界正经历百年未有之大变局,我国正处于实现中华民族伟大复兴的关键时期,以习近平同志为核心的党中央审时度势、高瞻远瞩,提出创新是引领发展的第一动力,把科技创新放在国家发展的核心位置,开启了建设世界科技强国的伟大征程。伟大的事业需要伟大的精神。面对新形势、新挑战,党中央、国务院及时决策部署,中办国办印发《关于进一步弘扬科学家精神加强作风和学风建设的意见》,在继承发扬我国科技界优秀传统和进一步凝练升华宝贵精神基础上,以爱国、创新、求实、奉献、协同、育人为核心,系统概括阐释新时代科学家精神,全面提出加强作风和学风建设的工作部署,对筑牢科技界共同的价值观念和思想基础,激励和引导广大科技工作者接力精神火炬,奋进新的长征具有重要意义。

科学家精神 求实篇
SPIRIT OF SCIENTISTS

弘扬科学家精神，要坚持党的领导。 要深入学习贯彻习近平新时代中国特色社会主义思想，特别是关于科技创新的重要论述、关于学风建设的重要批示指示，引导广大科技工作者提高政治站位，牢固树立"四个意识"，坚定"四个自信"，做到"两个维护"，把党的领导贯穿到科技工作全过程，确保沿着正确方向砥砺前行。

弘扬科学家精神，要深刻理解和准确把握其内涵实质。 新时代科学家精神内涵丰富，汲取了世界科技文明的精髓，吸收了中华优秀传统文化的精华和社会主义核心价值观的要义，把胸怀祖国、服务人民的爱国精神，勇攀高峰、敢为人先的创新精神，追求真理、严谨治学的求实精神，淡泊名利、潜心研究的奉献精神，集智攻关、团结协作的协同精神，甘为人梯、奖掖后学的育人精神融为一体，既传承精神血脉，又蕴涵时代特点，构成了中国科学家独特的精神内核。发之于中，必行于外。科学家精神是我国科学家创新进取的内在动力，优良的科研作风学风是率先垂范的外在表现。要把弘扬科学家精神与作风学风建设有机结合起来，统筹推进。

弘扬科学家精神，要突出价值引领。 要大力宣传科学家榜样典范，把握主基调，唱响主旋律，倡导科技报国，倡导严谨求实，倡导潜心钻研，倡导理性质疑，倡导学术民主，发挥示范带动作用，激励和引导广大科研人员争做"重大科研成果的创造者、建设科技强国的奉献者、崇高思想品格的践行者、良好社会风尚的引领者"，引领全社会尊重科学、投身科学，凝聚起建设世界科技强国的强大动力。

弘扬科学家精神，要坚持久久为功。 要进一步深化科技体制机制改革，突破不符合科技创新规律和人才成长规律的制度藩篱，正确发挥评价引导作用，为科技工作者潜心科研、拼搏创新提供良好政策保障。要坚守诚信底线，严守科研伦理规范，反对浮夸浮躁、投机取巧和"圈子"文化，营造风清气正的科研环境。要加大科学家精神宣传力度，创新宣传方式，讲好科技工作者科学报国故事，让科学家成为年青一代的偶像，在全社会形成热爱科学、尊崇创新的氛围。

为大力弘扬科学家精神，推动科技界树立优良作风学风，做好《关于进一步弘扬科学家精神加强作风和学风建设的意见》的贯彻落实工作，科技部组织编辑出版了《科学家精神》丛书，从爱国、创新、求实、奉献、协同、育人等方面，讲述新中国成立70年来为国家富强、民族振兴、人民幸福作出突出贡献的优秀科学家先进事迹，生动展示他们科学报国、甘于奉献、勇于创新的崇高精神和优良作风学风。希望这套丛书能够帮助广大科技工作者、社会公众、青少年进一步理解新时代科学家精神深刻内涵，激励大家以这些科学家为楷模，为建设世界科技强国、实现中华民族伟大复兴作出更大贡献。

科技部党组书记、部长

2020年4月

前 言
FOREWORD

创新是引领发展的第一动力，人才是我国经济社会发展的第一资源。党的十八大以来，以习近平同志为核心的党中央高度重视科技事业，对广大科学家群体寄予深切厚望。2019年6月，中共中央办公厅、国务院办公厅印发《关于进一步弘扬科学家精神加强作风和学风建设的意见》，明确提出"以塑形铸魂科学家精神为抓手，切实加强作风和学风建设，积极营造良好科研生态和舆论氛围"。2020年9月11日，习近平总书记在科学家座谈会上特别强调要大力弘扬科学家精神，为我们弘扬科学家精神树立优良学风作风提供了根本遵循。党的十九届五中全会提出，坚持创新在我国现代化建设全局中的核心地位，把科技自立自强作为国家发展的战略支撑，明确提出要弘扬科学精神，营造崇尚创新的社会氛围。

为贯彻习近平总书记重要指示精神和党中央国务院决策部署，科技部决定组织编辑出版宣传新时代科学家精神、倡导优良作风学风的《科学家精神》丛书。丛书结合当前科研作风学风建设实际，面向广大科技工作者、社会公众、青少年等读者对象，在《人民日报》《光明日报》《科技日报》等权威媒体科学家事迹相关宣传报道的基础上，以新中国成立70年来不同时期受到表彰宣传的科学家为主，通过一系列科学家的故事，力求深刻诠释、生动展示科学家精神的实质和内涵，以期在全社会深入弘扬新时代科学家精神，持续加强科研作风和学风建设，助力创新驱动发展战略深入实施，为加快推进世界科技强国建设提供支持。

新时代科学家精神是胸怀祖国、服务人民的爱国精神，是勇攀高峰、敢为人先的创新精神，是追求真理、严谨治学的求实精神，是淡泊名利、潜心研究的奉献精神，是集智攻关、团结协作的协同精神，是甘为人梯、奖掖后学的育人精神。这些精神特质，既有在科学技术发展过程中积淀的品格、方法和规训，又强调社会责任、价值观念等伦理维度，是仰望星空对真理的追求和脚踏实地创新探索的统一。

本丛书以此为依据，分为爱国篇、创新篇、求实篇、奉献篇、协同篇、育人篇共 6 册。每册围绕主题，以科学家出生年月、重大科技工程立项或实施时间为序，精选若干科学家和科学家群体的相应事迹。同时，每篇文章还设有科学家、科学家团队或重大科技工程简介，以便读者更好地了解科学家在相关领域取得的成就。《科学家精神·爱国篇》《科学家精神·创新篇》已分别于 2020 年 5 月和 9 月出版。

我们在《科学家精神·求实篇》的编写过程中，围绕"大力弘扬追求真理、严谨治学的求实精神"主题，在中国科技史学会、"老科学家学术成长资料采集工程"项目办公室和科学家所在单位、传记作者、身边工作人员等帮助下，突出科学家事迹专业深度的挖掘，努力增强科学性，记述了 34 位科学家面向世界科技前沿、面向经济主战场、面向国家重大需求、面向人民生命健康求真探索的生动故事。他们有的情系大地，几十年如一日培育良种；有的细致入微，保障重大工程实施万无一失；有的临危受命，用中西医结合之力抗击新冠肺炎疫情。本册力图通过科学家们追求真理、严谨治学的求实事迹，展现我国科学家始终把热爱科学、探求真理作为毕生追求的优秀品质。激励广大科技工作者坚持解放思想、独立思辨、理性质疑、大胆假设、认真求证，不迷信学术权威，坚持立德为先、诚信为本，在践行社会主义核心价值观、引领社会良好风尚中率先垂范。

科技部领导高度重视丛书编辑出版工作，王志刚部长亲自为丛书作序，并和李萌副部长指导确定编写原则和编辑出版方案。科技部科技监督与诚信建设司会同办公厅、中国科学技术信息研究所、科技日报社、科学技术文献出版社等单位具体组织了丛书编辑出版工作，资源配置与管理司给予了大力支持。戴国庆、冯楚建、吕静、陈如标、汤孝军、刘琦岩等同志带领团队研究确定丛书定位、框架提纲、实施进度等整体方案，对丛书内容进行审核把关。赵为、冷文生、王中阳、王小龙等同志做了大量协调工作。科学技术文献出版社胡红亮、丁坤善、李蕊、丁芳宇、郝迎聪、崔静、刘伶、崔灵菲、赵斌、魏宗梅、张闫、刘英等同志组成工作专班，收集筛选大量资料，围绕本册主题遴选具有代表性的科学家事迹，整理改编相关内容，组织专家团队开展编写工作。特别是部分科学家所在单位对本书编写给予了大力支持。书稿形成后，我们邀请相关领域专家进行了审稿。

因时间紧迫、能力和水平有限，书中错误和不足在所难免，敬请批评指正。

编写组

2020 年 12 月

目 录
CONTENTS

（按科学家出生年月排序）

1	丁　颖	一生求真务实的"谷种佬"
11	竺可桢	求是精神的笃行者
18	侯德榜	潜心钻研　开创我国制碱新纪元
26	梁思成	探寻中国古建筑的学子、君子、赤子
38	张钰哲	紫金山天文台的追星人
45	童第周	水滴石穿　不断攀登生物学高峰
53	吴学周	锲而不舍　潜心分子光谱研究
61	马大猷	严谨求实做科研　勇于担当对社会
67	吴征镒	原本山川　极命草木
76	刘东生	第四纪科学与黄土科学领路者
83	林兰英	一往无前　专注半导体研究
90	关肇直	攻克难题　引领系统控制发展
97	谢家麟	迎难而上的粒子加速器开拓者
104	洪朝生	求真务实的学者风范
112	邹承鲁	学术泰斗　学风典范
120	夏培肃	甘做中国计算机基石
128	朱光亚	严谨求实　行稳致远
137	蒋锡夔	唯实求真的有机化学家
144	陈俊武	精益求精　开创催化裂化新方法

152	**鲜学福**	攻坚克难　保障国家能源安全
161	**侯云德**	足履实地"斗"病毒
168	**王　元**	严谨论证显数学魅力
174	**曾庆存**	让天气预报越来越精准
181	**闵乃本**	在晶体研究中上下求索
188	**张弥曼**	揭开古生物生命起源秘密
195	**钟南山**	济危世敢谏言的抗疫英雄
203	**汪品先**	探究深海大洋的科学真理
212	**刘永坦**	为祖国筑起"海防长城"
220	**杜祥琬**	求实创新　为国奉献
230	**张伯礼**	中医药事业的中流砥柱
236	**李登海**	痴迷育种研究　走中国高产玉米之路
243	**姚檀栋**	揭开"第三极"环境变化之谜
250	**郑明光**	知难而上　核电报国
259	**高宗余**	架起跨越天堑的中国桥

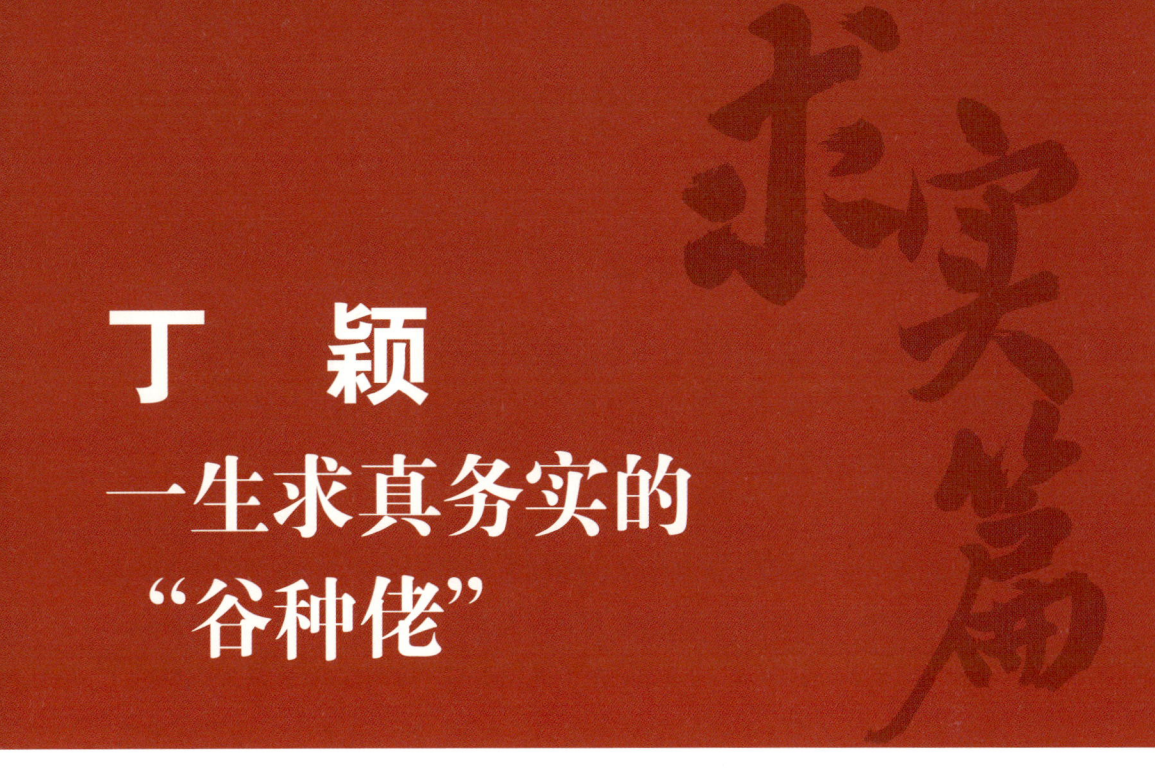

丁　颖
一生求真务实的"谷种佬"

丁颖（1888年11月—1964年10月），农业科学家、水稻专家，中国科学院学部委员。长期从事稻种的起源、演变、分类及稻作区域划分、水稻良种选育和栽培技术等研究。首次将野生稻抗御恶劣环境的种质转育到栽培稻种中，育成的"中山1号"在生产上应用达半个世纪。创立水稻品种多型性理论，为品种选育、良种繁育和品种提纯复壮工作奠定了理论基础。2009年被授予新中国成立60周年"三农"模范人物荣誉称号。

丁颖一生践行"为农夫温饱尽责尽力"的铮铮誓言，被周恩来总理誉为"中国人民优秀的农业科学家"。为了摸准水稻的"脾气"，他坚持赤脚下田，被农民们称为"谷种佬"。他通过杂交育种大大提高水稻产量；通过深入论证，澄清了"中国栽培稻起源于印度"的武断定论。

科学家精神 求实篇
SPIRIT OF SCIENTISTS

矢志农科　忍辱求学

1924年，一艘巨轮从日本东京湾缓缓驶向中国的海岸线，36岁的丁颖刚刚在日本顶尖的东京帝国大学获得农学学士学位，他倚着栏杆，对着碧波万顷的大海默默出神，曲折的求学经历不禁浮现眼前。

1888年，丁颖出生在广东高州的一个普通农家。父亲深悟没文化是穷人倍受欺凌的根源，于是借债供他读书。读私塾时，每次回家放牛，他总不忘挟上一本书。有一次他读书太过入神，老牛偷偷溜进稻田齐刷刷地"刹"光了一大片秧苗。尽管父亲为此给人赔了不少不是，可他仍然改不了放牛读书的习惯。于是他把牛绳接得长长的，继续在放牛时读了许多书。

1909年，丁颖以全优的成绩从高州中学毕业。这一年，清廷诏谕"预备立宪、维新图治"，中国自建的京张铁路通车，冯如制成中国第一架飞机，霍元甲在上海创建"精武体操会"……像所有身处时代洪流的年轻人一样，他苦苦思索着救国之路。毕业典礼上，他对同学们说："诸君，当今之血性青年，当为农夫温饱尽责尽力。我决意报考农科！"在优等生趋之若鹜报考文法商科的年代，他的抉择虽然语惊四座，但并非一时兴起。彼时的清朝已经日薄西山，广东地区由于人口骤增、农业落后，每年严重倚赖进口洋米。尽管深知学农务农的艰苦，但他早已笃定了农业救国的志向。

由于当时没有专门的农业大学，经反复权衡，

丁　颖　一生求真务实的"谷种佬"

丁颖报考了广东高等师范学校的博物科。1911年，辛亥革命的隆隆炮声推翻了中国几千年的封建帝制，朝野上下也形成了一股留学日本的热潮。丁颖一心想要学习日本的先进知识，带着"要使吃不尽苦头的农民与现代科学发生联系"的理想，他考取了公费留学日本的机会。1914年，他在东京第一高等学校完成预科学习后回国，同年9月又考取熊本第五高等学校继续学习。

在日本，丁颖无暇欣赏富士山的雪景和飞舞的樱花，他时常想起祖国的哀鸿遍野、赤地千里，想起人民的衣衫褴褛、啼饥号寒，他把自己深深埋进书堆，钉在实验室，苦学潜修，渴望早日学成回国。1919年五四运动爆发后，丁颖怀着满腔的怒火参加了留学生的爱国游行活动。强烈的民族自尊心使他万分痛恨日本军国主义，但岛国的先进技术又令他如饥似渴，不得已忍辱求学。随着日本侵华的加剧，丁颖在日本一天也待不下了，在1919年6月毅然辍学回国。

回国后，丁颖先后在高州中学和高州农校任教，后来又担任了广东省教育厅的"督学"。督学的任务就是到各县乡了解教育情况，在一年多的时间里，他对教育界尤其是政客们的贪污腐败深恶痛绝。他发现，改革社会远非少数人力所能及，教书或当个小职员于救国无补。

1921年，33岁的丁颖再次考取公费留学机会，第三次到日本专攻农艺。在东京帝国大学，他是唯一攻读农科的中国留学生。有人讥讽他："上粪种地，愚不可及，何须留洋？"也有好心的同学劝他："丁君，研究农业又苦又累，受一辈子穷，有何出路？改学别科吧！"每次他都笑着回答："我是专门来学种水稻的。要不，我就不会第三次漂洋过海来日本了。"

一只海鸥飞过，嘹亮的嘶鸣打断了思绪，丁颖不禁握紧了双拳，踌躇满志地望向祖国的方向。

科学家精神 求实篇

精研稻作　苦干求实

1924年，丁颖回国后进入广东公立农业专门学校任教（中山大学农学院前身），他一面教书，一面开展试验。

在20世纪20年代，人们迷信老天爷远比相信科学虔诚得多，农科知识更是少人问津，丁颖苦于找不到参考资料，但又不愿像其他教师那样对着洋书照本宣科。他夜以继日地翻阅农书古籍、编写讲义。在1962年的《三十八年的回忆和感想》一文中，丁颖写道："经验不等于科学理论，古农书和农民的经验不能完全满足编写讲义的需要和达到科学应用与生产的目的，于是我决心开展整套的稻作试验研究。"

1926年，丁颖在学校附近犀牛路尾的水塘里发现了一种野生水稻，他将这种野禾命名为"犀牛尾"。在阅读大量古籍之后，他发现两千年前东汉许慎的《说文解字》中收录了"秔"（"粳"字的前身）和"秅"（籼稻）。根据初步研究，他在1927年和1928年分别发表了考证文章《中国作物原始》和《谷类名实考》，提出水稻起源于中国。

同在1928年，日本农学家加藤茂苞发现了籼稻和粳稻的区别，他把在印度栽培较广的籼稻命名为"印度型稻"，把在日本栽培较广的粳稻命名为"日本型稻"。丁颖不满这种命名方法，提出用"籼"和"粳"的汉语发音取而代之。但是，限于《国际植物命名规则》的命名规则，已定的学名不能更改，丁颖的提议未被接受。30年后，丁颖发表了轰动学术界的《中国栽培稻种的起源及其演变》一文，以充分论据纠正了中国栽培稻来自印度及中国的粳稻为日本型的错误论断。2011年，DNA分析结果再次证实了水稻起源于中国。2018年，在《自然》杂志的文章中恢复了"籼""粳"的中国式命名。

从1927年起，丁颖先后创建了6个稻作试验场，他变卖了一部分祖产，从自己的工资中拿出钱来租田雇工，靠卖青苗维持试验。20世纪30年代，水稻育种流行在优越的水肥条件和精细的栽培管理中选育良种，他没有盲目效仿风行一时的美国"洛夫选种法"。他认为，我国农民在长期生产实践中培养出来的地方品种是祖国的宝贵财富，对它们的某些性状加以改造利用，是改良现有品种或选育新品种最现实有效的途径。

他首先从各地优良的农家品种中选出优异的单株材料，并对栽培习惯等进行鉴定，在选育过程中采用原产地的栽培方式，不仅评定产量高低，还注重其性状表现，优中选优后再向原产地推广。在十几年的时间里，丁颖先后培育出100多个优良品种，如抗台风的"田基度7号"、省肥的"黑督4号"、抗旱的"竹占1号"，以及亩产达350公斤被农民称为"七担种"的"白谷糯16号"。

1936年，丁颖用广东农家品种"早银占"与印度野生稻杂交，培育出世界首个"千粒穗"水稻类型，最大的穗中有1400多个谷粒，沉甸甸、金灿灿的稻穗像散开的高粱穗子，这是水稻学术研究的重大突破，震惊世界。但他很快把这项研究工作搁置下来，因为他发现"千粒穗"种性不易稳定，加上当时农民耕作水平落后，难以解决在生产中需要具备的条件，一向务实和重视解决生产实际问题的作风促使他要把更多的精力投入到解决人民温饱的实际研究中去。

1938年，丁颖成功从"犀牛尾"与栽培稻杂交的几十个品系中获得了最佳品系，他兴奋地用中山大学校名为这个品种定名为"中山1号"，这是世界上第一个将野生稻抗病毒、抗恶劣环境的基因转移到栽培稻上的成功案例。这一品种在两广地区推广繁衍，历经50年而不衰。中山大学首任校长邹鲁撰写诗歌赞美："稻作精研十数年，居然成绩著南天。农人争种'中山白'，我自乡间听互传。"

为了推广良种，丁颖也是煞费苦心。他在试验场种"样板田"，让学生们把良种带回家乡试种，采取承包产量的方法与农户签订合同，甚至还推广了农民用普通稻谷与农场交换良种的"换种"制。在两广地区，大批农民采用了他的良种，普遍增产5%～25%，丁颖也成为百粤闻名的"谷种佬"。

情系大地　一心求真

抗日战争期间，丁颖弃名利如敝屣，两次谢绝出任广东省农业厅厅长，以布衣淡食为荣，每餐吃的常是番薯叶、咸萝卜干和红米粥。1938年，隆隆的炮声逼近广州，中山大学决定西迁云南澄江。

在珠江河畔的几只帆船上，挤满了逃难的师生和家属。起航时间到了，可迟迟未见丁颖的身影，几十双眼睛焦灼地搜索着珠江长堤的路，一时间空气仿佛要凝固了。"来了！来了！"只见瘦小的丁颖和助手扛着几大捆番薯苗和稻种奔了过来。看着大家不解的眼光，丁颖擦着额头上的汗对船家说："大佬，对不住了！我知道炮声紧，但这些是良种薯苗和稻种，填饱肚皮要靠它呀！"刚在云南澄江安定下来，丁颖就急忙了解当地农民的实践经验，并据此写成《澄江稻作法之考察》。

1941年冬，华南农学院迁至粤北，丁颖夹着鼓鼓囊囊的公文包从坪石本部办完事匆匆返回农学院栗源堡。途经一段偏僻山路时，突听"砰"的枪响，一名警卫中枪倒下，另一名警卫应声而逃。一群土匪二话不说抢走了丁颖手里的公文包，身上仅有的5元钱也被洗劫。闻讯后，广东省政府送来5000元"压惊费"，丁颖将这笔钱买了治牛瘟的疫苗送给当地乡村，剩下的钱则捐给了学校。后来，土匪们得知自己抢劫的是著名的"谷种佬"，大为愧疚，专门把抢劫之物归还给他，还附上一封言辞真挚的道歉信。土匪们有所不知，这位"谷种佬"教授视科研如生命，却视金钱如鸿毛，以至亲属们评价说："十二公（他在家中排行第十二）是走路见到钱都会踢开的人！"

有一年放假回乡聚会，丁颖顾不上与其他人攀谈，唯独拉住族兄丁德才的手，询问稻苗移栽是用铁铲连泥带苗铲上来好还是拔秧好，他问的很多很细，哪种方法稻株"回青"快？哪种方法稻根长得快、扎得深？哪种方法稻子长苗快、分蘖多？一连几个晚上，他与家乡的老农们从插秧谈到施肥灌水，从农时季节谈到水稻品种，直到更深夜静。

1942年，丁颖发表论文《纯粹科学的农学观》，批判了当时看不起农民、看不起旧法，要以外国的"新农法"来替代"经验农法"的人。他认为："农学是应用的科学，没有需要应用的对象，便没有农学存在的余地。在纯粹的自然科学里边，看不见物种改造的奥秘，想不到自然条件和生物条件的关系，管不了复杂的农村经济情形，胥由我们研究应用科学之农学者，就真实陈旧的经验农业中加以探讨之。"

常年的田间试验使得丁颖养成了"巡田"的习惯。工作之余，他都会卷起裤腿，与学生、农民一起下田耕作和勘察。在一次考察中，丁颖发现稻田中间一小片稻株枯黄，便蹲下身要脱掉鞋袜下田。随行人员考虑到他年事已高，赶紧下去把整株水稻挖上来给他看。他却说："不亲自下去用脚踩一踩周围的土壤，用手摸一摸稻根分布，感受土质的松软度和透气性，观察周边稻株的情况，怎能判断受盐碱危害的程度呢？间接观察和自己下去观察是不一样的啊。"

丁颖有一句名言："真诚的科学工作者，就是真诚的劳动者。"1963年，他已经是75岁的老人，在考察西北稻区时，仍不顾年迈体衰，坚持赤足下田，体察雪水灌溉对稻根生育的影响。回来后他便感到体力不支，日渐消瘦。在周恩来总理的亲自安排下，他才不情愿地带着大箱图书资料去无锡太湖疗养了37天。

原农业部部长何康评价丁颖："他坚持科研、生产、教学三结合；实验室、试验场、农村基点三结合；试验、示范、推广三结合；重视我国优良传统，重视农民经验，重视科学试验，开辟了农业科学研究的新局面。"

严谨治学　克己奉公

在治学上，丁颖始终坚持发表文章必须对科学和生产负责，更鄙视把文章作为追求名利地位的手段。他写文章时总是坚持自己校对，并说"校对看来是琐碎的事务性工作，但这里头大有学问。自己校对，既可以发现打字员是否有差错，更重要的还要注意自己有没有差错，这是一次很好的修正机会，如果轻易放过，万一酿成错误，那就功亏一篑啊！"

他自1926年开始思考探索，陆续征询历史学、文字学、人类学、分类学等专家的意见，通过细致的观察和考证，他创新性地提出了水稻系统分类方法。这篇文章历时31年，直至1957年才最后定稿。文章发表后，稿费纷至沓来，可他只接受了《农业学报》的一笔，"写一篇文章，花一次劳动，只能接受一次报酬"。

丁颖常说："科学是客观的，科学工作者要听得不同的意见，不能先入为主，不要有门户之见。"20世纪50年代，"浮夸风"席卷全国，对盲目追求产量"密植"的提法丁颖深表疑虑。他说："小范围探索可以，大面积推广得慎重考虑，切勿忘记农民的地皮是连着肚皮的。"当时我国曾提倡学习苏联的米丘林遗传学，批判美国的摩尔根遗传学。鲍文奎作为摩尔根学派的学者曾被压抑得抬不起头，他提出一个大胆设想：将广东最晚熟的水稻品种拿到海南最南端崖县种植，由于不同的光照反应，可能会缩短周期变成早稻。此观点遭到很多质疑，丁颖也在怀疑者之列。不久，丁颖专门到海南崖县做实验，用事实说话。一年后，实验结果证明鲍文奎的设想是正确的。回到北京后，丁颖找到鲍文奎并充分肯定了他的看法，此事成为一段被农学界传颂的佳话。

丁颖认为，无论哪个学派，只要做出经得起实践证明的真实贡献，就是符合真理的。因为这些"不合时宜"的想法，丁颖数次遭到批判。在女儿丁和筠、助手卢永根回忆中，在那段最苦闷艰难的日子里，丁颖也从不对人评头论足，自己受了委屈也闭口不谈。每当有人为他抱不平时，他总是淡淡回应"做人该怎样就怎样""不要因为吃了点小亏就变得'精明'"。

中国农业科学院原院长王连铮评价丁颖："他工作踏实、治学严谨，深入实际，实事求是。他没有架子，事必躬亲。对于学术问题，从不空口争论，而是谦虚严谨、严肃认真、坚持真理。"

大家风范　山高水长

振兴中华农业，培育农业专门人才是丁颖毕生执着的追求。"学农、爱农、务农"也成为丁颖经常劝勉师生的名言。在抗战中，丁颖随中山大学三迁校址，1940年迁址粤北时，他出任农学院院长，因他在农学界的威望，一批国内顶级的农学专家欣然冒着炮火来任教，使中山大学农学院一时才俊云集。

1952年，中山大学农学院、岭南大学农学院、广西大学农学院合并成立华南农学院，丁颖担任首任院长。1957年，他被推荐担任中国农业科学院首任院长。1963年，经过丁颖建议，由中国农业科学院、华南农学院及广东省农业科学院联合组建了中国第一个水稻生态研究室，他亲自主持了"中国水稻品种对光、温反应特性的研究"这一项规模宏大的科研项目，选用各稻区有代表性的品种157个，在8个省的10个试点开展了历时3年的实验。

以诚相待，敦厚淳朴，平等待人，从不摆架子，这些都是关于丁颖最常见的评价。对于来访的客人，不分职位高低，他都起立迎送；和农民一起下地插秧时，他常笑称"赤脚万岁"。他对子女说："我从来不把你们当作私有财产，而是把你们看成我的学生。我迟早要将你们交给社会，归还国家的。"他学问高但架子低，喜欢别人称他"丁师傅"，路上遇到学生会主动鞠躬，培育出黄耀祥院士、卢永根院士、吴灼年教授等一大批优秀的农业科技工作者。

1960年，丁颖赴云南考察。途遇山道狭窄，小车无法通过，只能徒步前行。大家都劝丁颖别去了，但他坚持走了一天，终于到达村寨。他笑着说："今天是我走路最多的一天，与人家约定的事，不能随便改变，这是做人起码的道德。"这一年，他已72岁高龄。

年过七旬之后，丁颖的健康状况急转直下。1960年右眼视力大减，看书看报都得靠放大镜，仍然每天坚持工作12小时。去世前一年，他跑遍了山西、陕西、宁夏和新疆的生产一线。每到一地，照旧勤问、细看、多记，经常用右手按压胀痛的肝部，步履蹒跚地在田埂上来回走动。开座谈会时，他一手按着腹部，一手忙着记录，还咬着牙关耐心地为人们释难解疑。

临终前28天他在山东临沂考察盐碱地水稻种植情况时，出现肝区剧痛、进食困难、高烧持续不退等危急症状，被紧急送回北京，住院一周后被诊断为肝癌晚期。在临终前5天，他真诚而又遗憾地说："我还缺乏马列主义、毛泽东思想的学习，出院后，我要狠狠地补上这一课。"

丁颖如同自己一手培育的稻种一样，耐寒、抗旱、坚韧、高产。像所有米粒饱满的稻穗一样，他的腰杆很硬，头却埋得很低、很低。

（撰稿：陈源　李明轩）

参考文献

[1] 庄秋兴.谷魂：稻作学家丁颖[M].北京：科学普及出版社，1989.

[2] 华南农业大学.丁颖诞辰120周年纪念[Z].内部资料，2008.

[3] 陈源.璀璨华农人物传第1辑[M].北京：科学出版社，2019.

[4] 中国农业科学院.农科英才（2017版）[M].北京：中国农业科学技术出版社，2018.

[5] 金善宝，吴景锋.中国现代农学家传（第一卷）[M].长沙：湖南科学技术出版社，1985.

竺可桢
求是精神的笃行者

竺可桢（1890年3月—1974年2月），中国近代气象学家、地理学家、教育家，中国科学院学部委员。首先提出季风系统概念，首创区域气候研究，提出划分亚热带指标，确定中国八大气候区，确立气候区划和自然区划的基本轮廓。在台风、中国季风及大气环流、气候区划、物候、气候变迁等研究方面作出了开拓性贡献。

在抗战烽火中，担任浙江大学校长的他带领师生辗转西迁，流亡办学，在极其困难的条件下，使浙江大学崛起为全国著名大学。作为中国科学院副院长，他组建自然科学史研究室，领导了中国自然区划研究，组织了《中华人民共和国自然地图集》和《中国自然地理》的编纂工作。他数十年如一日坚持记日记，每天都把观察到的物候和天气记录下来。他一生执着追求，是求是精神的笃行者。

科学家精神 求实篇

只问是非,不计利害

1890 年,竺可桢出生于浙江绍兴东关镇一粮商之家。幼年开始便接受传统文化教育,受到"知行合一""格物致知"等实事求是实践观的影响。1909 年,他考入唐山路矿学堂(今西南交通大学前身)学习土木工程。

1910 年他赴美留学,先是进伊利诺大学农学院学习农业,毕业后进哈佛大学研究院攻读当时新兴的气象学。这个转变,是源于他"科学救国"的思想。

他留学时深切感受到我国农业与高度商品化的美国农业相比存在着很大差距,但他感到美国的情况是不适合中国国情的。中国是农业大国,与农业关系最为密切的便是气象。经过刻苦努力,竺可桢获取博士学位之后,怀着一腔报国为民的热情,终于在 1918 年学成回国。

1918 年,竺可桢留学 8 年归国。尽管历史已经进入 20 世纪初叶,可当时中国的科学技术仍远落后于西方国家。回国后竺可桢在高等师范学校(今武汉大学前身)、南京高等师范学院(今南京大学前身)等高校任教,教授地学通论、气象学、世界地理等课程。

1928 年,竺可桢离开了校园和学生,将主要工作转移到气象学研究及气象研究所的创建中,为我国气象事业奠定了重要基础。1935 年,竺可桢在南宁主持召开中国科学社第二十次年会,并做了一次《利

害与是非》的演讲。他提出，中国的科学化要先问中国是否有培养科学的"空气"。"培养科学的空气是什么？就是'科学精神'。'科学精神'是什么？科学精神就是'只问是非，不计利害'。这就是说，只求真理，不管个人的利害，有了这种科学的精神，才能够有科学的存在。"竺可桢说，一般人碰到"是非"和"利害"相冲突的时候，难免"利害"之心压倒了"是非"之心。作为一个气象学家，他发现当时各省的气象记录经常是不够准确的，负责气象调查和记录的人，"往往贪于个人的便利，不顾事实如何，"他很沉痛地说，"这种习惯一日不改，中国的科学就一日无望。"科学精神要求真务实、敢于探索，要避免功利，竺可桢先生提出的"只问是非，不计利害"科学精神时至今日仍是一座里程碑。

1936 年，竺可桢出任浙江大学校长，又多次重申"只问是非，不计利害"，且成为"求是"校训最经典、最简洁的诠释，成为他要求浙江大学学生必备的重要素质之一，也将这种科学精神刻进了浙江大学的基因中。他对学生讲，"求是"精神首先是科学精神，其次是牺牲精神、奋斗精神、革命精神。要求学生理解"求是"的内涵，不仅是求得一点专门知识，也必须具有清醒而富有理智的头脑，明辨是非而不计利害的气概，深思熟虑而不肯盲从的习惯。

1941 年，竺可桢为浙江大学《思想与时代》杂志撰写了论文《科学之精神与方法》，进一步阐述"求是"精神："近代科学的目标是什么？就是探求真理。科学方法可以随时随地而改换，这科学目标，蕲求真理，也就是科学的精神，是永远不改变的。"具体来说，科学家应采取的态度包括 3 个方面：第一，不盲从，不附和，以理智为依归。第二，虚怀若谷，不武断，不蛮横。第三，专心一致，实事求是，不做无病之呻吟，严谨整饬，毫不苟且。这 3 种态度，是老一辈科学家们严谨治学的体现，同样也感染着一代又一代的莘莘学子踏实求学。

科学家精神 求实篇

一代宗师，求是楷模

竺可桢不但精确论述了"求是"精神的要旨，更是以其"无心同异，惟求其是"的信念坚守一生，是倡导和践行"求是"的楷模。

1937年8月，日寇进攻上海，逼近杭州，浙江大学被迫举校搬迁。9月，竺可桢带领师生离开杭州，横穿浙江、江西、广东、湖南、广西、贵州，行程2600多千米，历时两年半，最终将校址迁到贵州遵义、湄潭，并在当地办学7年。西迁途中，竺可桢提出了"大学教育与内地开发相结合"的办学思想，沿途不忘造福乡里。在湄潭时，看到当地气候土壤很适合种植茶树，竺可桢就请浙江大学的茶叶专家教老百姓种茶和炒茶的技术，大大提高了茶叶质量。浙江大学前教务长苏步青教授曾回忆："我们到了泰和以后，见江水经常泛滥为患。江西的老百姓，受的苦真是说不完。竺可桢知此情况后，就让土木系的师生考察并设计解决方案，最后由县政府组织施工，在赣江边建造了一条长堤，终于把千年水患给制服了。"这条直到今天还在发挥作用的长堤，在当地被称作"浙大堤"。

"大不自多，海纳江河……"如今，每位浙大学子吟唱起这首校歌时，都不会忘记这段西迁历史，以及诞生于西迁途中的"求是"校训。

1938年11月19日，竺可桢在广西宜山主持召开校务会议。在他的倡议下，会议确定了"求是"为浙大校训。竺可桢经常说，"所谓求是，不仅限为埋头读书或是实验室做实验"，而要有"杀身成仁""舍生取义"的精神，要有刻苦耐劳、富于牺牲的精神，"凭自己之良心，甘冒不韪"，以使"真理卒以大明"。

竺可桢确立了浙江大学"求是"的校训，也形成了他"求是"的教育思想，而这也是他一生求学研究的写照。

竺可桢认为，所谓科学精神就是要以探求科学真理为目标，采用科学的方法，坚持真理并捍卫真理，甚至在危急时刻能够为真理而献身的精神。

坚持不懈，追求真理

抛开诸多头衔，竺可桢更是一名学者。竺可桢始终关注并尽毕生之力开展气候变化研究。他的日记从在哈佛大学读书开始一直记到1974年2月6日，即他去世的前两天，他始终保持着每天观察并记录物候和天气的习惯。竺可桢的日记，具有连续性、完整性，其中主要记录了气象研究的各种资料，观察、评论、记录都比较全面和深入。在日记本上记下了当天的气温、风力等数据，还特意注上两个字"局报"，指"气象局预报"，有别于自己平日亲自观测记录的天气情况，严谨地完成了一个气象学家的最后职责。他每一天的日记都记录得非常详细，开会时，他有个工作日记本，随时带在身上，参会人员、发言时间、内容等都要记录，然后晚上再记入自己的日记。他儿子竺安曾感叹他的毅力令人惊讶，说："父亲认真到有时要引用古人的诗句都会去翻原著。"

北海公园的守门人清楚地记得，有位老人每天早晚进出公园，就是著名的气象学家竺可桢。他观察公园内动植物的生长过程对气候的反应，详细地记录到日记中，坚持了23年，从而绘制出一幅十分珍贵的北京春季物候现象变化曲线图。在积累的丰富资料基础上，写出了备受欢迎的《物候学》一书。

竺可桢日记保留下来的有38年37天，约900万字，这对中国近现代科学史特别是中国科学院院史的研究有很大的价值，不仅具有科学、史学价值，因其行文简约，很有文采，也颇具文学价值。

1956年，他兼任中国科学院自然资源综合考察委员会主任，亲自率队外出考察，足迹所至，包括白山黑水和大漠腹地。71岁时，他还参加了南水北调考察队，登上海拔4000多米的阿坝高原，下到险峻的雅砻江峡谷。结束最后一次野外工作时，已是75岁高龄。1968年，竺可桢已78岁，在身体日渐衰弱的情况下，仍坚持去情报所查阅资料。

科学家精神 求实篇

1972年，82岁的竺可桢在《考古学报》上发表了《中国近五千年来气候变迁的初步研究》，这篇只有5000余字的文章，竺可桢经过反复修改，小注多达100个，文章包含了古代典籍与方志文献记载的大量例证、考古的成果、物候观测和仪器记录资料。这项凝聚了他毕生研究的成果，博大精深，严谨缜密，受到了国内外学术界高度的赞扬和推崇，他潜心研究、追求真理的精神成为学术界光辉的典范。

竺可桢创造性地把近五千年时间分为4个时期：考古时期、物候时期、方志时期和仪器观测时期，得出4个冷暖相间的经典论述，勾画了中国近五千年来温度变化的曲线图。从中国历史记录得出的气候变化趋势，居然与西方科学家运用同位素方法测得的同时代气温变化趋势完全一致。欣慰之余，竺可桢在日记里感慨道："一生专门对一个问题的研究，就是中国历史上气候的变迁，我从1922年开始研究，已经50年了。"撰写这项力作，他积累50余年的资料，坚持中国历史气候变化的研究，这种厚积薄发的谨慎学风，是弥足珍贵的。

作为公认的中国现代气象科学的奠基人，竺可桢依然认为"自己知道得太少了"。竺可桢一生中在多个领域具有开创者和奠基者的地位。60余年的学术生涯中，在中国现代地理学和气象学等研究领域，在治校育人等教育领域都践行了他实事求是、务实勤勉的工作作风，做出了卓越成就，经受了时间的考验。

先生之风，山高水长，他是"求是"精神的典范。他严谨的学风、坚韧的毅力，激励着一代代科研工作者在追求真理的过程中求真务实、不断探索、不断进步。

（撰稿：刘元元）

参考文献

[1] 范箫. 竺可桢"求是"教育思想研究[D]. 郑州：郑州大学，2016.

[2] 吴雅兰，殷晓岚. 科学文化的历史宝藏：《竺可桢全集》出版侧记[J]. 中国出版史研究，2018（4）：173-182.

[3] 邓先瑞，黄建武. 竺可桢教授在若干领域中的开拓性贡献[J]. 华东师范大学学报（自然科学版），1990（3）：87-91.

[4] 胡一峰. 竺可桢：科学精神就是"只问是非不计利害"[N]. 科技日报，2018-08-03（8）.

侯德榜
潜心钻研
开创我国制碱新纪元

> 侯德榜（1890年8月—1974年8月），化学家，化工专家，中国科学院学部委员，中国化学工业的先驱者之一。突破了氨碱法制碱技术，主持建成亚洲第一座纯碱厂；发明"侯氏制碱法"并领导建成了我国第一座兼产合成氨、硝酸、硫酸和硫酸铵的联合企业；发明了连续生产纯碱和氯化铵的联合制碱新工艺，并实现了工业化和大面积推广，为促进我国化学工业发展作出了巨大贡献。

侯德榜以振兴化学工业为己任，为祖国的化工事业奋斗终身，名扬世界的制碱工艺打破了国外制碱技术的长期垄断，令世界纯碱工业发生了翻天覆地的变化，也由此托起了中国现代化学工业的大厦。侯德榜为我国化工事业作出的贡献永远不会被遗忘，除了中国邮政在1990年发行纪念邮票外，1999年中国化工学会又以侯德榜的名字专门设立"侯德榜化工科学技术奖"用于奖励和表彰优秀的化工科技工作者。无论以何种方式，侯德榜严谨求实的科学态度及心系祖国的赤子情怀，都成为我国科技发展历史上的宝贵财富，值得每个中国人学习和纪念。

打破国外技术垄断，创制国产"红三角"牌纯碱

20世纪初，中国制革、造纸、肥皂、纺织、染料等工业都得到了发展，纯碱用量日益增多，而国产"口碱"则量少质次价高，无法满足市场需求，严重影响了中国工业发展和民众生活。中国实业家范旭东先生遂于1920年创建了中国人自己的碱厂——永利制碱公司和永利碱厂，并邀请当时在美国留学并获博士学位的侯德榜为技师。1921年，侯德榜满怀科技报国夙愿回国主持永利的技术工作。当时，生产纯碱的技术为西方索尔维公司垄断，以国内条件建设一个具有一定规模的碱厂，困难可想而知。侯德榜深刻地体会到创业的艰难。要创业首先需要实干的精神。他脱下了白领西服，换上了蓝布工作服和胶鞋，身先士卒，同工人们一起操作。哪里出现问题，他就出现在哪里，经常干得浑身汗臭，衣服中散发出酸味、氨味。他这种埋头苦干的作风赢得了工人们，甚至外国技师的赞赏和钦佩。就这样，侯德榜在既无专利可查，又无技术可依，更无实物可看的艰难情况下，通过艰苦奋斗、潜心钻研，克服了生产工艺技术的重重难关。终于在1926年6月29日，永利生产出了合格的产品，碳酸钠含量高达99%，因此取名"纯碱"，用以区别舶来品"洋碱"。

至此，索尔维严防死守的制碱法技术秘密被中国人侯德榜摸索出来了。同年在美国费城举办的万国博览会上，我国永利制碱公司生产的"红三角"牌纯碱获金质奖章，被誉为中国近代工业进步的象征。

勇于创新，发明"侯氏制碱法"

1937年日本帝国主义发动了侵华战争。永利被迫迁到四川，新建了永利川西化工厂（简称"川厂"）。川厂使用地下盐卤为原料，价格昂贵，采用索尔维法制碱成本过高。为购买德国察安法制碱专利，侯德榜曾赴德国考察，但因技术封锁，未能成功购得专利。

侯德榜回国后决心自己开发制碱新工艺。为了探索新的制碱方法，他首先分析了索尔维制碱法的缺点，发现主要在于原料中各有一半的成分没有利用上，只用了食盐中的钠离子和石灰中的碳酸根离子，二者结合才生成了纯碱。食盐中另一半的氯离子和石灰中的钙离子结合生成的氯化钙却没有利用上。为了能使另一半成分变废为宝，他设计了很多方案，但是都被一一推翻了。后来他想到，能否把索尔维制碱法和合成氨法结合起来，也就是说，制碱用的氨和二氧化碳直接由氨厂提供，滤液中的氯化铵加入食盐水，让它沉淀出来。这样氯化铵既可作为化工原料，又可以作为化肥，还可以大大提高食盐的利用率，同时省去许多设备，如石灰窑、化灰桶、蒸氨塔等。设想有了，能否成功还要靠实践。他带领技术人员，先后在香港、上海和美国纽约等地进行试验，一直进行了500多次试验，分析了2000多个样品，才试验成功，使设想成为现实。1941年联合生产纯碱和氯化铵的新工艺初步获得成功，经范旭东提议，这个制碱新方法被命名为"侯氏制碱法"；1943年，又完成了从合成氨开始的联合制碱流程，并在1964年实现了工业化。联合制碱法使食盐的利用率从原来的70%提高到96%。此外，污染环境的废物氯化钙成为对农作物有用的化肥——

氯化铵，还可以减少 1/3 设备，其优越性大大超过了索尔维制碱法，从而开创了世界制碱工业的新纪元。"侯氏制碱法"的成功，为中华民族争得了荣誉，在世界制碱技术史上树起了一座丰碑。

公开制碱技术，推动化学工业发展

1932 年，侯德榜在成功突破制碱技术的基础上，对十几年的制碱技术工作进行了系统的总结，用英文撰写了 *Manufacture of Soda*（《纯碱制造》）一书，于 1933 年在美国正式出版。此书是源于国际纯粹与应用化学联合会（IUPAC）和美国化学会（ACS）约著的，是世界第一部详细论述重要工业原料纯碱（碳酸钠）的大规模工业化制造技术的专著。它打破了索尔维法制纯碱长达 70 多年的技术封锁和垄断，使之成为全人类共同享有的技术。此专著毫无保留并完整地把索尔维制碱法的技术理论和工业过程公诸于世，推动了世界重要工业原料纯碱及其关联产品制造技术和生产的发展，同时也促进了化学工业的发展。为此，该专著引起了世界化工界的广泛关注，认为是中国化学家对世界文明的重大贡献，同时也奠定了侯德榜的世界制碱权威地位。

1959 年，侯德榜总结了 40 年制碱工业经验，编撰了专著《制碱工学》，将"侯氏制碱法"无偿地奉献给世人。

自幼树立"科学救国""工业救国"宏愿的侯德榜十分热心于科技知识的传播与应用，也特别注意爱护和培育科技人才。对自己从事科技工作的成果和心得体会，他都会认真总结，笔耕不辍，力求翔实地公诸于世。据不完全统计，侯德榜一生共撰写出版了 10 部科技著作和 70 多篇论文，超过 250 万字，这些成果对传播科学技术、培养人才起到了重要作用，也为我国和世界科技知识宝库增添了财富。

担任永利领导职务后，侯德榜还特别重视科技人才的培育，对于年轻的技术人员他会经常为他们讲课、辅导和解决疑难问题，甚至组织优秀的技术人员出国交流学习，他就像一位辛勤的园丁，培养出一批又一批技术骨干，他们都以前辈侯德榜为榜样，在各自岗位发光发热，为我国化工事业的发展壮大贡献力量。

"处处留意皆学问"

侯德榜重视前人积累的知识，对书本知识，他像工蜂采蜜一样勤于采集、储存、酿造。他酷爱读书和知识积累，但他更重视从实践中得到的知识。

他感兴趣的是参观各式各样的化工厂、机械厂，甚至在赴美途中，船在日本、加拿大靠岸只有一天的时间，他也要利用机会去参观一两个化工厂。参观工厂对他来说是阅读活的教科书。在参观时，只要一有机会，他就抓住厂里的技术人员、工人问长问短，东探西摸，可以说是千方百计来学到自己需要的东西。

他不仅自己注重参观实践，还鼓励在国外一起工作的同事，要他们利用各种机会参观、学习。新中国成立后发展的不少新技术，如多层高压容器、蒸汽煅烧炉、多层澄清桶、沉降式离心机、触媒制备工艺、液氨施肥装置、磷肥生产工艺……大都是他和同事在参观过程中得到启发而开发出来的。

为了掌握更多的知识，侯德榜虚心学习，像海绵吸水一样吸收知识。他常说："处处留意皆学问。"在无边的学海中，侯德榜总是用尽力量，在学习的小舟上扯满风帆、拼命划桨，向着真理的彼岸奋力前进。

侯德榜对知识不仅是勤奋、刻苦、虚心地学，更重要的是他能"寓创于学"。他学每一门技术绝不盲目跟随，总是通过充分的消化，再提出既有所创新，又切实可行的方法。

20世纪50年代,他去日本考察制碱工业时,看到日本用冷析、盐析结晶器制氯化铵,回来以后就提出在冷析结晶器中直接生产精铵的新工艺。他在深入掌握制碱和合成氨的技术后,在这一基础上,把制碱工业上的碳化工艺搬到合成氨的生产中,让变换气直接进碳化塔制造碳酸氢铵,闯出一条中国化肥工业的道路,为中国化肥工业的发展作出了贡献。这种寓创于学的方法,可以说是侯德榜治学方法的精髓。

化工界的技术讨论会,自塘沽建厂就开始了。遇到生产上有问题,或者出了事故,大家总是先调查情况、收集第一手资料,再一起讨论。侯德榜在这些讨论会上经常以他个人丰富的知识和经验,结合大家的智慧,提出切合实际的改进措施。这种方式对生产的促进和技术人员水平的提高很有好处。在侯德榜的倡导下,这种技术讨论会在化工界流传至今。侯德榜是化工界著名权威,可在这样的讨论会上,他从不以权威自居。他常说:"在学术面前只有正确与错误、全面与片面,没有什么高低贵贱之分。真理面前人人平等。"在讨论会上他提倡多思,要大家好好想问题,讨论时他和大家一起辩论,直抒己见,讲道理。化工界的老人常说,"侯德榜参加学术讨论,从不轻易放弃自己的观点。他的本事在于讨论过程中,非常善于吸收别人意见中的有益部分来充实、完善和修改自己的意见"。

遇到问题"追到底"

"追到底",这是侯德榜遇到疑难问题时常说的一句话,也是他一生治学的一大特点。侯德榜治学严谨、一丝不苟,就体现在他对问题锲而不舍、追到底的精神。

在塘沽苦战的时候,面对一大堆乱麻似的问题,侯德榜并不畏难,而是沉下心来,带领全厂技术人员艰苦奋斗,用严格的科学态度来认真对待。蒸馏塔堵塞了,他就带领大家爬到塔上,逐段去找堵的地方,要搞清堵的是什么东西，堵在哪里，这些东西是什么成分，堵塞形成的原因。他一向认为不怕有问题，就怕查不清。所以，每次有问题时，他总是一追到底，把问题查清后，再商讨解决问题的方法。由于侯德榜在调查工作上抓得深入，往往能提出恰到好处的解决办法。侯德榜就这样在试生产中，使工艺、设备、操作上的问题逐一得到解决。

侯德榜一生无数次到工厂考察，每次他总要到中央试验室和车间化验室去查看各种数据。他对各种数据的要求很严，在看报表前一定要先问清是用什么方法分析的。他认为如果分析方法不可靠，分析人员做得再好，这些数据也会像空中楼阁一样，没有用。

20世纪60年代在发展小硝铵厂时，有人提出是否可用硬聚氯乙烯来代替不锈钢制作冷却塔和吸收塔。侯德榜对此极感兴趣，亲自动手进行试验，把厚1厘米的硬聚氯乙烯板浸泡在60℃的浓硝酸中，每隔几天就检查一次，坚持3个月之久。结果发现，硬聚氯乙烯板除增加了薄薄一层白膜外，无任何腐蚀现象。本着"追到底"的精神，侯德榜又在上海化工研究院，用硬聚氯乙烯制作了一个吸收塔进行试验。试验证实使用硬聚氯乙烯制作吸收塔，既能适应硝铵生产的需要，又节省了不锈钢材和投资。在做完这项试验后，他才郑重推荐将硬聚氯乙烯用于制造硝铵设备。

在香港做察安法试验时，他发现专利报告含糊其辞，为了追求对问题的彻底了解，他下定决心，不怕麻烦，从基础试验做起。为了得到可靠的数据，他要求每个条件要重复做30遍。他这种严谨的科学态度，对当时参加工作的技术人员教育很深。

侯德榜在化学工业尤其是制碱工艺研究过程中，自始至终，坚持这种锲而不舍、"追到底"的精神，凭借刻苦钻研的拼劲和严谨踏实的态度，为中国化学工业的现代化添上了闪光的一笔。

（撰稿：中国化工学会）

参考文献

[1] 李祉川,陈歆文.侯德榜[M].天津:南开大学出版社,1986.

[2] 冯晓峰.化工泰斗侯德榜[J].人物述林,2017(12):41-45.

[3] 吴东好.侯德榜:"侯氏制碱法"的创造者——我国近代工商业发展纪实之十二[N].经济参考报,2008-09-05.

梁思成
探寻中国古建筑的学子、君子、赤子

> 梁思成（1901年4月—1972年1月），建筑学家，中国科学院学部委员。毕生从事教育和中国古代建筑史的研究工作。主持并参与调查2000多处古代建筑的实例，积累了大量的中国古代建筑珍贵资料，对中国古代建筑的发展、特征和成就进行了系统和深入的研究。主持参与了中华人民共和国国徽、人民英雄纪念碑的设计工作。1988年，梁思成及其团队获得国家自然科学奖一等奖。

1915年的一天，清华园里熙熙攘攘，挤满了来校报到的新生。在这群充满了朝气的青年中，有一位戴着眼镜、笑起来有些腼腆的男孩，透着优雅、从容的气质。无论是清华园里静静矗立的建筑，还是这位文质彬彬的青年自己，都不知道一场绵延半个世纪之久的缘分已经拉开。

他的父亲1913年在清华同方部做了以《君子》为题的讲演，留下延续至今的清华校训："自强不息，厚德载物。"

梁思成　探寻中国古建筑的学子、君子、赤子

他是清华学子，正是在清华，他获得了融汇中西的学术视野，在社团活动中发现了一生志趣之所在，并在二十余载后重回清华园，创办了清华大学建筑系。

他是从清华走出的一代君子，凭借超强的坚韧和毅力，在艰辛旅途中和困难条件下，15年间在中国的大地上做田野调查，在艰难的时局下笔耕不辍，他怀着一颗赤子之心，将一生奉献给中国古建筑研究与保护和中国的建筑教育事业。

他是我国古建筑研究先驱者、近代中国建筑教育的奠基者、中国近代城市规划事业的推动者，他是中华人民共和国国徽和人民英雄纪念碑设计的主持人。

他与他助手的研究成果获得国家自然科学奖一等奖，是全国建筑学界的唯一。他1946年获授普林斯顿大学荣誉博士。他是中央研究院1948年首批院士，是中国科学院1955年第一批学部委员（院士）。

他是梁思成。

融中西　玉汝成

作为梁启超的长子，梁思成自幼便浸润在我国传统文化的熏陶中，待到他1915年14岁考入清华时，已经积累了扎实的国学基础，是一个性格开朗、爱好广泛的青年。作为留美预备学校而成立的清华，无论在校园环境还是在文化氛围和师资构成上，无不体现了"中西文化，荟萃一堂"的特点，这正适合青年梁思成的发展。当时清华的学制共8年，开设课程重视英文和西方科学，并为优秀学生提供到美国留学的经费。

在学习之余，清华丰富多样的社团活动给梁思成提供了多才多艺成长的舞台。他加入了管弦乐团和合唱团，还是棒球队和足球队的队员。除了音乐和体育外，梁思成还在清华校刊担任美术编辑，参加美术社，展

现了在绘画上的兴趣和天赋。

20世纪初，建筑学在国内还是一门鲜为人知的学科。正因对绘画的喜爱，加之林徽因向他讲述她在英国时对建筑学的了解和在欧洲旅行中看到的古典建筑，了解了"建筑是一门综合性的学科和艺术"。清华毕业后，梁思成决定报考美国宾夕法尼亚大学建筑系，于1924年与林徽因远赴重洋，投入到系统的建筑学学习中。

辟蹊径　展遗珠

在宾夕法尼亚大学，梁思成在建筑史课程上痛心地发现"唯独中国，我们这个东方古国，却没有自己的建筑史"。对故土和中华文化的热爱让梁思成心中涌起了深深的危机感和责任感，也让他下定决心整理出中华文明的建筑史。

学成归国后，梁思成在繁忙的工作、个人的病痛和时代的动荡中，与妻子林徽因和中国营造学社的同侪，踏遍中国十五省二百余县，采用田野调查方法，测绘和拍摄了两千余座自唐代保留下来的古建筑，开创了我国古建筑研究的现代科学方法，完成了对我国古代建筑"天书"《营造法式》的注释，写就了《中国建筑史》、*A Pictorial History of Chinese Architecture*（《图像中国建筑史》）等著作，被著名的中国科学技术史专家李约瑟誉为"中国建筑历史研究的宗师"。

古建筑研究的道路并不平坦。当时中国尚无系统的古建筑研究方法，而使用的主要材料——木材易腐、易燃、易拆，乱世中建筑极易损毁，所以留存历史久远的建筑凤毛麟角。为此，梁思成从地方谚语中寻找线索，向当地的老者求教，与文化典籍、地方志书印证。1932年，梁思成前往河北蓟县考察辽代的独乐寺，调查报告《蓟县独乐寺观音阁山门考》正式刊出，成为中国学界第一次用现代科学方法研究古建筑的调查报告。

梁思成 探寻中国古建筑的学子、君子、赤子

1933年对山西应县佛宫寺塔的调查经过非常富有戏剧性。梁思成在此前赴大同考察调查时听闻大同南面的应县有辽代木塔，他回到北平后发了一封信到应县"探投山西应县最高等照相馆"，托付寄送一张应县木塔的照片，不久后他居然收到了相关照片。同年9月17日，他与中国营造学社其他成员前往应县。林徽因未去，却在《大公报》副刊上发表梁思成在应县发回的"通讯"：

"今天正式去拜见佛宫寺塔，令人叫绝，喘不出一口气来半天！"

"十层平面全量了，并且非常精细。""明天起，量斗拱和断面，又该飞檐走壁了。"

"天有不测风云"，"下午五时前后狂风暴雨、雷电交加。""在二百八十多尺高将近千年的木架上，而且紧在塔顶铁质相轮之下，电母风伯不见得会讲特别交情。"

梁思成于1932—1937年，多次往返于河北、山西、陕西、浙江等地，实地调查古建筑。虽然不断有新的进展，但始终没有发现宋辽以前的建筑。直到1937年的山西五台山之行。

之前梁思成在敦煌壁画《五台山佛境》中，看到有"大佛光寺"的题记，这次到五台山他特意打听"佛光寺"，得知这个寺还有，在偏僻的小村，

科学家精神 求实篇

交通不便，于是骑骡子前往。

梁思成一行抵达了佛光寺，看到正中高台上七开间庑殿顶的东大殿，一下子震撼了，深远的出檐，硕大的斗拱，明显不是唐代之后的风格。

梁思成与助手钻进住着成千上万只蝙蝠和千百万只臭虫，沉积了厚厚的尘土和蝙蝠尸体的顶棚，一连测量、绘图和用闪光灯拍照了数小时。他们发现大殿木构用人字形"叉手"支撑脊檩，而不是短的立柱，这是该殿早于宋辽的证据。

第三天，林徽因看到在一根梁底上有非常模糊的毛笔字迹象，于是搭起架子上去，拂去灰尘，沾上清水，显出字迹。其中有文字"佛殿主上都送供女弟子宁公遇"。

林徽因想起头一天在殿门外平台的石经幢上面，好像见过这个名字。她立刻来到经幢前，经幢上也刻有"佛殿主女弟子宁公遇"的文字。这个石经幢上带有纪年："唐大中十一年"，即公元857年。佛光寺大殿的建造年代得到确认，从而将当时华夏土地上已知最古老的木建筑建造时间上推了近百年。

梁思成在记载这段发现的日记中写道："这是我从事古建筑研究以来最快乐的一天！"

聚贤士　传薪火

梁思成不仅是中国古建筑研究的一代宗师，也是建筑教育家，是中国建筑教育事业的奠基者之一，是清华大学建筑系的创建者。

梁思成从宾夕法尼亚大学学成回国，1928年创建东北大学建筑系，教师有林徽因、陈植、童寯，均从宾夕法尼亚大学毕业。"所有设备，悉仿美国费城本雪文尼亚大学建筑科"（童寯）。

1930年晚些时候，林徽因因病离开沈阳到北平治疗，1931年夏，梁思成把系里的事交给童寯，回到北平。随后，九一八事变发生，日寇占领东北，东北大学建筑系的学生流亡北平、上海。

1932年7月第一届学生毕业，梁思成致信祝贺。他在信中写道：

"现在你们毕业了……但是事实你们是'始业'了，你们的业就是建筑师的业，直接说就是建筑物之创造，为社会解决衣食住三者中住的问题，间接说，是文化的记录者，是历史之反照镜。所以你们的问题是十分的繁难，你们的责任是十分的重大。"

"在今日的中国，社会上一般的人，对于'建筑'是什么，大半没有什么了解。……而不知建筑之真意，乃求其合用、坚固、美。"

"非得社会对于建筑和建筑师有了认识，建筑不会到最高的发达。所以你们负有宣传的使命，对于社会有指导的义务。"

梁思成离开东北大学回到北平，出任中国营造学社法式部主任，开始了之后长达15年的古建筑实地考察与研究。其间，1937年七七事变发生后，梁思成和林徽因从山西佛光寺调查地返回北平后，9月就踏上了南下流亡的艰难历程。

抗日战争胜利前夕，身在四川李庄的梁思成1945年3月致函时任清华大学校长梅贻琦，提出在清华大学成立建筑系的建议。

"抗战军兴以还……及失地收复之后，立即有复兴焦土之艰巨工作随之而至；……为适应此急需计，我国各大学宜早日添授建筑课程，为国家造就建设人才，今后数十年间，全国人民居室及都市之改进，生活水准之提高，实有待于此辈人才之养成也。即是之故，受业认为母校有立即添设建筑系之必要。"

"在课程方面，生以为国内数大学现在所用教学方法，即英美曾沿用数十年之法国 Ecole des Beaux Arts 式之教学法，颇嫌陈旧……今后课程宜参照德国 Prof. Walter Gropius 所创之 Bauhaus 方法，着重于实际方面，以工程地为实习场，设计与实施并重，以养成富有创造力之实用人才。"

"在组织方面，在目前情形之下，不如先在工学院添设建筑系之为妥。……一俟战事结束，即宜酌量情形，成立建筑学院，逐渐分添建筑工程、都市计划、庭院计划、户内装饰等系。"

梅贻琦校长接受了梁思成的建议，同意在清华大学成立建筑系。1946年夏，正式建系，聘梁思成为系主任，吴良镛为助教，暑期招收第一届学生 15 名，本科学制 4 年。

同年 8 月，梁思成"呈准教育部派赴美国考察新教学法及建筑上新发展，应耶鲁大学之请前往讲'中国艺术'，即是'远东艺术概论'"；次年 2 月"被外交部任命为联合国大厦建筑顾问团专门委员；5 月参加普林斯顿大学二百周年纪念庆典"，获授该校荣誉博士，并参加主题为"Physical Environment"的学术会议。

梁思成在美期间，与众多现代主义建筑大师接触，如柯布西耶、莱特、格罗庇斯、沙理宁等，使他更深入地了解到国际上建筑理论方面的发展。同时他关注城市设计的新观点。在回国 2 个月后，即 1947 年 8 月在中国市政工程学会北平分会做讲演：

"现在都市计划的新观点则提倡区域设计（reginal planning），改善人民的生活环境。重视'空间'，在居住的空间里务求身体和精神都感觉愉快。""英国哈维尔著《明日之花园城市》，说明理想的新村标准，哈氏的理想现在已为英美国家所采用。""我国如三五十年高度工业化之准备计，必须现在建筑市镇设计上借镜西方，参酌国情，为下一代打算，奠立适宜的基础。"

梁思成回到清华大学，就在建筑系尝试以现代主义建筑理念办学。

建筑系第一届学生朱自煊回忆说："梁先生从美国带回来一大卷招贴画，贴在建筑系教室的墙上，我还记得有：

Design is everywhere.
Space is nothing.
Colour has power.

另外，墙上还挂着'住者有其屋'的横幅。"

1948年2月，时任清华大学工学院院长陶葆楷给梅贻琦校长的信中写道：

"思成亦有信来提及建筑系应向都市计划方向发展，受业甚为赞同。""思成来信提到建筑系须有五年之训练，此与受业之意见相同，受业意工学院各系均应改为五年。"

1949年7月10日，清华大学营建学系（现称建筑工程学系）在《文汇报》公布《清华大学营建学系学制及学程计划草案》，明确提出了"体形环境"论的思想，写道：

"近年来……引起来现代建筑之新思潮，这思潮的基本目的就在为人类建立居住或工作时适宜于身心双方面的体形环境。在这大原则、大目标之下，'建筑'的观念完全改变了。"

他依此思想制定了一套学制和课程。梁思成并未照搬现代主义的体系，他不赞同 Beaux Arts 的"过于着重形式，不近实际"，但他仍很重视艺术训练，重视人文和社会学的教育。他在清华讲演《理工与人文》，随后又在校刊上发表《半个人的世界》，他强调理工与人文结合，批评人文教育缺乏的"半个人的世界"。

1952 年全国大学进行"院系调整"，清华大学成为一个工科大学，但营建学系仍然保留，并将北京大学建筑工程学系合并到清华大学，依据教育部学科目录的统一规定，合并后改名还称"建筑系"，梁思成任系主任。1960 年建筑系与土木系合并，称"土木建筑系"，梁思成、陶葆楷是"双系主任"。

清华大学建筑系在梁思成规划的基础上不断发展：1988 年成立建筑学院，设建筑系和城市规划系，2001 年成立建筑技术科学系，2003 年成立景观学系，形成建筑学、城市规划和景观学三位一体的学科布局。梁思成 1945 年 3 月在给梅贻琦校长信中提出的愿望：

"一俟战事结束，即宜酌量情形，成立建筑学院，逐渐分添建筑工程、都市计划、庭院计划、户内装饰等系。"到 2003 年 10 月才全部实现，而他在 1972 年 1 月就已辞世。

家国愿　赤子情

虽然历经时局的动荡和人生的颠沛，梁思成始终没有忘却的是对祖国的深切眷恋和对学术研究的执着。

1940 年冬，中国营造学社从昆明迁往四川李庄，旅途的艰辛劳顿和四川阴冷潮湿的气候，使林徽因的健康状况急剧恶化，加之经济的窘迫和物品的匮乏，使梁思成和林徽因陷入贫病交困的境地。

费正清（美国著名的汉学家，梁家的老友）1942 年去李庄看望梁思成和林徽因："思成只有102磅重，在写完11万字的《中国建筑史》以后显得很疲倦，他和徽因及一个绘图员都必须工作到半夜"，"我为我的朋友们继续从事学术研究工作所表现出来的坚忍不拔的精神而深受感动。"

1947年夏，梁思成从美国回来，此时清华大学建筑系在林徽因的操持和吴良镛的协助下已步入正轨。梁思成一面扩充教师队伍，一面建立以"体形环境"为基础的教学体系。林徽因在摘除肾脏手术成功，身体有所好转中，迎来了清华园的解放。

1948年末，在解放军准备解放北平前，两个解放军干部造访了清华园梁思成家，请他在军用地图上圈出北平城内重要的古建筑，以备解放北平时可加以保护。这使梁思成和林徽因很感动。

梁思成随后在1949年3月组织编写了《全国重要建筑文物简目》，前言中写道："以供人民解放军作战及接管时保护文物之用。"

1950年2月，梁思成与留学英国回来的陈占祥向中央人民政府提交了《关于中央人民政府行政中心区位置的建议》，建议在北京旧城之外另建国家行政中心，而把北京作为古都及历史文化名城整体保护下来。同年5月7日出版的《新建设》发表了梁思成的文章《关于北京城墙存废问题的讨论》，建议不要拆除北京城墙，并画图表示可建成城墙公园。这两个建议虽未被采纳，但扩建北海大桥，梁思成写信给周恩来总理，让延伸的道路拐弯，保住了北海的团城。

新中国成立后，梁思成和林徽因积极投入新中国国徽的设计工作。因为林徽因身体虚弱，设计讨论就在梁思成家中，梁思成女儿梁再冰回忆，那时他们的家里"沙发上、桌子上、椅子上摆满了国徽图案"。参与国徽设计工作的朱畅中在《国徽诞生记》中写道：

"6月12日上午，梁先生和林先生在新林院8号家中召集营建系教师莫宗江、李宗津、汪国瑜、胡允敬、张昌龄和我一同开会组成国徽设计小组。经过简短讨论后，立即分工分头准备。"

"林先生给我的任务，是让我去画天安门的透视图，她要我去系里找出以前中国营造学社测绘天安门的实测图做参考。我查看后觉得用天安门立面图更好。这建议得到梁、林两位先生和小组全体同志的赞同。张昌龄分到的任务是研究齿轮形式，他特意去机械系请教绘制标准齿轮图的原理和方法。"

"每一轮中大家提出一些方案设想后，就在梁、林两先生的主持下，加以推敲、调整、修饰，筛选出一个或几个方案。然后采用流水作业的方法，立即进行绘制彩色工整的图案送审。"

1950年6月23日，在中国人民政治协商会议第一届全国委员会第二次会议上，毛泽东主席主持通过决议，采用清华大学营建系设计的国徽图案。

清华大学营建系报送的《国徽图案说明》：

一、形态和色彩符合征求条例"国徽须庄严而富丽"的规定。

二、以国旗和天安门为主要内容，国旗不但表示革命和工人阶级领导政权的意义，亦可省写国名。天安门则象征"五四运动"的发源地和在此宣告诞生的新中国。合于条例"中国特征"的规定。

三、以齿轮和麦稻象征工农，麦稻并用，亦寓地广物博的意义，以绶带紧结齿轮和麦稻象征工农联盟。

梁思成与林徽因另一个载入史册的设计作品是天安门广场的人民英雄纪念碑。他们提出并坚持采用中国式的碑形，以碑文为主体，而不用欧式和苏式的以雕像为主体。毛泽东主席在正面题写了"人民英雄永垂不朽"，周恩来总理在背面题写了碑文。在碑座四周的壁面上放置了由雕塑家们完成的中国近代革命史的浮雕。纪念碑坐落在两层石阶的平台上，坚实、平稳、挺拔、高耸，成为亿万人瞻仰的丰碑。

2020年5月，"穿越时间的距离——跟随梁思成林徽因探寻中国古代建筑，建筑学院山西行"启动仪式在清华大学艺术博物馆举行。一批建筑学院的学生整装待发。一代建筑宗师的治学精神和思想遗产就这样代代相传、薪火不熄，以梁思成为代表的清华精神也在一次次重温大师历史的过程中传承、发扬。

（撰稿：清华大学　秦佑国　林鹿）

张钰哲
紫金山天文台的追星人

张钰哲（1902年2月—1986年7月），天文学家，中国科学院学部委员。1928年发现第1125号小行星，命名为"中华星"。致力于小行星和彗星的观测和轨道计算工作。他和他所领导的行星研究室观测到了5000多次小行星的位置，陆续发现若干星历表上没有编号的小行星和以"紫金山"命名的三颗新彗星。1978年获全国科学大会奖，1987年获国家自然科学奖二等奖。

仰望天空，发现中华星

张钰哲出生于一个贫寒艰苦的普通职员家庭，但他的目光却定格在浩瀚无垠的天际，用双手撑起璀璨闪耀的星空。

1910年5月，天空中出现了一颗明亮的彗星，它拖着长长的尾巴引起无数人们的注目，这就是著名的哈雷彗星。年仅9岁的张钰哲看到了这

张钰哲 紫金山天文台的追星人

壮观的天象，在他幼小的心灵中留下了不可磨灭的印象，为他后来终身从事天文工作研究埋下了一颗种子。

1919年，张钰哲考取清华留美预备班。1923年到美国求学，经过一番深思熟虑之后，他毅然放弃了追求已久的机械工程专业，转而投考芝加哥大学天文系，开始探索广袤而神秘的天空。在芝加哥大学本科毕业后，张钰哲前往叶凯士天文台攻读硕士、博士学位。报到当天，双目失明的台长弗罗斯特不仅带着张钰哲楼上楼下四处参观，还能精确地指出一些天文数据在《天文年历》或某本天文书籍里的具体页码，这些都让张钰哲惊讶不已。张钰哲当即表示非常钦佩台长的惊人记忆力。弗罗斯特只是说："不要那么说，重要的是要专心，要持之以恒。"后来的日子里，张钰哲便这样持之以恒地在天文学上下起了苦功夫。

1928年的一个夜晚，张钰哲像往常一样，站在芝加哥大学叶凯士天文台观测室的天文望远镜前凝神观察。突然，他那敏锐的目光紧紧盯在一个光点上，"啊，一颗从来没有被发现过的新星在闪动。"他惊喜万分，简直不敢相信自己的眼睛。就是这一瞬间的闪动，让年仅26岁的张钰哲成了中国，乃至亚洲第一个发现小行星的人。繁星无数，发现小行星听起来很简单，却花了张钰哲整整两年的时间。无数个夜晚，他守着天文望远镜，寻找当初从他眼前一闪而逝的那颗星星。经过了连续的观测和严格计算，直到1928年11月22日，张钰哲才确信那是一颗新的小行

星。张钰哲的发现很快就得到了国际小行星中心的承认。依照国际惯例，发现者有权为它命名。身处异国他乡的张钰哲，此时心潮澎湃："天文学乃是我国古学，其成就早就领先于世界各国，只是到了近代，我国才落后于西方，就拿天上闪烁的小行星来说吧，没有一颗是中国人发现的，多少年来的梦想今天终于实现了，中国人发现的小行星，中国的名字也将在太空遨游，就叫它'中华星'吧。"从此，一颗新发现的"中华星"带着海外游子的拳拳报国心闪烁在无垠的宇宙之中。

从1928年发现"中华星"到1986年病逝，半个多世纪中，张钰哲又陆续发现了"中国星""紫金山一号""紫金山二号"等400多颗在星历表上没有记载的小行星。在它们当中，有81颗得到了国际小行星中心的编号命名。国际天文学界为了纪念他，将美国哈佛大学天文台1976年10月23日发现的一颗小行星命名为"张钰哲星"。

兵荒马乱，第一次日全食观测

1937年8月11日，张钰哲做了一项重要的太阳活动预报——1941年9月21日，将有日全食进入新疆，经甘肃、陕西、湖北、江西，最后从福建北部入海。

为了观测1941年这次奇观，我国有关部门进行了周密的部署，确保观测的顺利进行。当时正值太平洋战争爆发的前夜，江苏和湖北都已在日军占领之下，因而只能选在甘肃观测。

刚刚接任天文研究所所长不久的张钰哲，马上投入到观测日全食的准备工作中。在抗战时期，要组织一次远在数千里之外的日全食观测，困难是可想而知的。经费拮据，他就千方百计募集款项；仪器缺乏，他就向各方借用或设法因陋就简地解决。观测队自德国购进的观测镜被日军炸毁，张钰哲急中生智，将紫金山天文台撤离南京时带走的摄影望远镜镜头取下，配上木架，用黑布包起来代替镜筒，再以二十四寸反光望远镜底片下匣附于其后摄取日冕图像。之后他又从其他单位借来了望远镜摄谱仪、等高仪等设备。

1941年6月30日，张钰哲率领一支由7人组成的远征观测队携带必要的仪器设备从昆明出发，他们先乘火车到曲靖，然后改乘卡车奔赴甘肃临洮。一路上历尽艰难险阻，沿途还多次碰上敌人空袭。有一天，当观测队乘坐的卡车快到重庆时，一批又一批的敌机从头顶飞过，投下的炸弹就在周围爆炸，气浪掀起的尘埃和土块飞溅到汽车上，幸亏人未受伤。他们好不容易到达临洮，在以后紧张的观测日子里，敌机先后4次飞到这个偏僻的县城，给他们的工作带来了很大的困难。

幸而天公作美，1941年9月21日9时30分全球瞩目的日全食初亏终于出现了。当时晴空万里，但见月亮的黑影从西侧开始侵入太阳，40分钟后，太阳被"吃"掉了1/3，天空也逐渐昏暗，气温下降；又过了半个多小时，太阳整个被"吃"掉了，月球遮住了整个日轮；又过了一会儿，全食四周射出万道金光——日冕出现了！这次日全食历时3分钟，张钰哲对日全食时的天空光度进行了测定，获得了很好的科学成果，后来写成《在日本轰炸机阴影下的中国日全食观测》一文，并在国外刊物上发表。

张钰哲在观测日全食途中曾赋诗："久矣风沙不关心，滇池秦塞事长征。情怀病骥思归卧，世事鞭驱未惘怜。赖有耆年垂矩范，孰云星历侪俳伶。更祈异象呈空日，云雾寇氛俱扫清。"这首诗表达了张钰哲当时希望日全食观测成功，期待早日把日寇赶出中国的心情。

这是在国破山河碎的抗日年月里，我国第一次成功的日全食观测。后来经英国格林尼治天文台证实，张钰哲率先测报的1941年9月21日在我国出现的日全食是全球400年来罕见的天文奇观，其观赏价值和学术价值都超过了以往任何一次。

科学家精神 求实篇

肩负重任,建设紫金山天文台

新中国成立不久,国务院任命张钰哲为中国科学院紫金山天文台台长。20世纪50年代,为了进一步发展我国的天文事业,在南京建立了天文仪器厂,直属紫金山天文台领导,张钰哲在工厂的建立上花了很大心血。60年代中期以前,天文仪器厂为天文台制作了口径60厘米望远镜的镜面、一台观测人造卫星用的折反射望远镜(并附有准确的计时设备)和两台直径1.5米的射电望远镜抛物面天线等。这些设备为紫金山天文台开展人造卫星的观测和射电天文观测创造了条件。张钰哲特别关心太阳系内小天体的观测和轨道计算工作。为了进行这项工作,他先后用折射望远镜和反射望远镜拍摄小行星和彗星照片,但是这两台望远镜的视场都比较小,效果总不理想。

后来他又引进了一台双筒折射望远镜,可以用两张照相底片同时拍照。这样,如果在一张底片上找到一个暗弱的新痕迹,只要拿出另一张相同的底片来检查核对,就能断定它是小行星、彗星的星像还是只是底片上的一个污迹了。

1953年,张钰哲撰写了题为《中国天文事业的古代成就、近况及发展计划》的报告,在接管上海徐家汇、佘山、青岛观象台后,派人去各地主持工作,使之成为紫金山天文台的组成部分。20世纪50年代中期,张钰哲提出了《紫金山天文台第二个五年计划纲要》,文中对筹建中的北京天文台、新的授时站、昆明太阳物理观象台等的建设筹备、仪器设备、人员配置、所需费用等都进行了详细的测算,从而奠定了现今各天文台站(厂)的布局。

在张钰哲的努力下,紫金山天文台发展很快,不仅添置和修复了许多大型天文设备,还开拓了新的领域。他倾注心血,用4年的时间建成了我国最先进的天文仪器厂——南京天文仪器设备制造厂。他亲率同行自制和引进了国际一流水平的科学仪器，使紫金山天文台名享四海。

成果丰硕，普及天文科学知识

张钰哲曾说："读书，譬如明日死，要赶紧地发奋猛读；写文章，譬如百岁活，要仔细地反复推敲。"他是这样说，也是这样做的——张钰哲一生发表论文 101 篇，出版专著和译作 10 部。

张钰哲从 1930 年开始主编各种天文期刊，撰写大量科普文章，出版科普专著，担任中国天文学会《宇宙》杂志主编，出版了 19 卷；1954 年《天文学报》创刊，他首任主编，1962—1982 年再任主编；1979 年任《中国大百科全书·天文学卷》编委会主任。

从 1949 年开始，张钰哲在紫金山天文台开创了小行星、彗星的探索发现与研究工作。他使用紫金山天文台 20 厘米的小赤道仪、60 厘米的反射望远镜及 40 厘米的双筒照相仪等仪器进行小行星和彗星的观测研究。1954 年他开展了小行星轨道测定、摄动计算和改进轨道方面的计算研究工作。1957 年年初，在苏联发射第一颗人造地球卫星之前，张钰哲应用天体力学基础理论研究人造卫星轨道，发表了《人造卫星的轨道问题》专题论文，探讨了地球的赤道隆起和高层大气阻力对人造卫星轨道的摄动影响。1958 年以后，张钰哲又从物理观测角度开展小行星光电测光，测定了一二十颗明亮小行星的光变周期，确定其自转轴的空间指向。张钰哲和他所领导的行星研究室，共获得 5000 多次小行星的成功观测，陆续发现了几百颗星历表上未有编号的小行星和冠以"紫金山"之名的 3 颗新彗星。在我国《天文学报》上，他曾发表关于小行星、彗星观测研究方面的论文 20 多篇。

追星六十载，一心系"中华"。天文学家张钰哲用他的一生告诉世人：无论星移斗转、银瀚斜横，都会有一批人因热爱而探索更美的世界，因执着而开拓未知的领域。

（素材提供：中国科学院紫金山天文台，撰稿：李晗）

参考文献

[1] 李元. 张钰哲：中国天文科普事业的引路人 [J]. 紫金山天文台台刊，2002（Z1）：12–16.

[2] 杨世杰. 我心目中的张钰哲台长 [J]. 紫金山天文台台刊，2002（Z1）：41–42.

[3] 赵映林. 中国现代天文科学奠基人张钰哲 [J]. 钟山风雨，2005（1）：38–41.

[4] 杨建，尉淑玲. 啊！小行星：记著名天文学家张钰哲 [J]. 科学，1985（1）：54–61，79–80.

童第周
水滴石穿
不断攀登生物学高峰

童第周（1902年5月—1979年3月），生物学家，中国科学院学部委员。长期研究两栖类胚胎发育的极性或轴性，以纤毛的运动作为实验对象和极性指标，探讨胚胎极性这样一个胚胎发育的重大问题，在文昌鱼发育方面，研究分裂球之间的相互关系、胚层之间的相互关系及诱导作用等，使胚胎学界对文昌鱼个体发育有了全新的认识，对于理解系统发育起到了启迪作用。

少年立志　刻苦求学

童第周出生在浙江鄞县塘溪镇童村，从小跟随父亲读私塾，父亲常常教诲他好好学习，还写了"水滴石穿"4个字勉励他，希望他将来有出息。

童第周内心很震撼，暗地里定下目标，要考入省内知名的宁波效实

科学家精神 求实篇

中学读书。于是他开始刻苦地备考,功夫不负有心人,童第周终于如愿考取了效实中学。可是由于他基础差,第一学期期末考试各科平均成绩才45分,学校令其退学或留级,在他的再三恳求下,学校才同意他继续跟班试读一学期。从此,他就与"路灯"常相伴:天蒙蒙亮,他在路灯下读外语,琅琅的读书声伴着朦胧的曙光散播开来;每天晚上,宿舍熄灯后,他悄悄来到路灯下,自修复习。期末考试,童第周各科平均成绩达到了70分,其中几何得了满分。在童第周的努力和老师的关心下,到高三期末考试,他的总成绩居然名列全班第一。当时的校长陈夏常无限感慨地说:"我当了多年校长,从来没有见到过进步这么快的学生!"

凭着顽强的学习精神,童第周最终以优异成绩考入了复旦大学。从此,开始了追求真理、献身科学的漫漫求学之路……

荀子说:"锲而舍之,朽木不折;锲而不舍,金石可镂。"正是由于童第周坚持不懈、刻苦勤奋的努力,他后来成为我国实验胚胎学、细胞生物学、发育生物学、海洋生物学等领域卓有建树的生物学家,以及国际知名的科学家。

童第周的一生都在努力践行着"水滴石穿"精神,以顽强的毅力向着科学的高峰攀登。

情系国家　报效祖国

1930年,童第周在亲友资助下远渡重洋,来到比利时首都布鲁塞尔比京大学留学,师从当时欧洲著名的布拉舍教授和达克教授,开始了胚胎学的研究。在比利时求学的日子并不十分顺利,有的外国留学生抱着一种貌视的态度说"中国人是弱国的国民",和他同宿舍的一个叫皮诺的学生公开说:"中国人太笨,掌握不了经济学。"童第周憋着一股气,冲他吼道:"不许你侮辱我的祖国,告诉你,中国人并不笨!"他在日

童第周　水滴石穿　不断攀登生物学高峰

记中写下了自己的誓言:"中国人不是笨人,应该拿出东西来,为我们的民族争光!"

在异国他乡,童第周发奋学习和开展科学研究,他在比利时学法文,而英文和德文都是自学的,在那里他打下了扎实的研究基础,练就了一双灵巧的实验之手。研究胚胎学经常要做卵细胞膜的剥除手术,当时有一项难度很高的青蛙卵膜剥除手术,多年来没人能完成。青蛙卵只有小米粒大小,外面紧紧地包着3层像蛋白一样的软膜,因为卵小膜薄,手术只能在显微镜下进行,一不小心就会把蛙卵弄破,童第周经过成百上千次的练习,终于掌握了这种剥除技术。布拉舍教授知道后,特意安排了一次观察实验课。

实验课上,童第周像高明的外科医生一样,用灵巧的双手拿一根钢针在青蛙卵上刺一个小洞,胀得圆滚滚的青蛙卵马上瘪下来,再用钢镊子往两边轻轻一挑,卵膜就被干净利落地剥落下来。布拉舍教授兴奋地说:"这个小个子真行!"童第周剥除青蛙卵膜手术的成功震动了欧洲生物界。1931年夏天,教授带着这位心爱的学生来到著名的科研中心法国海滨实验室,这次要为直径不到1/10毫米的海鞘卵子做外膜剥除,童第周再次顺利完成。童第周精湛的实验技术让云集此地的国际同行十分钦佩,也给当时在国际生物学界声誉极高的李约瑟留下了深刻的印象。

童第周不仅用这双手做了很多高难度的实验,也写出了很多高水平的论文,当他获取博士学位时,已经是一个非常有名的实验胚胎学家了。童第周的老师达克教授曾劝他:"你的国家这么困难,在这里我可以给你申请特别博士。"童第周却说："不，我要回去，我是中国人！"

在童第周看来，要搞工作应该回祖国去搞，有成绩为什么要给别的国家？就这样，童第周放弃了布鲁塞尔优越的生活和科研条件，于1934年8月毅然回到了祖国。

时逢国难当头，童第周先后辗转到成都中央大学医学院、四川李庄同济大学、重庆北碚复旦大学、青岛山东大学担任教授，并在极为困难的条件下进行科学研究工作。没有电灯，他就在阴暗的院子里利用天然光在显微镜下从事切割和分离卵子工作；没有培养胚胎的玻璃器皿，就用粗陶瓷酒杯代替，所用的显微解剖器只是一根自己拉的极细的玻璃丝，实验用的材料蛙卵都是自己从野外采来的。雨天就点上煤油灯做实验，他矢志不渝地致力于探索生命的奥秘，在脊椎动物、鱼类和两栖类动物的卵子发育能力研究方面取得了重要成果，引起了国际生物学界的普遍关注，他的座右铭是："应该记住，我们的事业需要的是手，而不是嘴。"这是童第周的至理名言，也是他一生的写照。

1939年，英国著名生物学家李约瑟博士长途跋涉，到四川李庄看望童第周，当他看到童第周的实验工具只有一架旧显微镜和几个鱼缸，他连声赞叹："奇迹、奇迹，科学史上的奇迹！童先生，您简直就是沙漠里的一条金鱼。"1940年，童第周在国际上首次证实了海鞘卵早期发育的性状，这项成果比美国的比克第司成果报告早了10年。

中国的东部和南部都濒临辽阔的海洋，有绵延的海岸线和丰富的海洋资源，但新中国的海洋科学研究尚属空白，面对世界大国大力加强海洋科学研究，童第周心急如焚。1949年青岛解放，在山东大学任教的童第周应"中华全国科学工作者联合会筹备会"的邀请到北平参加筹委会会议。他利用这个机会，找到中国科学院筹建组领导竺可桢教授，迫切地向他提出了建设中国海洋研究机构的设想。

1950年，中国科学院决定由童第周、曾呈奎、张玺3人负责，开始筹建新中国第一个海洋科学研究机构——中国科学院水生生物研究所青岛海洋生物研究室（中国科学院海洋研究所的前身），标志着中国现代海洋科学开始了全面、系统、规模化的发展。

攻坚克隆　诞生童鱼

童第周在科学界之所以被人们铭记和尊敬，是由于他在种间克隆技术上所取得的杰出科学成就。早在20世纪30—40年代，童第周与夫人叶毓芬——这对中国的"居里夫妇"就证明了文昌鱼卵子分裂球具有一定的调整能力等，在国内外学术界产生了深远影响；50—60年代，开展了细胞核和细胞质在发育中关系的研究，在用细胞核移植的方法培育鱼类新品种方面取得重大突破，研究成果达到国际领先水平；70年代，童第周等人进行了关于核酸对鱼类发育和性状影响的研究，利用鲫鱼的遗传基因，成功克隆出单尾金鱼，被科学界称之为"童鱼"。

20世纪30年代童第周曾对海鞘卵子的分裂球进行多种配合研究，用分裂球活体染色法追踪染色部分在发育中的去向，证明海鞘的镶嵌型发育远不像过去认为的那样严格，细胞间的相互关系或多或少是决定性的，纠正了过去的观点。

抗日战争期间，童第周开始进行两栖类胚胎的纤毛运动和鱼类卵子器官形成物质的定位研究。他发现纤毛运动方向的决定时间是在原肠期与神经板初期，并证明外胚层纤毛运动方向决定于中胚层和内胚层，而且这种感应能力在个体发育中是沿着胚胎的前后轴自头而尾逐渐减弱形成梯度，清楚地表明了胚胎发育的极性现象。童第周利用解剖技术对文昌鱼胚胎发育机制进行了一系列研究，带着学生从傍晚开始试验直到第二天凌晨两三点钟。每天学生们赶到实验室看到的第一个人永远是童第周先生，他端坐在显微镜前，似乎和这些仪器一样成为实验室不可缺少的一部分。当夜色深沉，久坐几个小时的学生们感到疲累困顿时，他们抬头依稀可见童第周端然凝坐的瘦小身影，显微镜下一双灵巧的手，一根比头发丝还细的玻璃丝，在一个比小米还要小的鱼卵上，准确、敏捷并且娴熟地操作着，他之所以亲自动手做实验，是因为他认为"科学家不动手做实验便成为科学政客了"，这是他对待科学研究的信条。童第周那专注的身影深深地定格在了学生们的脑海中，成为他们对童第周先生最深刻的记忆。童第周通过潜心研究，对国际上已基本达成共识的文昌鱼发育能力提出了很重要的修正意见，他所证明的文昌鱼卵早期发育特点进一步证明了文昌鱼进化上的地位是介乎无脊椎动物和脊椎动物之间的过渡类型。从1958年开始，童第周陆续发表了一系列有关文昌鱼的研究成果，成为国际最权威的文昌鱼研究专家。

世界上第一例通过胚胎细胞完成的脊椎动物个体重建实验，即"克隆"。第一个被成功克隆的脊椎动物是一只北方豹蚊蛙（*PipiensRana*）。1952年Robert Briggs与Thomas King通过将囊胚细胞的细胞核注入同种生物的去核卵完成。当童第周读到这篇关于在两栖动物上进行细胞核移植的文章时，他认识到卵细胞核的显微操作可能是找到答案的一种有效手段。在当时的中国，研究资源极度匮乏，想要进行核移植等高精度研究几乎是不可能的。在经历了数年的不懈努力和无数次的失败后，童第周与他的同事们成功地创立发明了自己的显微操作体系，并在20世纪60年代初开创了鱼类细胞核移植研究，他的首要目标就是在不同物种之间进行异种移植，即"异种克隆"，以深入研究发育过程中的核质关系。1963年，童第周等向国内外报道了鱼类核移植研究，诞生了第一群雏形克隆鱼，遗憾的是，由于实验结果只用中文发表，甚至连英文摘要也没有，这项研究的重大科学意义并没有被国际科学界所关注和认识。1972年，童第周又开创性地提出利用核移植培养新品种的问题，成功地将鲤鱼胚胎细胞移入去核的鲫鱼卵中，培育出第一尾属间核质杂种鱼，这一研究成功证实了脊椎动物远缘种间的核质可配合性，克隆动物的载体不局限于同种或亚种的去核卵。

1977年，童第周等首先在国际上报道了脊索动物的核移植成果；1979年以童第周为主完成的《鲤鱼细胞核和鲫鱼细胞质配合而成的核质杂种鱼》于他去世后的1980年发表在《中国科学》杂志上，向世界表明中国首先获得具有"发育全能性"的克隆鱼。在他生命的最后几年，童第周还在鲤鱼、鲫鱼、草鱼、鳊鱼等鱼类中进行试验，研究的先进性一直居国际前列。

21世纪是生物技术飞速发展的世纪，医学和生物学方面诸如基因编辑、人类基因组计划、细胞融合、胚胎干细胞、克隆动物等成为研究热点。而早在20世纪60年代，童第周就已经带领科研人员进行了胚胎发育前瞻性的研究工作，为后来生物技术的相关工作建立了理论和技术基础。因此，童第周在20世纪90年代被列为世界100位最优秀科学家之一。

愿效老牛　为国捐躯

童第周终生勤于在科研一线耕耘治学，先后从事无脊椎动物、文昌鱼、两栖类、鱼类的卵子发育、受精、细胞分化机制，以及核质关系在发育、分化和性状遗传中相互作用的研究，开创了中国胚胎细胞和体细胞克隆动物的先河。他带领团队在世界上创造了核质杂种克隆鱼——鲤鲫移植核鱼和核酸诱导鱼类的遗传变异，开创了中国哺乳动物胚胎细胞和体细胞的移核工作，取得了世界先进水平的成果。同时，他还十分强调科研为国家经济建设服务。在开展海洋生物资源调查和与国民经济建设关系密切的经济水产动物的人工养殖，开拓培育经济鱼类新品种的新途径，以及海洋有害生物的防治等方面也都作出了重要贡献，推动了我国海洋经济的发展。1956年，童第周等老一辈海洋科学家参与制定的《中国海洋综合调查及开发方案》作为国家重点科学技术任务之一，被列入《1956—1967年国家科学技术发展远景规划》和《1963—1972年国家科技十年规划》，为新中国海洋科学研究和海洋事业的发展制定了宏伟规划。

1979年3月6日，参加浙江科学大会的人们都不会忘记这个日子。这天，著名生物学家童第周上台发表演讲，他说要用生物技术改善人类生活，他描绘的灿烂前景让每一个人心驰神往。

突然，兴致勃勃的童第周一下晕倒在座位上。

他的心脏病发作了，人们慌忙把他扶下去。10分钟后，童第周坚持着走上讲台讲完报告，这也成为他人生中最后一场报告。缓缓走下讲台的童第周疲惫不堪，最终他还是拒绝了人们让他住院治疗的挽留，迅速赶回北京。他说："已经到了春暖花开、鱼产卵的季节，我要回去安排工作。"

谁也没有想到，回到北京的童第周病情迅速恶化，被紧急送往医院，20多天后不幸离世。

童第周为祖国科学事业的振兴生命不止、工作不息，正如1974年他刊登在《诗刊》上的一首小诗所云："周兮周兮，年逾古稀。残躯幸存，脑力尚济；能作科研，能挥文笔。虽少佳品，偶有奇意；虽非上驷，堪充下骥。愿效老牛，为国捐躯！"

（撰稿：中国科学院海洋研究所综合管理处）

参考文献

[1] 王建高，刘洋. 引领中国走向世界的先驱[N]. 科技日报，2012-02-22.

[2] 廖洋. "克隆先驱"童第周[N]. 中国科学报，2017-07-23.

[3] 王岩. 我国卓越的实验胚胎学家童第周[J]. 中国科学院院刊，2000（5）：361-364.

吴学周
锲而不舍
潜心分子光谱研究

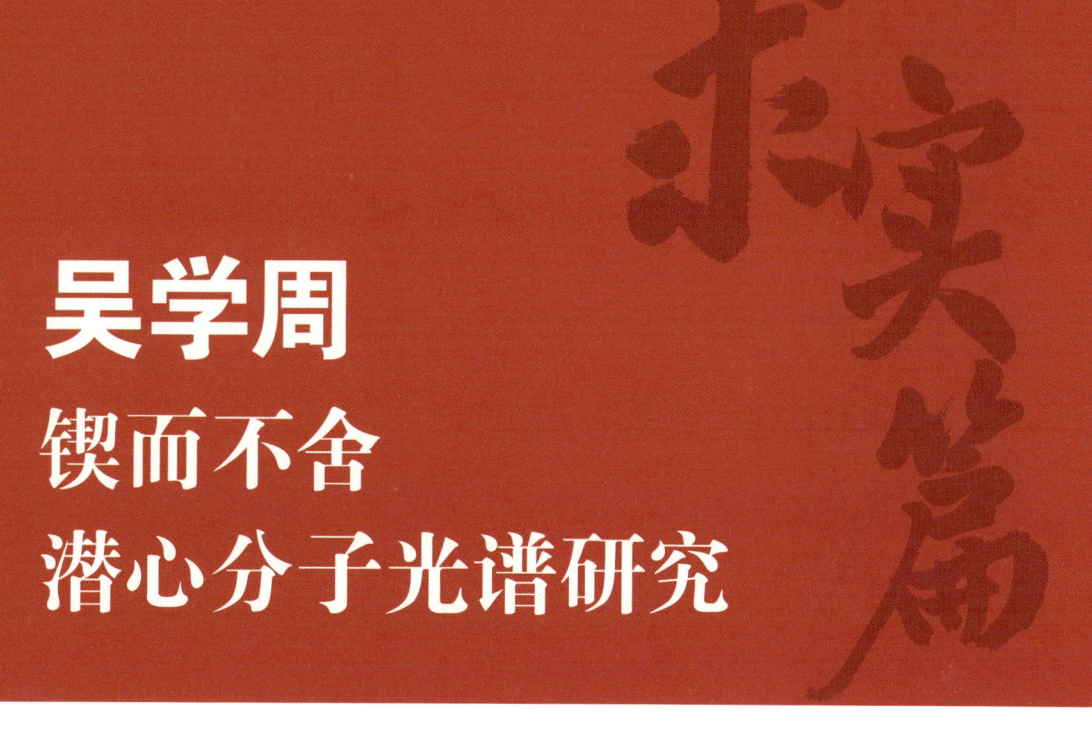

> 吴学周（1902年9月—1983年10月），物理化学家，中国科学院学部委员。我国最早把光谱数据应用于分子常数和热力学函数计算的光谱学者，我国分子光谱研究的奠基人之一，化学科学研究的卓越组织者，为我国分子光谱研究、物理化学科学研究的发展作出了杰出贡献。

吴学周早年从事多原子分子的紫外、远红外光谱研究，发现了一些新的光谱带系，阐明了若干典型的重要多原子分子的结构和化学反应机制。领导核燃料前、后处理化学问题的研究；开展超纯分析、痕量分析及环保分析等研究工作；主持光谱、波谱、结构化学工作；晚年组建了激光化学研究室并应用光谱法研究生物活性物质的氧化机制。先后组织建立了分析化学、高分子化学、半导体化学、无机化学、结构化学、有机化学等学科，开设了原子光谱、分子光谱、波谱、X射线等专业。在他的积极倡导下，

科学家精神 求实篇

1959年中国科学院长春应用化学研究所（简称"应化所"）建立了中国第一个光谱实验室。在他的努力下，应化所成功地制造出国内第一台激光拉曼光谱仪，为国家填补了一项重要空白，并建立了激光同位素分离室。

求学奋进　矢志化学研究

1902年，吴学周出生在江西省一个书香世家，祖父是清朝举人，父亲吴润膏思想开明、勤奋好学，以教私塾为业，对吴学周影响深刻。吴学周小学毕业后，于1916年考进萍乡县立中学，接受了自然科学的启蒙教育，开始对理化学习产生了浓厚的兴趣。

1920年他投考南京高等师范学校（现东南大学）时，便选择了化学这个专业，并给自己取下一个字号——化予。化者，化学也；予者，我也。意即我一定要学好化学、掌握化学，把学习化学、研究化学作为一生的追求。

1924年冬，吴学周以优良成绩毕业，并担任化学系助教，讲授物理化学和普通化学。1928年，在吴有训的鼓励下，他参加了江西省教育厅公费留学生考试，以全省第一的考绩取得了公费赴美留学的资格。

1928年，吴学周来到美国加州理工学院攻读博士学位，专攻物理化学。1931年夏被授予博士学位。同年，他在《美国化学会志》上发表了两篇论文：《HCl溶液中四价铱还原成三价铱的还原电位》和《铱的电位测定》。

20世纪20年代中叶到30年代初，正是量子力学建立和蓬勃发展的时期，他在做博士论文的同时，便自学了量子力学，并逐步把目标转到分子光谱领域。与他人合作开展多原子分子的吸收光谱研究，先后在《美国化学会志》和《物理评论》上发表了《气态卤化氰的吸收光谱结构和解离能》《近紫外区氰的吸收光谱》《从光谱数据计算某些简单多原子气态分子的熵》等一系列研究论文。自己动手设计实验装置，测定了乙炔、乙烯、乙氰、丙烷、氨、碘甲烷和乙醛等 14 种气体的远红外光谱，其论文《气态的远红外光谱》后来发表在《物理评论》上。他的这些工作，受到了国际学术界的关注。

因在海外留学、讲学和研究取得的出色成果，1933 年夏，时任国民政府中央研究院化学研究所所长的王琎（吴学周的老师）教授邀请他回国担任化学所的专任研究员。回国后，吴学周带领柳大纲、朱振钧等人，完成了"丁二炔的紫外吸收带""氰酸和某些异氰酸酯的吸收光谱和解离能""乙氰分子的基频""乙氰分子在近紫外区的新吸收带系""某些氰酸酯和异氰酯的吸收光谱和分解能""乙炔的近紫外吸收带"等 10 多项研究工作。相关论文先后发表在美国著名的《物理评论》《化学物理》和德国的《物理化学》等杂志上，开创了我国多原子分子光谱研究的新局面。

抗日战争爆发以后，吴学周认为决不能与侵略者合作，不能将珍贵的仪器设备、图书资料和科研成果留给日寇，他决心在后方重建研究所，开展研究支援抗战。1938 年夏，他以中法旅行社的名义，经由中国香港，并途径越南等地，辗转万里，把 102 箱图书、设备和仪器运到昆明。鉴于他在迁所过程中表现出的组织管理才能和献身科学精神，国民政府中央研究院蔡元培院长委任他为代理所长，主持筹建科学实验馆。在短短的 6 个月内，建成了临时实验室。1942 年，吴学周被正式任命为国民政府中央研究院化学研究所所长。

求实创新　中国分子光谱研究的开拓者

新中国成立后，中国科学院成立时，他被任命为中国科学院物理化学研究所所长。1950 年，中国科学院院长郭沫若商请他共同去东北组建科学院东北分院，他毫不犹豫地带领中国科学院物理化学研究所的 30 多名科技人员来到长春，与长春综合研究所合并，于1954年成立了中国科学院长春应用化学研究所。吴学周被任命为所长，除"文化大革命"时期中断几年，这一职务一直继续到1983年。后来吴学周任该所的名誉所长。

从上海到长春，是吴学周人生和科研的一大转折。如果一直在上海，他的科研工作一定会有更多成就。然而，年近半百的他带着家人，毅然决然离开了工作十几年的地方，离开无论科研、工作、生活及气候哪一方面都更优越的大上海，扎根东北。"为了祖国、为了科学"这8个字是他斩钉截铁的回答。

20世纪30年代，吴学周等人所从事的多原子分子光谱研究正是当时这个领域的研究前沿。他把光谱数据与分子结构及热力学参数联系起来，开拓了分子光谱的研究和应用领域。他根据红外与拉曼光谱的数据，第一个确定了双氰分子的基频振动频率，率先阐明了电子吸收光谱在研究分子激发态时的意义，尤其是对激发态分子结构的推断，为后来利用共振拉曼光谱研究激发态位能面提供了思想基础。他对紫外光谱带系的研究论文均已载入赫兹堡在光谱方面的名著中。

吴学周是我国最早把光谱数据应用于分子常数和热力学函数计算的光谱学者。除了在分子光谱的研究中作出了世界性的贡献外，在物理化学的其他领域也有不少成就，20世纪30年代初期至40年代，他先后在电化学、反应动力学方面，以及配合光谱研究所建立的定量测试方法研究上取得了成果，他的不少研究方法为后人所采用。

吴学周也是一位优秀的教育家，他深知培养人才是发展科学的根本。新中国成立以后，百废待兴，最急迫的是要有一定数量的专家来满足国家经济建设恢复和发展及科学事业的需要。吴学周来长春不久，就与长春综合研究所联合举办有25个单位参加的"X-线探伤学习会"，有62个单位参加的"极谱分析会"。1954年应化所成立后，又举办了有54个单位参加的"光谱分析学习会"。1958年创办了长春化学学院和附设的化学学校与技工学校，邀请唐敖庆、钱保功、孙家钟、吴钦义等多位著名教授为光谱班讲课，先后为科研单位和高等院校培养了100多名核磁共振、分子光谱、原子光谱和X−衍射结构研究人员，对我国光谱的发展起了巨大的推动作用。

吴学周认为，一门学科的发展，应该是理论、技术和应用三位一体、相辅相成。我国要想在科技领域跻身于世界强国之林，必须全面发展，也只能全面发展。20世纪70年代初，在吴学周倡议下，长春光机所、北京第二光学仪器厂和上海有机所等几个单位通力协作，终于使国产第一台激光拉曼光谱仪问世。

在我国恢复研究生招生制度时，吴学周虽已是年逾古稀、身患重病，繁忙的科研管理组织工作与社会活动几乎消耗了他全部精力，但他仍招收了几名研究生，为他们的研究课题定方向，并进行细致的指导。他对青年研究人员和学生，注重启发式的提问，鼓励创新精神，一再告诫"实验，要仔细、严格；论据，要充分、严谨；对困难和问题，要锲而不舍、顽强拼搏""问题解决了，知识和能力就积累和提高了"。

远见卓识　卓越的科研组织与管理者

吴学周还是一位杰出的科研组织家。他认为：办好研究所要抓三件大事，一是选择好研究课题，二是要有一支训练有素、具有高科学水平的研究队伍，三是具备良好的实验设施，而确立研究方向是关键。他借鉴国内外的经验，根据国家建设的需要和科研发展的趋势，对应化所的研究方向不断进行调整和更新，先后建立了超纯物质及稀土元素分析、辐射化学和激光化学等10余个新的研究室，使应化所逐渐成为包括无机化学、分析化学、物化结构、有机高分子四大中心的综合研究机构，并先后组织力量在合成橡胶、塑料、胶黏剂、稀土材料、电分析化学、有机结构、痕量分析、

科学家精神 求实篇

催化和激光分离同位素等多方面攻关，取得很大的成绩。鉴于这些项目成就对国家科技事业的贡献，应化所曾荣获国家科学技术进步奖特等奖1个、一等奖1个，国家发明奖和国家自然科学奖二等奖6个、三等奖10个，省部级和院级奖励多达数十个。20世纪80年代后期，应化所先后成立了"稀土化学和物理""电分析化学""高分子物理"3个开放性实验室。早在1942年，他受当时国民政府中央研究院评议会委托，拟写了《我国战后科学研究计划刍议》的专题报告，讨论战后我国的科研建设问题，实为一个国家科学发展规划。2008年《科学学研究》上发表的《吴学周"计划科学"思想管窥》评价："其实质是完善建制化的尝试，也是中国科学家首次运用计划理论对科学发展进行'计划'。计划中的机构体系是新中国成立初期所采用的体系。其中对'科学的社会功能'的广泛运用，在我国科学历史上具有重要意义。"新中国成立后，吴学周参与制定过一系列重要的科学规划，进行了众多卓有成效的科研组织和管理工作，也是他对迅速发展我国科学事业和科学兴国的继续探索和实践。

吴学周对我国科学事业的贡献是有口皆碑的。新中国成立前，自1939年开始，他曾8次被选为中国化学会理事或常务理事，并担任过该会物理化学委员会主任委员。他于1948年被选聘为国民政府中央研究院院士。新中国成立后，1955年被选为中国科学院数理化学部委员，1957年被任命为国务院科学规划委员会化工专业组副组长，1978年被国家科委聘为化学组成员，1979年兼任中国科学院环境化学研究所所长，1980年任中国科学院环境委员会副主任，同年又当选为吉林省科协主席，担任过中国大百科全书环境科学卷主编、《分析化学》《应用化学》《应化集刊》等出版物的主编。在应化所筹办过全国第一届"物质结构""电化学"，第二届"高分子化学和物理"及其他全国大型学术报告会。吴学周对发展祖国科学、繁荣学术做了许多组织领导工作。

吴学周不仅是一位科学家，也是一位著名的社会活动家，他是九三学社吉林省委员会创始人之一，长期担任九三学社长春市委员会主任，并于1956—1978年任九三学社中央委员会常务委员，曾任吉林省政协副主席，省人大常委会副主任，全国政协委员，全国人大第二、第三、第五、第六届人民代表。他经常呼吁要重视"科学对经济发展的促进作用""改善中青年知识分子的工作和生活条件"，建议"国家要采取有力措施，搞好智力开发""对有贡献的中青年科学家，不要让他们兼职太多，从而夺去他们创业的年华"。他总结我国科学事业走过的坎坷道路和自己一生的经历，坚信只有在中国共产党的领导下，只有社会主义中国才能实现"科学救国""科学强国"的理想。1983年9月20日，吴学周在病床上度过81岁生日。21日，省委领导、应化所党委和统战部到医院为他祝寿并带来喜讯：批准他成为中国共产党正式党员。吴学周终于实现了多年的夙愿，"我为共产主义奋斗终生的愿望终于实现了，我要在有生之年，更加积极地工作，直到生命的最后一息。"

诺贝尔奖获得者、加拿大著名科学家赫尔兹伯格教授在吴学周去世后高度评价他的科学成就说："吴教授早期在分子光谱方面的杰出工作，在某些方面至今还为人们所引用……他在应用化学方面的后期工作，包括应化所的建立，将成为他事业的丰碑。"

吴学周一生有"两怕""两不怕"。不怕科研任务重、工作头绪多；也不怕病痛纠缠和环境苦。就怕养病耽误科研、耽误工作；怕为自己花国家的钱，怕麻烦别人。他的宽广胸怀里只有祖国科学事业的发展，却没有自己，他把一生都献给了无比热爱的科学事业，留给子女的遗产，除了一支笙、一对网球拍、一只人造革旧提包之外，就只有堆积如山的书、文献资料、日记，还有学生时代写的笔记、做的练习、画的实验图标。

科学是永恒的。中国分子光谱研究的开拓者、奠基人吴学周的形象和精神，犹如光谱之光，绚丽璀璨，永远照耀后继者不断探索、不断前行，他的英名将永载中华民族科学史册，他的丰碑将长留于人间。

（撰稿：中国科学院长春应用化学研究所党政办公室）

参考文献

[1] 何希元. 吴学周：中国分子光谱研究的开拓者[J]. 科学新闻，2020（20）：42-44.

[2] 全国政协文史和学习委员会. 回忆吴学周[M]. 北京：中国文史出版社，2018.

马大猷
严谨求实做科研
勇于担当对社会

> 马大猷（1915年3月—2012年7月），物理学家、无线电学家和教育家，中国科学院院士(1955年当选第一批中国科学院数理学部学部委员)，房间声学简正波理论的奠基人之一，我国现代声学的奠基人。主要从事物理声学、建筑声学和噪声控制方面的研究。1978年获全国科学大会奖。1981年获国家自然科学奖三等奖。1997年获德国弗朗霍夫学会颁发的金质奖章和ALFA奖。1998年获何梁何利基金科学与技术进步奖。

严谨治学　勇于创新

马大猷在学生时代便善于思考讲究方法。高中毕业后，他同时考取了清华和北大，但由于他早年丧父、家境贫寒，所以最终选择了花费较少的北京大学物理系。大学毕业后，他考取清华留美公费生，所学专业是由我国资深物理学家叶企孙教授设定的电声学专业，是我国第一位声

科学家精神 求实篇

学专业的留学生。他不负众望,回国后多年终于在国家制定12年科学远景规划"向科学进军"中,实现了他对中国现代声学的奠基。

1937年年末,他在加州大学洛杉矶分校留学读书时,遇到了刚刚写好博士论文的博尔特(出生在中国清华园)。此时,英国著名声学家瑞利爵士的著作《声的理论》已成为经典,其中有一个公式用于表示简正波在房间中的分布,可是当房间的尺度和声波的波长可以相比的时候,瑞利的这个公式就不适用了。博尔特在博士论文中对此进行了补充修正,大家都十分赞赏他的成果。马大猷看过以后,总觉得他得出的公式很好,但就是太复杂了,他认为表达自然规律最好是简洁明了。于是,他便抓住这一问题深入探讨。经过多日的深思熟虑,有一天他突发灵感,建立起一个三维的频率空间,每一个简正频率在这个空间中就是一个点,计算这些点数就得到简正频率在房间中的分布了。他这一方法所得到的结果,与博尔特新公式的结果是一致的。马大猷的公式简洁明了、便于计算,被收入教科书。他留学伊始便取得这样惊人的好成绩,主要在于他物理、数学的基础好,并且善于思考、勇于创新。

1938年,他转入哈佛大学物理系,与导师亨特和师兄白瑞纳克共同验证简正波理论。经过艰辛的实验和繁复的数学计算,1939年他们发表了相关论文,这被认为是建筑声学从几何声学和统计声学发展进入波动声学的里程碑。他们的论文成为房间声学简正波理论的奠基之作,马大猷也就成为简正波理论的奠基人之一。可是,马大猷并没有将这项工作作为他博士论文的主要内容，而是进一步把原来的边界条件发展成为矩形房间非均匀边界。他认为这样更接近实际情况。

任务带学科　实践促研究

1959年人民大会堂开始建设，其中有一座万人大礼堂是核心建筑，供人民代表大会开会和文艺演出之用。这是世界上最大的会堂式建筑，如何保证开会时语音清晰、演出时音质良好，便是一个没有先例的极为困难的问题。马大猷义不容辞地承担了这项艰巨的任务。人民大会堂的建设是作为一项政治任务来进行的。施工期很短，施工条件和建筑材料也受到一定局限，领导的要求也会变化，因而，建筑设计也就会经常变化，声学设计只能跟着建筑设计走。

当时，国内没有建筑音质设计的专业人员，马大猷便组织国内高等院校有关建筑物理专家和电声学专家，以及刚刚组建的电子所建筑声学组人员一起攻关。中国建筑科学研究院设计建造了大小两种比例尺寸（1∶10和1∶40）的大礼堂模型；电子所的人员研制了各种测量工具。在模型中利用脉冲声，来考察声波的反射情况。由于声学界对厅堂的音质评价只靠混响时间这种单一评价标准感到不足，所以马大猷还在完成任务的同时，领导大家一起研究探讨房间音质的第二评价标准。为测量声场扩散，研制了指向性传声器和声透镜等。现场测量都只能在夜间停止施工时进行。与此同时，还开展了混响时间对语言清晰度影响的研究。对大礼堂内部进行必要和可能的声学处理，同时采用由马大猷设计的两套扩声系统：小扬声器分散系统和三路立体声集中系统。扩声系统在中华人民共和国成立10周年庆典时投入使用，取得了令人满意的效果。通过完成这项极具挑战性的任务，我国的建筑声学和音质设计专业人员队伍也成长起来了。

马大猷很重视声学标准的研究和建立，他组织成立了全国声学标准化委员会。对国内制定的或等效采用国际的声学标准，他都认真组织审查，从不马虎。在改革开放以前，我国的实验设备与国际上一些知名实验室的设备差距较大，等效采用国际标准组织（ISO）建立的声学标准，是最简单省事的办法。可是他没有这样做，而是要根据国内实际情况进行研究。尤其是对一些有关声学的基础数据，如听觉绝对阈限、语言清晰度测试方法和清晰度指数等，他都更加关注。这方面的国家标准，都是在不同的研究单位经过多次实验后，经过全国声学标准化委员会讨论，才决定或是等效采用国际标准或是由国内自己制定。

学识广博　严格从教

马大猷在教学工作中既严格要求学生更严格要求自己。他在西南联合大学教书时就是出了名的严师。在声学所做他的研究生，各门课程考试以 80 分为及格标准，达不到要重考；学位论文则以要有创造性和新结果才能通过。他认为研究生毕业以后，就应该具有独立从事科学研究的能力，所以在读书时就要要求高一点。20 世纪 60 年代，经他审阅的一名研究生的毕业论文中没有引用一篇必读的著名文献，他就让这名研究生重新加以补充。作为一位论文评阅人，如果没有认真负责的态度和广博的学识，是做不到这一点的。他除了本身的研究工作以外，还主编两份学术期刊(《声学学报》中文版和英文版)，审稿意见他都要过目，重要问题从不放过。

对于伪科学和科学谣传，他不但态度鲜明地加以批评，还亲自通过实验来证伪。20 世纪 60 年代，在国内外有的报刊上曾出现所谓次声（频率低于 20 赫兹的声波）武器可致人死亡的报道。马大猷在声学所高声强实验室内，亲自用大白鼠做实验：在 150 分贝声强下连续曝露 3 小时，只造成失聪、心律失常、体温升高，而生理组织没有损伤。150 分贝的声强需要极大的声功率才能达到，在一般的环境里极难达到。这足以证明那些报道不实。

严谨求实　积极建言

马大猷不仅在科学研究工作中坚持严谨求实，在社会生活中也同样坚持严谨求实。严谨求实是他一以贯之的人生态度。他是一位爱国惜民、仗义执言的科学家，不是埋头书斋和实验室中不问世事的学者，而是深切关心国事民情的现代知识分子。大学时代参加一二·九运动，国外留学时支持宋庆龄发起的"一碗饭"活动。

1962年国家遭遇困难时期，党中央在广州召开科技工作者和文艺工作者参加的"广州会议"。其中，全国科学技术工作会议由中央科学小组组长聂荣臻主持。到会的科技界代表有400多人，都是著名科学家和高级技术人员及各省市负责科技工作的领导。聂荣臻在开幕讲话中特别强调，要尊重科学，尊重事实，大家有什么说什么，要三不：不扣帽子，不抓辫子，不打棍子——敢不敢说真话是衡量科学家的标准。敢于坚持真理，最后一定受人尊敬。出于对国家大事的关心和对共产党的信任，马大猷在讨论会上首先发言。他说："昨天聂总报告'三不'，不扣帽子，可是我们头上就有一顶大帽子——资产阶级知识分子。如果凭为谁服务来判断，那就不能说我们还在为资产阶级服务；如果说有资产阶级思想或思想方法是资产阶级的，所以是资产阶级知识分子，那么脑子里的东西不是实物，是没法对证的。这个问题谁能从理论上说清楚？"这个问题立刻引起了广泛的共鸣。因为他道出了知识分子的心声。后来，周恩来总理来到了广州，他在会上做了报告，宣布我国的知识分子已经是属于劳动人民的知识分子了，一般不再是资产阶级的知识分子了。于是，时任副总理陈毅便在广州的两个会议上宣布，要为知识分子"脱帽加冕"。这是一个令人关注的全国有名的政治事件。于是马大猷便获得了"一'马'当先'脱帽加冕'"

的美誉。

随着人类工业现代化的发展，给生活环境造成了污染；一些发达国家已深受其害，纷纷采取控制措施加以改善。1965 年，马大猷便在声学研究所举办噪声训练班，培养噪声控制专业人员。1972 年，第一届联合国人类环境会议在瑞典斯德哥尔摩召开，促进了中国环境保护意识的觉醒。

1973 年召开的第一次全国环境保护会议，翻开了中国现代化环境保护的新篇章。马大猷在这次会议上提出：除废气、废水、废渣之外，还应当把噪声也作为公害加以处理。他呼吁社会重视噪声问题。1974 年，中国科学院声学研究所便组织人力，在京津地区对八大城区进行环境噪声调查。马大猷不但亲自走上街头测量交通噪声，还深入工厂、机场等强声源所在地现场测量，从而造成他听力受损。

马大猷在 90 多岁时，仍在关注中国科学事业的发展。他根据自己 60 多年的科学研究和教学工作经验，写出十几篇文章，提出自己对科教兴国的意见和建议。2005 年 8 月 1 日他还给温家宝总理写了一封信，并附上他写的两篇文章。温家宝总理 8 月 9 日便作了批示，对马大猷关心科学发展的精神表示赞扬，也对他的具体意见加以肯定。

（撰稿：中国科学院声学研究所　张家騄）

参考文献

[1] MAA D Y. Distribution of eigentones in a rectangular chamber at low frequency range[J]. J Acoust Soc Am, 1939, 10（3）：235-238.

[2] HUNT F V, BERANEK L L, MAA D Y. Analysis of sound decay in rectangular rooms[J]. J Acoust Soc Am, 1939, 11（1）：80-94.

[3] 马大猷. 关于发展声学研究工作的意见[J]. 科学通报, 1956（2）：68-73.

[4] 张家騄. 马大猷传[M]. 北京：科学出版社, 2013.

[5] 龚育之. 为知识分子"脱帽加冕"的广州会议[J]. 百年潮, 1999（1）：5-13.

吴征镒
原本山川　极命草木

吴征镒（1916年6月—2013年6月），植物学家，中国科学院院士。长期从事植物分类、植物区系地理、植被及植物资源学研究。多次组织领导了全国，特别是云南植物资源的调查，并指出植物有用物质的形成与植物种原分布区及形成历史有一定相关性。潜心研究生物多样性，为人类认识自然，实现人与自然和谐共存作出巨大贡献。1995年获何梁何利基金科学与技术进步奖，2003年获何梁何利基金科学与技术成就奖。2008年获国家最高科学技术奖。

父亲的学用之问

"出生于九江，长大于扬州，成人于北京，立业于云南"，吴征镒这样总结自己的人生。

吴征镒的童年在扬州的"吴道台宅第"里度过，七八岁时，他常到芜园里玩耍，春天在豌豆地，把肥嫩而香甜的豌豆生剥着吃也是他的童趣。

一旦给人发现,就要被赶走。有时,他在芜园草地上摸、爬、滚,尽情开心一番。

进芜园门右拐,有一片孟宗竹林,占地一亩多。春天雨后,吴征镒看到竹林里的春笋,从露尖头到拔节放箨簌簌有声,半天工夫,长得和他一般高,越看越觉得惊奇。竹子的奇妙激起他对植物的兴趣。

到了十一二岁,吴征镒来芜园主要是"看图识物",手里拿着父亲书房里的《植物名实图考》或《日本植物图鉴》,看图对植物,能对上一二种心里觉得特别舒畅,这时吴征镒心里的绿色底衬也就更加明朗起来了。

初一时,教植物的唐寿老师上植物课,教学生解剖植物的花果和画植物图,还经常带学生到扬州近郊观察植物,采集标本。吴征镒对这一切都饶有兴趣,唐寿是最先启发吴征镒爱好的老师。高中生物老师唐燿见吴征镒能自采植物标本学习鉴定植物学名,很有钻研精神,就让他在班上举办一次植物标本展览会,以资鼓励。此事对吴征镒触动很大,从此立志投考生物系。一件鼓动心灵的小事成就一位植物学大家。吴遐伯是吴征镒扬中的老师,他既精国画,又善书法,对植物、动物、生理卫生、矿物地学都有研究,讲课就讲这些基础生物、地学方面的知识,让吴征镒感到知识广博的重要。

1933年,吴征镒考取清华大学生物系,父亲吴启贤问吴征镒:"你学植物学有什么用?"吴征镒只是觉得自己对植物有

很大兴趣，一心想学植物学，未能回答父亲的提问。父亲故世，吴征镒再没有可能与父亲对话，但一直把父亲的问话记在心里。直到 2008 年，吴征镒获得国家最高科学技术奖，扬州电视台记者采访吴征镒时，吴征镒说："我父亲曾经问过我，学植物学有什么用？那个时候我答不出来，现在我可以回答了。"事隔整整 75 年，吴征镒用穷其一生研究植物科学的成就来回答父亲的问题。

橡胶宜林地调查中的争议

新中国成立初期，国家百废待举。中科院在竺可桢副院长的领导下，开展全国大区综合科考，为国家发展做资源家底准备。时任中科院植物研究所副所长的吴征镒参与组织领导华南热带生物资源和中苏云南热带森林及生物资源等重要考察，并在华南地区及桂、滇南部地区展开橡胶宜林地调查，开辟橡胶种植基地。

1953 年，受农垦部王震部长之邀，中科院指派吴征镒、罗宗洛、马溶之、李庆逵会同农垦部和广东省农垦局有关人员赴海南、粤西考察橡胶栽培情况。那时在海南岛、雷州半岛、桂东、桂西和云南南部地区，大批退役军人和干部转建橡胶农场，如火如荼地种植橡胶，遇到南方雨季，发生水土流失，胶苗损毁严重。吴征镒、马溶之、李庆逵着重植被、土壤调查，罗宗洛着重橡胶营养生理条件考察，经过相互讨论，他们从调研的实践出发，提出"两放弃一实施"的建议，两放弃即放弃在粤西、桂东沿海及海南西南部干旱沙地、龙州一带石灰岩土上种植橡胶的计划；放弃拖拉机农耕措施，改用马来西亚一带的"斩岜烧岜"（即刀耕火种，但不游耕）。一实施是实施"大苗壮苗定植"，用本地树种营造防护林，在选好林下覆盖植物之前，先尽量利用林下次生植被做防护。他们从自身实践和实际出发的建议得到农垦部领导的肯定和支持，从而稳定了华南的橡胶种植业。

1953—1955 年，吴征镒率队到海南、粤西和桂西南考察，对我国热带季雨林，特别是次生林和灌草丛等植被的分布、演化规律有所了解，对我国地处热带北沿区域的特点、季风、台风、寒潮和石灰岩区干旱有切身体验。吴征镒对我国本来不多的热带季雨林的保护更加关切，关切中也有一些忧虑。

考察中他与橡胶农场有较多的接触，了解橡胶农场肩负国家重任，自力更生发展橡胶种植业责无旁贷。对保护热带季雨林和发展橡胶种植之间存在不同看法，在划定天然林禁伐区问题上持有不同意见，有时在考察队员与橡胶农场技术人员之间还发生各执一词的争执。吴征镒精读了《中国气候概论》《自然地理》《植物地理学》《热带雨林》等专著，理论联系实际，在脑海里形成自然生态系统的粗浅轮廓，实际感到植物、土壤、气候之间相互依存、相互制约的关系，有了致力于热带生物地理群落和热带森林生态系统研究的思想基础。他耐心地与农场领导交流，讲述保护原生森林，特别是维护热带森林生态系统的紧迫性和长远意义，寻找共同点，取得某种共识，既真真实实地支持橡胶种植业的发展，又实事求是地坚持建立自然保护区的意见。

担起摸清植物家底的责任

"图形翻本草，名物记拉丁"，这是吴征镒满怀深情为英年早逝的恩师吴蕴珍写下的挽诗。1933 年，吴征镒考入清华大学生物系，留学美国康奈尔大学并获博士学位的吴蕴珍先生是讲授植物分类学和植物形态学的教授，总是将世界著名杂志的新作与中国本土植物结合，讲述植物的形态特征、精确的分类术语及阐述世代交替，融入进化理论，让学生了解前沿科研动态，教课认真而丰富，学生要取得满分很不容易。吴蕴珍主张植物分类学"不以搜求新种为目标,而是将前人发现的种类加以实际的考定和整理,目的在于建立系统研究的基础",他给吴征镒的毕业论文题目是"河北和察哈尔的莎草科苔草植物",受老师之重托,吴征镒秉承老师指导思想,按老师的"三严学风"要求,对50多种苔草植物种级分类的主要依据——囊果和颖的形态做了全面解剖记录,一一按比例尺格子画成图。所绘苔草属植物图精细准确,是吴征镒师传弟绘之作,可算是师生间的一种"翰墨因缘"。吴征镒从2000种植物中一一找清了河北和察哈尔两地约50余种的苔草属植物,完成论文撰写。恩师吴蕴珍尽师道之责,以"嚼饭哺人,诱启后人"的方式抚育学生成长,让吴征镒具有坚实的科研功底,这些后来在植物分类学、植物区系地理学、植被学和植物志编纂方面大有裨益。

1934年,中国植物学家胡先骕就提出编纂《中国植物志》的主张,这是中国植物学家的梦想。1959年,中科院开启《中国植物志》编研,开启中国植物学家在自己国土上弄清植物家底的伟大工程。刚过不惑之年的吴征镒任编委,1973年年近花甲之时任副主编,1987年已过古稀之年的吴征镒继俞德浚后接任主编,接下摸清国家植物家底的大任。在主编位上历时17载,完成《中国植物志》约2/3卷册的编纂出版,为全书的完成尽了主编之责,四代中国植物学家的艰辛努力结出丰硕之果。《中国植物志》是中国植物的"人口簿",于国家农牧业、生态环境持续发展既是基本科学资料又具有重大意义。

2004年10月,在《中国植物志》新闻发布会上吴征镒说:"中国植物学界终于站起来了,走完了踏踏实实的万里长征的第一步。"他回忆克服编志四大难点的体会:一是在诸多的不统一中取得了大体的统一,统一了思想,整齐了步调。在分析此书涉及的301科植物后,吴征镒主动承担一些难科大属,率先示范,接着对研究薄弱类群、疑难科属组织联合攻关,在整齐步调的形势下,部署有条不紊。二是面对400多年来,300多位各

科学家精神 求实篇

式各样的外国采集者将中国各地的模式植物标本收藏在世界各大标本馆里的实际，采取依靠模式标本照片和原样产地标本对照的办法来解决难题。三是从500多年来浩如烟海的多种文字文献中考证中国植物的合格和合法科学名称，虽然是"顶着石臼做戏——吃力不讨好"，但中国植物学家总算啃下了这块硬骨头。四是新中国成立后，中国植物学家行路千万里，到深山老林"访贫问苦"，越是深山穷谷，越是名山名川，越要去，终把自家的植物家底弄得一清二楚。吴征镒此时的感悟是"书到用时方恨少""事非经过不知难"，靠的是"书山有路勤为径，学海无涯苦作舟"。《中国植物志》传赠世间之时，"黄连树下弹琴——苦中作乐"，如释重负，便是极乐世界。彰显出吴征镒领导编志的智慧和求实精神。

《中国植物志》历时45年，有300余位共四代植物学家参与，完成80卷126册出版，达5000余万字，是总结中国维管束植物系统分类的巨著，在目前世界各国出版的植物志中，属卷册最多、体量最大。吴征镒是四代编志植物学家中的一员，也是目睹四代同堂的见证者。

保护生物种质资源

"原本山川，极命草木"语出西汉著名辞赋家枚乘《七发》中的名句，其意为"陈说山川之本源，尽名草木之所出"，吴征镒注释为"植物既是环境和资源的重要组成部分，又必用于提供资源以改造环境"，这成为解决自然资源利用中"开发与保护"矛盾的科学依据。

1958年，吴征镒针对我国"人多地少，必然对山林和湿地自然生态系统继续破坏，甚至掠夺"的现实，向云南省委、省政府提出在云南建立24个自然保护区的规划和方案。在云南这个"植物王国"里开启规模建设自然保护区的先河，使得云南在发展橡胶种植业的同时，守住了热带、亚热带宝贵的季雨林和常绿阔叶林的生态底线。

吴征镒　原本山川　极命草木

20世纪80—90年代，随着人类活动和气候变化的加剧，不少生物栖息地出现毁灭性丧失，生物多样性面临巨大危机。我国是生物多样性非常丰富的国家，所受的威胁也不能低估。野生生物物种资源是在亿万年地质历史中逐渐适应进化产生的，是栽培植物、家养动物和人工培养生物的资源宝库，也是培育动植物新品种的物质基础。这些资源一旦消失，则不可逆转，并可能从根本上影响生态文明建设的进程和社会经济的持续发展。

1999年，借世界园艺博览会在昆明召开之际，吴征镒向来昆明出席博览会的朱镕基总理呈书，提出建立"野生生物种质资源库"的建议。建议中吴征镒说道："生物技术产业与人类生存所依赖的食物、医疗保健密切相关，对我们这个人口众多、人均资源少的国家来说，应是更为核心的产业。"又说，"我从事植物研究已60多年，深深感到生物物种资源的保护和合理利用至关重要，多样的物种资源是大自然创造的，不可人为造出来，一旦遭受破坏，将永远消失。而种质资源又是生物技术产业发展的基础，失去这个基础，我们在今后的生物产业发展中会受到严重的制约。"故而提出"十分有必要尽快建立云南野生生物种质资源库"的建议。日理万机的朱镕基总理在7天后给云南省委、省政府领导做出批示："请你们在中央有关部门的帮助下，进行可行性研究，结果报国务院。我认为设想很好，应予支持。"

2005年，作为国家重大科学工程的种质资源库开始运行，为我国生物战略资源安全提供可靠保障。至今，种质资源库已安全运转15年，全面超过建成初期制定的15年建设期保存目标。截至2019年年末，在植物种子、植物离体种质、DNA、微生物种质、动物种质、种质资源圃等六方面都超过预定指标。种质资源库秉承吴征镒倡导的生物多样性宏观研究、物种中观研究与遗传育种微观研究等三方面紧密联系的学术思想，在物种的基因组学、植物生理与功能基因组学、植物比较和功能基因组学、植物分子系统与进化研究、植物条形码研究等方面取得骄人的创新成就，齐名于世界三大生物物种保藏行列（英国千年种子库、挪威斯瓦尔巴德全球种子库），一批优秀的保护生物学年轻学者茁壮成长，他们与国内外诸多单位建立起合作关系，种质资源库真正成为国际知名的保护野生生物资源的重要平台。

吴征镒在科研中十分关注国家战略发展的需求，从国家战略发展的高度，提出前瞻性、战略性的科学建议，为国家社会经济的持续发展作出杰出贡献，这位科研路上的求真者，2008年荣获国家最高科学技术奖。

永葆共产党员本色

吴征镒清华大学生物系毕业时，与大多数人一样抱有"科学救国"的思想。在历经8年抗战烽火后，思想有了质的转变，1946年加入中国共产党。抗战胜利后，他婉言谢绝老师李继侗教授给他寻来赴美国哈佛大学深造的厚意，投入火热的斗争中，经3年解放战争的洗礼，党性得到凝练升华。在新中国的科研战线上，他常怀共产党员的忧党之心，更有共产党员的兴党之责，共产党员本色不褪。

吴征镒在一系列的科研实践活动中，始终面临着一个不可回避的问题，即党员第一还是科学家第一。从建立中国科学院开始，和吴征镒经常打交道的几乎都是科学家，筹建的全是生物学科研所，工作惯性给他的感受自然是科学家重要。"文革"以后，他直言谈到，中华人民共和国成立以来，他有"科学家第一"的思想，淡漠自己是一个共产党员的责任和义务。改革开放后，作为在科研战线工作的共产党员吴征镒来说，担负起"建设创新型国家"的重任，是党员义不容辞的义务，身为党员科学家的他要做到扎根边疆、献身科学、奋斗终生，保持住共产党员本色。凡是对吴征镒科研工作有所了解的人，都知道他对科研工作全然是"安、专、迷、呆"，其敬业精神达到巅峰。他把这种精神全用在科研的创新上，完成了4部自主创新的科学论著，基本实现把中国植物区系时空分布规律弄清楚，可回答中国植物区系的来龙去脉，实现理论上原创性的自主创新。"文革"结束时，他毫不犹豫地将补发的2万多元工资作为党费交给党组织。他坚定地采取向前看的态度，十分珍惜"改革开放"的大好时光。喜迎科学春天，"日月逝矣，岁不我与"，他把时间和精力用在建设创新型国家的大事上，耄耋之年仍在创新道路上前行。

对待成就、成果，他认为是集体的功劳，他只是其中之一；取得的成就、成果，是真理或是谬误，要经后人实践验证；他认为一己所得不过是"敝帚自珍之心，抛砖引玉之举"，权供后来人做踏脚石而已，让年轻人踩在自己的肩膀上继续攀登科学高峰。何等智慧的成果观，何等博大胸怀！彰显共产党员对党忠诚的本色，为实现中华民族伟大复兴的中国梦，他做到了鞠躬尽瘁、死而后已。

（撰稿：中国科学院昆明植物研究所　吕春朝）

参考文献

[1] 吴征镒，吕春朝. 吴征镒自传 [M]. 北京：科学出版社，2014.

刘东生
第四纪科学与黄土科学领路者

> 刘东生（1917年11月—2008年3月），地球环境学家，中国科学院院士。毕生从事地球科学研究，在中国的古脊椎动物学、第四纪地质学、青藏高原与极地考察等科学研究领域，特别是黄土研究方面取得大量研究成果，使中国在古全球变化研究领域跻身世界前列。先后3次获国家自然科学奖二等奖，2004年获国家最高科学技术奖。

曾有一个人，经过数十年的努力，证明了中国黄土是研究260万年来气候变迁历程的可靠记录，蕴含着其他记录无法替代的宝贵信息。他就是中国科学院院士、2003年度国家最高科学技术奖得主刘东生。

放弃留学之路，投身抗日救国

1917年，刘东生出生在辽宁沈阳皇姑屯一个铁路职工之家。他从小

刘东生　第四纪科学与黄土科学领路者

就接受了良好的教育，立志学好本领，使祖国富强。

1930年秋，刘东生以优异的成绩考入天津南开中学。南开中学师资力量强、教学质量高，刘东生珍惜这一优越条件，刻苦努力地学习，成绩一路飙升，他也积极参加抗日救亡爱国运动。同时，他明白，这一切都要建立在身体强壮的基础上，所以他特别爱好运动，尤其是游泳，他留心报上登载的比赛照片，把第一名的特写镜头拿来仔细研究，看其姿势如何，胳膊抬起多高，用怎样的换气方法等，就是用这样的方法，让他的游泳技能得到很大提升。他对待体育也是把它当成科研来做的！

1937年初秋，刘东生从南开中学高中部毕业。那时他家已从沦陷的东北迁往北平。他亲历了"七七事变"，这让他心中越发充满了对日本侵略者的深切仇恨。

1938年7月，刘东生在香港见到了在那里工作的父亲。父亲告诉他，已为他办好了去美国的护照和船票，可以从香港直接去美国留学。这对许多人来说，是求之不得、千载难逢的好机会。然而，没想到刘东生却向父亲表达了不同的看法："那么多同学，有的在前方抗战，有的在大后方读书，都在为抗战出力，我为什么要逃避祖国的抗战呢？而且，我先在国内学有专长，事业有基础了再去国外深造不是更好吗？"他婉拒了父亲的好意，在香港没停留多久就坚持买了轮船票，辗转回到昆明。

科学家精神 求实篇

刘东生到昆明后，去了"国立西南联合大学"（简称"西南联大"），得知该校是由北京大学、清华大学、南开大学联合组建而成，凡是南开中学的高中毕业生，可以免考进入该校，刘东生于是顺利地入学了。为了实现报效祖国的夙愿，刘东生放弃了自己心仪的机械专业，转而进入对国家更有用的地质地理气象系地质组进行学习。

在校的第一学年，刘东生开始学习普通地质学，当时这门课用的是西方的教科书，尽管刘东生先前学过英文，但这是他第一次接触英文的专业书，用他自己的话来形容，第一个学期学得"似懂非懂"。暑假期间，刘东生和要好的同学一起到云南宜良附近的阳宗海休假，和许多同学一样，他也带着书——一本 Longwell 的英文版《普通地质学》。刘东生每天早上的活动就是看书。刚开始的几天，他觉得读英文专业书还是有些吃力，但没有气馁，遇到不懂的地方就查字典，一点一点地克服障碍，一页一页地仔细阅读。暑假结束开始上课时，他觉得自己一下子通过了"外语关"，可以把假期学的英语与地质学知识联系起来，系统理解了。最终刘东生以优异的成绩如期从西南联大毕业。

起于地理地质，沉浸黄土与古脊椎动物研究

1946 年，刘东生进入经济部地质调查所，在这段时间的实践中，刘东生掌握了很多野外地质工作的方法和经验，这也为他后续开展野外地质工作奠定了良好高效的基础。同年 10 月，刘东生、陈梦熊、姜达权跟随侯德封到达宜昌勘探南津关的地质情况，为当时的"扬子江三峡计划"（YVA 计划）做前期地质考察工作。正是秋冬之交，天气阴冷，他们在陡峭的江岸，攀悬梯，走险道，披荆斩棘，排除万难，最终成功完成考察任务。回到南京后，他们通过整理，绘制成《南津关两岸地质剖面图》。

此外，由于当时我国对鱼化石的研究除了瑞典人史天秀有所涉猎外，

几乎是空白。在杨钟健的指导下，刘东生努力学习古脊椎动物学，白天上班时整理标本，晚上去实验室念书。刘东生夙兴夜寐沉醉在文献和标本堆里，如醉如痴地学习和钻研。后来，刘东生跟随杨钟健学习修理标本，准确鉴定属种，并对南京五通系中的鱼化石、甘肃玉门下惠回铺系中的一个新种古鱼——鳕鱼、湖南临澧的鲈形鱼类、四川歌乐山哺乳动物群等进行了广泛研究。不过短短两三年时间，在杨钟健先生的指导下，刘东生逐渐成长为一位成熟的古脊椎动物学家。

与走"生物路线"的主流意见相悖，主张走"地质路线"为国家建设找寻矿藏的刘东生决定离开古脊椎动物研究机构。致力于矿产开发发展的他通过对一条条伟晶岩脉仔细勘测、采样化验，发觉富含矿石的伟晶岩脉上部已经被日本人掠夺式地开采殆尽，由此他又找寻到新的发展机会。

助力国家建设，回归黄土发展

1953年年底，刘东生转到中国科学院地质研究所，开始在黄河上游工作。1954年，为解决黄河中游的水土保持问题，刘东生参加了三门峡第四纪地质考察队，开始了对黄土高原的研究考察。在考察中，刘东生的主要工作是记录黄土标本，分析黄土的物质成分、化学组成、矿物组成，等等。通过对河南会兴镇老乡窑洞的调查及与土壤学家朱显谟研究讨论，得知以往研究中所称的"红色土"地层就是这部分窑洞的所在地，其实也属于黄土地层，自此刘东生对中国的黄土研究产生了很大兴趣，这也是他从事第四纪研究的开始。

1955年年初，周恩来总理传达了加强对黄土高原水土保持研究的指示，成立了"黄河中游水土保持综合考察队"。刘东生做水土保持综合考察时看到老乡对黄土的珍重，明白了"黄土虽不是矿产，它的益处并不亚于矿产，而且远远大于矿产"，自此就将研究黄土作为终生奋斗之方向。

他后来反复默念的一句话就是："在寻找自我中发现了黄土，在寻找黄土中发现了自我"，在那以后的半个多世纪，刘东生一直一心为黄土而奋斗。

1955年刘东生任中国科学院地质研究所第十研究室（第四纪地质研究室）主任，他参加了中国科学院黄河中游水土保持综合考察队的工作，又带领全研究室同志筹建实验室，从事野外调查与室内研究，等等。

1958年，在侯德封和彭会等的支持下，刘东生和其他考察队员对黄土高原地区开展了大规模地质考察。在此次考察中，刘东生主持设计了网状考察方案，完成了对黄土高原从南向北、从东到西10条大剖面的考察，掌握了大量的第一手资料。同时通过对古红色土的进一步深入研究，他提出了古土壤的黄土沉积观点，他用数学方法对黄土的搬运与沉积进行模型研究，论证了黄土是一个具有独特古气候意义的地质建造，确定了我国黄土的历史已有260万年。刘东生在对黄土高原进行大量野外考察和实验分析上的基础上，提出了"新风成学说"，把风成沉积作用从黄土高原顶部黄土层拓展到整个黄土序列，确定了"物源—搬运—沉积—沉积后变化"这一完整过程，突破了传统的第四纪四次冰期学说，发展了传统的四次冰期学说，成为全球环境变化研究的一个重大转折，为环境变化"多旋回学说"的提出及全球变化的研究奠定了基础。

1961年，刘东生代表中国参加第一次全球国际活动——国际第四纪研究联合会第六届大会，报告了"中国的黄土（Huangtu of China）"，在过去长达半个世纪的时间里，研究界普遍认为，古环境变化的信息在深海沉积物中保存最好，极地冰层也能够系统反映气候变化，只是其覆盖的年代跨度不如深海沉积物。而同人类生存空间最为密切的陆相沉积物，因其连续性差、易受风化等特性而长期没有得到学术界的重视。

1954年到1964年这十年，是中国第四纪和黄土研究最关键的10年，也是刘东生科学生涯中壮年时代最辉煌的10年。其间，他的研究格外体现了黄土不仅是一个沉积物、一个岩石、一个地层、一个地质体，它已是一个庞大的系统，它成了 260 万年地球历史、人类历史演化的证据，是一个丰富多彩的数据库、信息库。

拓宽研究领域，开展冰川冻土研究

由于长期接触黄土高原，刘东生自然也就向往神秘的青藏高原。地质研究使得刘东生经常进行野外考察，从实践中发现真理。他到过黄土高原、青藏高原，登过希夏邦马峰、托木尔峰等，高龄之际还去南极、北极考察。在野外考察的基础上，刘东生和同事们确立完善了中国黄土风成说，使中国黄土剖面成为第四纪地层的标准剖面之一；还破译出许多古气候环境信息，使中国黄土成为研究全球变化的三大支柱之一。

1964 年他在研究黄土高原满载而归后，又自告奋勇要参加中国科学院地理研究所冰川冻土研究室主任施雅风领导的西藏希夏邦马峰科学考察队。1964 年 2 月，来自各地的登山队员、科考队员在拉萨集中。3 月到达希夏邦马峰北麓的定日，最后将大本营设在海拔 5000 米处，他们做了多次适应性行军后，科考队员与登山队员互通有无，彼此学习对方优点，相处十分融洽。5 月 2 日，遇晴好天气，全队登顶成功，无人受伤，取得了最终的胜利，地形测量组准确测出顶峰高度为 8012 米，还采集了珍贵的标本，供进一步研究之用。

1964 年不少刘东生同室的同志调到贵阳，成立地球化学研究所，1968 年刘东生和他同室的一些同志也调到该所。他们首先对一些地方病进行研究，如克山病、大骨节病，经多方协作研究，得出是因为环境的某些方面欠缺，一些人体需要的微量元素（如硒等）缺乏引起的，通过改善营养、多食用东北盛产的豆腐等，使这些地方病得到控制。十几年后，慢慢近于消失。刘东生在希夏邦马峰、珠穆朗玛峰、托木尔峰、南迦巴瓦峰等登山科考队工作中作出重要贡献。

由于刘东生在地球环境科学领域，特别是在黄土研究领域取得巨大成就，2007年5月，全球两个最大的地球科学联合会之一的欧洲地球科学联合会（European Geosciences Union，EGU）宣布授予刘东生洪堡奖章，刘东生成为中国第一位荣获洪堡奖章的科学家。

刘东生从事地球科学研究近七十载，把毕生精力献给了祖国的科学事业。他创立了黄土学，带领中国第四纪研究跻身于世界领先行列，并在环境医学、环境地球化学、环境考古学、高山科考和极地科考等领域做了大量开创性工作，为科学事业作出了卓越贡献，是我国第四纪科学界的一面旗帜。

（素材提供：中国科学院大学地球与行星科学学院　潘云唐，撰稿：陈迪）

参考文献

[1] 潘云唐. 揭开黄土的奥秘：刘东生（国家最高科学技术奖获奖人丛书第二揖）[M]. 北京：新华出版社，2008.

[2] 潘云唐. 刘东生院士：中国和国际第四纪科学与黄土科学的领军人物（上）[J]. 矿物岩石地球化学通报，2016，35（4）：800–804.

[3] 潘云唐. 刘东生院士：中国和国际第四纪科学与黄土科学的领军人物（下）[J]. 矿物岩石地球化学通报，2016，35（6）：1341–1344.

[4] 潘云唐. 世界第四纪科学和黄土科学的领军人物：纪念刘东生院士百年诞辰[J]. 化石，2017（2）：21–24.

[5] 刘强. 中国科技馆事业的推动者及理论体系的奠基人：记中国科技馆首任馆长刘东生院士[J]. 今日科苑，2020（8）：89–90.

[6] 潘云唐. 刘东生传（国家科学思想库，科学与人生：中国科学院院士传记）[M]. 北京：科学出版社，2017.

林兰英
一往无前
专注半导体研究

林兰英（1918年2月—2003年3月），半导体材料学家、物理学家，中国科学院院士。长期从事半导体材料制备、探索及材料物理的研究。研制成功我国第一根硅、锑化铟、砷化镓、磷化镓等单晶，为我国微电子和光电子学的发展奠定了基础。开创了我国微重力半导体材料科学研究新领域，并在砷化镓晶体太空生长和性质研究方面取得了令世人瞩目的成绩。两次获国家科学技术进步奖二、三等奖，1996年获何梁何利基金科学与技术进步奖。

她不甘平庸，用绝食争取上学的机会；她苦心钻研，研制成功我国第一根硅、锑化铟、砷化镓、磷化镓等单晶，设计建造我国第一座单晶炉，制造出至今为止世界上唯一的双离子束外延炉；她开拓创新，开创了我国微重力半导体材料科学研究新领域，并在砷化镓晶体太空生长和性质研究方面取得了令世人瞩目的成绩……她，就是林兰英院士。

科学家精神 求实篇

在她85年的生命历程中,她抗争过、失败过、成功过、遗憾过……她将她的一生奉献给了她敬爱的祖国和钟爱的半导体科学事业。

她,用绝食争取读书的机会

1924年9月,那年林兰英6岁,已经到了上学的年龄。在"文献名邦"的莆田,历来有"地瘦栽松柏,家贫子读书"的遗风,但是却与女子无缘。林兰英想读书,但是受到了世俗和家庭的阻挠,尤其她的母亲很是反对。但是天生倔强的林兰英,打定主意坚持要读书。她与祖父磨,与母亲争辩,甚至以绝食抗议。最后,母亲万般无奈,只好答应了林兰英上学的要求。林兰英深知,自己的求学机会来得何等不易,因此读书异常刻苦,经常挑灯夜读直至深夜,即使在烧火做饭、刷锅洗碗时,也不忘背诵诗文。她的记忆力很强,理解力也好,数学、历史、地理、国文等主要课程,成绩都名列前茅。

小学毕业后,林兰英该升中学了。母亲仍是旧习不改,加以阻拦。"我的成绩比堂哥们好,他们能上,我为什么不能上?"林兰英理直气壮地申辩。母亲很清楚女儿的犟脾气,知道自己拗不过女儿,便改口说:"要上也成,得依我个条件:保证每学期都考第一。如果哪个学期没考第一,就马上停学。"林兰英辩解说:"期期考第一,谁敢说得那么死?人家砺青中学规定,考前3名的免

84

交学杂费，考前3名还不成呀？"母亲见女儿有如此决心，没话说了，默默地点了点头——同意小兰英继续升学了。1930年秋，林兰英由砺青小学的校长作保，未经考试，直接升入砺青中学就读。

林兰英以优异的成绩读完初中后，考入了莆田中学的高中部。这次，母亲不再阻拦了——女儿的志气，女儿顽强刻苦的学习精神和名列前茅的学习成绩，终于感动了她。

她，在高等学府里续写传奇

1936年6月，林兰英高中毕业，她不负众望以优异的成绩考上了福建协和大学，成为莆田为数不多的女大学生之一。协和大学是福建历史上第一所大学，其地位堪比国内几所著名学府，如当时的东吴大学、齐鲁大学等。她的母亲因为女儿的倔强和坚持，也因为女儿的优秀与不俗，这次积极主动地支持女儿继续学习，甚至不惜卖掉自己的结婚戒指，供林兰英上学。

进入大学，林兰英便徜徉在图书馆中。由于她学习功底扎实，数理化尤为突出，并且善于钻研，很快熟悉了大学的生活。然而，林兰英入学的第二年，1937年，日本帝国主义发动了全面侵华战争。学校为了免于战火，迁徙至万山丛中的邵武。求学心切的林兰英，虽不热衷于政治，但仍有着朴素的爱国精神。林兰英始终不能忘记在凤山寺大雄宝殿的屋宇下，林翊校长饱含热泪教导同学们一定要刻苦自强、学好本领，长大后用科学的武器战胜日本侵略者的情景。

1940年，林兰英在协和大学毕业后，留校任助教。在当时的协和大学，除了教外语的英籍女教师外，她是唯一的女助教。1944年，她晋升为讲师。任教8年间，除担任过各年级的物理实验课教师外，还负责教授普通物理、微积分方程等好几门课程，并编写了光学实验教程的教材。

在协和大学，林兰英工作热情、勤奋，年限也长。她的性格和为人及在工作中的表现，被时任协和大学农学院院长的李来荣教授赏识，并对校方不让林兰英出国留学的做法深为不满，便凭借他与美国狄金逊学院生物系教师的交往关系，用交换留学生的办法为林兰英争得资助，林兰英才得以出国深造。

她，在异国他乡奋发进取

1948年8月，30岁的林兰英赴美留学，进入狄金逊学院攻读数学，并选修了物理和化学。

年华正茂的林兰英，各门功课成绩斐然，尤以数学才华出众。1年后便获得数学学士学位。1949年夏，美国荣誉学会狄金逊分会给她颁发了铸有英文名字的金钥匙。金钥匙是智慧的象征，按学院规定，只有在大学4年中成绩一贯优秀者，才能享此殊荣，而林兰英只用了1年便获得此项殊荣。

数学系的系主任埃尔教授很欣赏林兰英，其赞叹："她是一个不可多得的东方才女。"埃尔教授想推荐林兰英前往芝加哥大学攻读数学博士学位，但林兰英并未对此心动。因为1948年美国贝尔实验室的物理学家运用固体物理理论解释了半导体现象，并与冶金技术结合制成了世界上第一块半导体锗单晶，轰动了全世界。有过物理教学经验的林兰英，敏感地意识到固体物理对一个国家增进国力的作用，她的心中始终装着祖国。因而，在数学领域已经颇有造诣的林兰英，决定从数学转到物理专业。

1949年深秋，林兰英走进了美国费城宾夕法尼亚大学研究生院，开始了固体物理的研究。1955年夏，她完成了《弱X射线辐照引起氯化钾和氯化钠晶体的膨胀》论文，通过答辩，获得博士学位，成为宾夕法尼亚

林兰英　一往无前　专注半导体研究

大学建校115年来的第一位中国博士,也是该校有史以来的第一位女博士。这篇论文,于1956年5月发表在美国著名的《物理评论》杂志上。

导师米勒十分认可她的创新思想,说:"她要是去搞半导体材料,将会是一位非常出色的人才"。于是,推荐她去索菲尼亚公司任高级工程师。她到公司时,公司正为拉制不出硅单晶而苦恼。林兰英针对问题提出具体建议,公司按照她的建议,两周后便拉制出了第一根高纯度的硅单晶。

时隔不久,又一难题难倒了科研人员:拉制锗单晶时,位错密度总也降不下来。正好林兰英陪同一位英国学者在公司考察,他们在看锗单晶拉制时进行了交谈。正是这次交谈引发了她的灵感。她观察到实验中只有半椭圆形的石墨舟,半椭圆形石墨舟使热场分布不够均匀,若改换成完整的椭圆石墨舟便可让热场分布均匀,位错密度便可降下来。这一思想又获成功。她发表的《硅的欧姆接触的制备》《锗和硅的载流子抽出电极的制备》等论文,具有重要的学术意义和应用价值。

她得到公司的奖励,成了公司最活跃最受人关注的人物,大家一致认为:"她有一个常人无法比拟的头脑,很多难解的问题即使是她没有遇到过,经她的头脑一过,立即便有了答案"。

在美国,林兰英有着良好的工作环境,倍受公司器重,有着优越的研究条件和诱人的高薪,但"梁园虽好,终非久居之地",林兰英始终惦记着自己的祖国。

当时,美国政府设置各种障碍,阻碍中国留学生归国。1956年召开日内瓦会议,中美终于达成协议:中国留美学生可以自由回国。得知这一消息的林兰英,立即申请回国。公司为了挽留她,以高薪为诱饵,但她不为所动。面对联邦调查局的数次刁难,她态度坚决。后来,联邦调查局竟然对临行时的她实行搜身,扣押了她一张6800美元的旅行支票。这张被无理扣押的支票,一直到1980年才被索回。

科学家精神 求实篇

她，用毕生所学报效祖国

1957年春天，林兰英回到了阔别数载的祖国，并马上开展半导体研究。当时，我国的半导体事业十分落后，林兰英加入以后，仅半年，就拉制出了我国第一根锗单晶。之后，仅用一个月的时间就研制出 n 型和 p 型的锗单晶各 1 公斤，提供给北京电子管厂生产半导体收音机所需的锗晶体管。1958 年，中国诞生了首台半导体收音机。

林兰英说："我们中华儿女，要有民族自尊心，要有自力更生的精神。我们中国的科学，只有敢于走自己的路，勇于向前冲，冲到别人前头，才可以说进入科学的前沿。"虽然取得了令人惊喜的成绩，但林兰英知道，此时在美国，硅单晶已经取代锗单晶，占了主导地位。

林兰英也想制作出硅单晶，但硅单晶的制作需要氩气，氩气在当时属于禁运品，中国不能自行生产，这让林兰英一筹莫展。

经过摸索，她想出用抽高真空技术拉制硅单晶的方法。但很快她发现，这样拉制出来的硅单晶是一根位错硅单晶，无法正常使用。经过几个月的考察，她找出了导致位错的原因，原来苏联提供的封闭式硅单晶炉有难以弥补的缺陷。林兰英不得不想办法设计一台合适的硅单晶炉。1961年，具有中国特色的硅单晶炉制造成功了，它既可以开门又可以保持炉内高真空度。1962 年，在这台硅单晶炉的帮助下，中国第一根无位错硅单晶拉制成功，并达到国际先进水平。

林兰英没有满足于已有的成绩，她在成功拉制无位错硅单晶后，又把更先进的砷化镓单晶的拉制提上日程。砷化镓单晶可以用于微电子领域和光电子领域，这是硅单晶所不具备的。1962 年 10 月，林兰英拉制出的砷化镓单晶的电子迁移率被鉴定为达到当时世界上的最高水平。

1973 年，她首次提出用气相外延和液相外延法制取砷化镓单晶，这种砷化镓气相外延电子迁移率后来连续 4 年处于国际最高水平。

林兰英　一往无前　专注半导体研究

20世纪80年代，林兰英提出在太空微重力条件下拉制砷化镓的设想，1987年8月，她的这一设想在我国第9颗返回式人造卫星上得以实现。

林兰英从事半导体材料科学40余年，把毕生的精力献给了我国的半导体材料科学事业，成为我国半导体材料科学的奠基人和开拓者。在她的不懈努力和推动下，我国半导体材料科学技术研究与开发工作取得了令世人瞩目的成就。

（撰稿人：中国科学院半导体研究所　高艳）

参考文献

[1] 郭米克. 中国太空材料之母：林兰英 [J]. 文史精华，2000（5）：20-25.

[2] 杨小武. 人物特写：固体物体学家林兰英先生 [N]. 北京日报，2000-12-29.

[3] 何春藩，王占国. 林兰英传 [M]. 北京：科学出版社，2014.

关肇直
攻克难题
引领系统控制发展

关肇直（1919年2月—1982年11月），数学家、系统与控制学家，中国科学院学部委员。开创了我国泛函分析和现代控制理论的研究，并在中子迁移理论等领域取得了突出成果。最先提出单调算子概念，并对其理论的形成作出奠基性贡献。从崭新的角度对中子迁移理论中本征函数问题的 Case 方法给出严格的理论基础，并为数理科学的发展做了一定的工作。对弹性振动结构阻尼的研究开创了分布参数的一个新领域。1982 年获国家自然科学奖二等奖。

作为一位成功的数学家，在泛函分析方面，他最早提出了单调算子的思想，为我国单调算子理论奠定了基础，比国外同领域的前沿研究提前 10 年左右。在现代科技水平的推动下，关肇直又积极投身于激光与中子理论的研究。组建的我国第一个现代控制理论的研究室，更是推动了我国国防建设和航天事业的蓬勃发展。

关肇直　攻克难题　引领系统控制发展

始于泛函　忠于泛函

1941年，毕业于燕京大学数学系的关肇直，在马克思主义的传播和号召下，积极加入中国共产党的革命活动，这也为他后来的坚持追求真理的数学哲学思想种下了生生不息的火种。

泛函分析是20世纪30年代发展起来的一个数学分支，20世纪30—40年代经历了一个蓬勃发展的时期。中华人民共和国成立前我国从事泛函分析研究的工作者并不多，一个重要的原因是学界还没有充分意识到泛函分析的重要性。

关肇直在留学期间深受导师弗雷歇研究思想的启发，之后便终生致力于数学分支——泛函分析的研究。作为20世纪30年代新兴起的数学领域交叉学科，泛函分析被当成无限维分析学所学习和认识，且应用范围极为广泛。受近代物理学尤其是量子力学理论的影响，泛函分析的思想囊括了微分积分方程、变分法、实变函数论、算子理论中的一些论证，能够对许多分支的思想和方法论证进行整体性的规划和处理，从而能够对数学的本质进行更好地把握。

在17世纪，算子理论中"最快降速问题"对泛函分析的形成影响较深，也是解决很多重要数学物理问题的重要工具，关肇直直接拓宽和发展了该问题的研究进展。最先提出单调算子思想的关肇直，证明了最速下降法下希

尔伯特空间中非线性方程的收敛性，为算子理论中单调算子的成长和发展作出了开创性的贡献。这一思想的提出，比国外同研究领域的进展早了10多年，并引领了国内外该领域最前沿的研究视角，充分体现了一个科学家在科研中的敏锐度和洞察力。

为了泛函分析这一学科能够真正地在国内发展起来，关肇直亲自组建泛函分析研究室，并指导全国高校泛函分析的教学和研究。经过关肇直10多年的努力，泛函分析研究室和全国高校的教学工作都得到了顺利的开展。1964年全国第一届泛函分析会议的召开，也标志着包括线性算子、空间理论、非线性算子理论等重要研究领域的科研水平都得到了显著的提高，会上的许多学术报告已经达到了当时国际前沿的水平。至此，我国泛函分析的研究队伍初步建成，这都离不开关肇直和他的同事、学生呕心沥血的付出。

科学与科技的火花碰撞

20世纪中叶，关肇直对新科技的发展给予了关注，并在参与中做出了成绩。现代科技的迅速发展，对数学工作者有一种咄咄逼人的形势。人们很自然地联想到20世纪初，德国哥廷根学派的名教授希尔伯特、闵可夫斯基关心当时物理学领域诞生的相对论，并投身到其中，给出了相对论完美的数学形式，在数学史上留下了熠熠生辉的一页。半个世纪后，科学技术又有了长足的进步，给数学家提供了用武之地。现代科技的进步，促使关肇直开始进行如何将科学和当下的科技水平相结合的研究。

20世纪50年代，我国兴起原子能事业，为了寻求新能源，科学家在研究原子时，发现用中子轰击重原子核，在适当的条件下，会分裂成两个（或几个）较轻的原子核，同时放出大量能量，还可能逸出中子。利用这种核裂变反应，可开发核电，这是当时国民经济建设的一项紧迫任务。关肇直对原子能科学中的中子迁移问题给予了很大的关注，他利用希尔伯特空间与不定度规空间中自伴算子的谱理论，解决了中子迁移平板几何中的中子迁移方程广义特征函数的完整性问题。他的论文《关于中子迁移理论中出现的一类本征值问题》，给中子迁移理论中的 Case 方法奠定了扎实的数学基础。

激光的发现是 20 世纪 60 年代的重大科技成就之一，激光与普通光相比，有许多独特的性质。例如，激光的方向性极强，可形成强聚焦，进而获得极大的能量密度，用于扫描、通信的效果很好。再如，激光有很好的单色性，为精密测量提供了极为有利的条件。此外，激光的亮度高，能把能量高度集中起来，适用于打孔、切割、焊接、医疗、国防等。激光技术一度成为世界各国技术竞争的主要领域之一。关肇直研究了气体激光中非零本征值的存在性，他的论文《关于"激光"理论中积分方程非零本征值的存在性》（1965 年）以简短的方式在很广的条件下，证明了激光理论中一类非对称核的积分方程非零本征值的存在性，给激光理论奠定了坚实的数学基础。

在有关数学的研究对象、特点与方法的论述中，关肇直认为，明确数学的研究对象与特点对于保证数学研究的健康发展、开辟数学研究的新领域、创造性地发展数学有重要意义。关肇直从近代数学发展的若干事实出发，看数学发展与生产实际的关系，向人们揭示数学抽象性的外形与客观世界的某些关联，消除人们把数学神秘化或与现实世界对立起来的观点，他也列举了 19 世纪诞生的非欧几何学后来在相对论中找到原型等实例，提出数学与生产实践关系的几个方面：一是数学理论直接由生产实践的需要产生；二是数学新理论源于对原有理论的探讨，在进一步发展中，又发现它在一些实际课题中有重要应用；三是新理论与方法产生于对某类问题的进一步探索，而问题本身却是由长期生产实践中大量具体问题概括而来的。

作为我国的数学家、数学哲学家,他在数学方面的卓越贡献对我国数学事业的发展具有不可替代的深远影响,他的数学哲学思想之精、之巧更是对我国数学事业作出了开创性的贡献。

敲开现代控制论的大门

作为推动我国控制论研究发展的老一代科学家,身为数学家的关肇直在看到钱学森先生发表的著作《工程控制论》之后,立刻认识到这门学科的重要性,作为肩负国家发展重任的党员干部,关肇直更是独具慧眼地认识到这门学科对我国社会主义建设的深远影响。

1962年,考虑现代控制理论能够更贴近国防发展的需要,在钱学森先生的倡议下,关肇直组建了我国第一个控制理论研究的办公室,也是我国第一个现代控制理论的研究机构,任研究室主任的他以极大的工作热情投入到这门学科的建设蓝图的设计中,无论平时工作有多忙都未曾离开过工作岗位。关肇直一直秉承科研理论应该紧密联系实际,方能有研究价值的工作态度,并且将马克思唯物辩证主义活学活用,对理论和实践的辩证关系有比别人更加深刻的认识。他说过最多的话便是:"没有理论,拿什么去指导实践活动、联系实际。"另外,他能富有预见性地考虑国家发展的需要,从现实发展的重大问题出发进行研究。

关肇直的科学研究始终能够同我国的建设和发展情况紧密相连,坚持从实践中来,到实践中去。为了能更好地促进国民经济和国防建设的发展,关肇直在先后的20多年里,亲自带领控制理论的研究团队同科研机构进行相关项目的合作,并为国家的几项重大研发任务提出了可行性分析和实施方案。为了使数学、物理能够在实践中发挥真正的作用,关肇直也曾带领相关领域的青年学者深入一线实地走访调研、了解实际情况,这其中包括科研单位、项目施工现场等,他总是以谦逊认真的态度来了解各

关肇直　攻克难题　引领系统控制发展

行业学者、专家反馈的问题，耐心细致地同项目负责人进行问题的磋商，期望从实践中发现问题、提出问题。治学态度严谨的关肇直总是能够站在现代科学的时代背景下审视每一个问题的科学性和实践意义，并提供科学的研究方法进行指导，进而把方法和实践当成理论方法可展现的大舞台，深刻贯彻落实着"理论联系实际"的哲学思想。

在研究和发展我国现代控制理论的同时，关肇直亲自带领团队工作人员进行国防尖端控制系统的研发和设计，其中最重要的成果就是弹性振动研究。在该研究中，用线性算子紧扰动理论解决飞行器弹性振动闭环控制模型被首次提出。1982年，这项成果的研究价值被钱学森先生赞誉为已经可以应用到我国的国防尖端技术设计上，并且进一步提出关肇直等人的研究已经成为导弹运载火箭所必不可少的理论基础。

作为党员干部，他常说："我先是一名共产党员，然后才是科学家"，他将科学研究看作是党交给他的艰巨又伟大的任务。发展和推动我国现代控制理论是他实现党的崇高事业的一部分，也是他自身价值同祖国建设事业同呼吸、共命运的真实写照，将自己的全部力量和心血都倾注在了国家的科学事业发展上。

除此之外，关肇直还特别重视对青年的培养，常常花很多的时间准备讲义为他们授课，并且鼓励他们掌握控制论的基本原理和方法，以便更好地解决建设国家征途中遇到的各式各样的实践问题。

作为我国现代控制理论的开拓者，关肇直在这一领域作出了巨大的贡献，推动了我国航天事业、国防建设的发展，他严谨治学的态度和求真务实的工作作风更是后来人所传颂和学习的光辉榜样。

（撰稿：李红阳）

参考文献

[1] 张恭庆. 永远怀念敬爱的关肇直老师 [J]. 系统科学与数学，2019，39（2）：141-144.

[2] 宋健. 控制论的拓荒者：关肇直同志 [J]. 系统科学与数学，2019，39（2）：136-138.

[3] 黄汉平. 杰出的数学家：关肇直 [J]. 数学通报，1999（2）：47-49，44.

[4] 汤彬如，胡淑萍. 关肇直先生数学哲学思想初探 [J]. 江西教育学院学报（自然科学版），1996（3）：55-58.

[5] 朱广田，冯德兴. 著名控制理论学家：关肇直 [J]. 自动化博览，1994（5）：1-2.

谢家麟
迎难而上的
粒子加速器开拓者

谢家麟（1920年8月—2016年2月），物理学家，中国科学院院士。长期从事加速器研制，是我国粒子加速器事业的开拓者和奠基人之一。参与并领导建成我国最早的电子直线加速器、北京正负电子对撞机、北京自由电子激光装置等工程。2012年获国家最高科学技术奖。

粒子加速器其实早已渗透到生活的方方面面，电视、计算机显示器等所用的阴极射线管（CRT）实际上就是一种小小的加速器。CRT从阴极提取电子并通过电磁场的作用在真空中对它们进行加速，同时改变其运动方向，使它们撞击到荧光屏上形成图像。粒子加速器与此类似，是使带电粒子在高真空场中受磁场力控制、电场力加速从而提高能量的一种装置。1919年，卢瑟福通过天然放射源首次实现了人工核反应，可以说人们最开始对加速器进行研究是通过加速带电粒子从而探索原子核内部结构。

而在我国，粒子加速器事业是随着原子能事业的发展，于20世纪50年代后期开始蓬勃发展的。谢家麟作为我国粒子加速器事业的一位开拓者和奠基人，"追求真理、严谨治学的求实精神"是贯穿他一生的坚持。

"科研的敌人是浅尝辄止、知难而退"

"做研究工作的最大动力是强烈的兴趣，书本知识加上实际经验是创新基础，科研的敌人是浅尝辄止、知难而退。"这是谢家麟写在他的自传《没有终点的旅程》扉页上的一句话。结合他数十年如一日对科学的热爱、对真理的追求，我们或许能更深入地理解这句看起来有些平淡的箴言。

1938年，青年谢家麟自汇文中学保送进入燕京大学物理系就读，半个多世纪后，耄耋之年的谢家麟发现他的人生轨迹在有意识或无意识中是按着燕京大学的校训"因真理、得自由、以服务"这几个字来描绘的。

1943年大学毕业后，谢家麟接受了位于桂林的中央无线电器材总厂

研究室的工作邀约，后因日寇进犯，工厂迁至昆明。在昆明，谢家麟第一次接触到高频、高压工作。为配合发射机厂的需要，谢家麟的一项工作是研制一台测量绝缘材料高频、高压特性的装置。其设计思想为将一台大功率高频振荡器的输出耦合到一个由

固定电感线圈和可变电容组成的振荡回路，这一回路就可以激发很高的电压，这个原理与后来发明的一种粒子加速器——电子回旋加速器的工作原理非常相近。谢家麟带领着一个十几岁的学徒工用了几个月的时间做好了装置，在研制成功后的校准过程中他发现了一个十分奇怪的现象：在调整可变电容器产生共振时，左旋和右旋的电流表读数不一致，即电流是电容量的多值函数。这个现象令他百思不得其解，很长一段时间痴迷于对此的思索，只要见到了厂内外的专家、大学里的教授，他都会请教，直到十几年后他留学回国进行电子回旋加速器的研制时，他才悟出了其中的道理。一个并不影响使用的现象，牵动了谢家麟 10 余年的思考，他对真理的追求可见一斑。

1947 年，谢家麟通过了教育部举办的留美考试，顺利进入美国加州理工学院研读硕士，次年谢家麟又进入美国斯坦福大学物理系学习。那时第二次世界大战刚刚结束，核物理是物理研究中的热点领域，斯坦福大学物理系研究课题中的一个重要方向就是电子直线加速器的研究，谢家麟参与了其中多项前沿项目，为他后来的研究工作打下了坚实基础。获得博士学位后的谢家麟回国受阻，在羁留美国的 4 年间，谢家麟独立负责芝加哥大学医学中心研制医疗加速器的任务，成功建成世界上第一台使用高能电子束治疗癌症的加速器。研制过程中所遇的问题涉及多个科技领域，大量无例可循的问题都靠着谢家麟的独立思辨、另辟蹊径得以解决。1976 年，曾任斯坦福直线加速器中心主任的潘诺夫斯基教授初次访华，见到谢家麟的第一句话就是："我很高兴地告诉你，你在芝加哥建造的加速器仍在运转。"

用真才实干坚守求实

1955 年，谢家麟终于回到了阔别多年的祖国，就职于近代物理研究所，开展电子直线加速器的研制工作。

到了1958年"大跃进"时期，科技界也纷纷提出各类"赶英超美"的跃进计划。有一次，谢家麟被派到政协礼堂做报告，报告我国开展的高能电子直线加速器的"宏伟"计划，面对领导的鼓励，深知计划不可行的谢家麟没有表决心，而是含糊、低调地回答了一些"不合时宜"的话，或许在当时被认为不识时务、不善应答，却体现了他对科研事业的赤诚之心。那时，我国从苏联引进了第一座实验性重水反应堆和回旋加速器，一些媒体在正式移交生产典礼后发表了"大家来办原子能科学"的宣传，在全国掀起了大办原子能的热潮。在这次讲话中，尽管当时很多人都在宣传"一堆一器"，但谢家麟只字未提"一堆一器"主题，而是对原子能知识进行了一番科普，因为他深知所谓的"一堆一器"是行不通的。在那个年代，谢家麟仍然能保持着对真理的追求，以严谨求实的态度对待科学，现在看来是非常难得也是非常宝贵的。

与此同时，谢家麟也没有停止他的工作，尽管用他自己的话说是"一无所有"加上"一无所知"。当时的西方国家对我国实行禁运，加速器试验所需的元器件和装置是"要啥没啥"，而试验人员全是刚毕业的大学生，不少人连加速器是什么都没听说过。"我们想吃馒头，但什么都没有，能怎么办？""从种麦子开始！"谢家麟自问自答地喊出这句口号。这位刚过而立之年的留美博士，带着十几个大学生、一篇论文和一张加速器外形图，从画图、打造零件做起，开始了我国最早的电子直线加速器研制工程。

电子直线加速器是一种微波驱动的加速器，因此微波实验室是必需的。谢家麟带领大家用反射速调管制作了信号发生器，在拼接的黄铜板上焊上法兰并镀银，制作各种波导元件，连检波用的晶体架也是他们自己设计的，信号放大器也是自己做的。1958年，苏联微波专家列别捷夫来原子能所参观后对谢家麟的工作大加赞赏，认为这是他在中国看到的最好的微波实验室。电子直线加速器还需要大功率的微波功率源。30兆电子伏特的加速器需要一个输出脉冲功率为20兆瓦的10厘米波段的速调管，当年在谢家麟的指导下，中国科学院原子能所与北京电子管厂和中国科学院电子所合作研制生产速调管，并于1960年制作完成我国第一个大功率微波速调管，当时被誉为"原子能所最红的一朵花"。之后的研制过程遇到了各种各样的困难，甚至连抽高真空的扩散泵也得他们自己制造，但在谢家麟的带领下，科研人员们克服并解决了所遇到的各个难题。1964年，经过了8年的自力更生，我国第一台30兆电子伏特电子直线加速器调试出束，结束了我国没有自制电子直线加速器的历史，推动了我国加速器事业的发展，跨越式地赶上国际先进水平。该加速器进行的第一项实验就是模拟核爆产生的辐射，为我国"两弹"的研制作出了重要贡献。

治学严谨：不沽名不盲从

中国科学院院士韩启德曾说："在科学技术界，谢家麟是一座丰碑，更是一座灯塔！"

1962年，谢家麟因病在家休养，期间审阅了一份研究室年轻人预备投稿发表的大篇幅总结性文章。由于该文作者从来没写过科技论文，稿件存在着多种技术和表达方式的问题，虽然谢家麟对年轻人所做的铁氧体并不熟悉，但他利用自己养病的时间阅读了大量文献以学习这方面的知识，对年轻人的文章做了多处细心修改。学术秘书了解到谢家麟对此做了许多工作，于是把他的名字也列入作者之中，谢家麟得知后坚决把自己的名字划去，他宣称这类学术界"搭便车"的陋习是他非常反对的。

1978年，在接受了代号为"八七工程"的高能加速器建造任务的背景下，谢家麟前往美国费米国家实验室考察。当时的费米国家实验室所

科学家精神 求实篇

长威尔逊是世界著名的加速器专家,他正主持着这个拥有当时世界上能量最高的加速器的实验室。威尔逊曾在《核物理评论》一书中提出,加速器工作者应该像补锅匠一样,在总体理论设计的指导下进行研制,最后从实践中发现不足再加以修正。谢家麟通过自己对西欧中心高能加速器建造的了解,意识到将计算机应用到加速器设计中已有显著效果,也许不再需要事后修正。在访问过程中,谢家麟特地约威尔逊讨论此问题,他提出了对计算技术已很发达的当时而言,威尔逊的补锅匠观点是否还正确的疑问。面对当时掌握的信息远远超过我们的欧美科学家,谢家麟没有盲从任何一种观点,更没有迷信权威,作为我国加速器事业技术负责人,他坚持了独立思考、严谨求实。

1979年,年近花甲的谢家麟投入到北京正负电子对撞机(BEPC)的设计和建设中。正负电子对撞机是世界高能加速器发展中的一次革命,是当时世界上最先进的科技,难度非常大。通常的粒子加速器是用高能粒子去轰击静止的目标,这样的话只有一小部分能量是用来促使粒子发生反应,而对撞机却能使高能粒子的能量更多地发生反应,由于性能的优越,基本主导了高能加速器发展的方向。谢家麟组织了数十次研讨,最终确定了2.2吉电子伏特的正负电子对撞机和"一机两用"的方案,既为高能物理提供实验装置,也为同步辐射提供应用平台。回忆起当时的情景,中国工程院院士叶铭汉说:"当时国内也有不少好心人担忧我们的状况,2.2吉电子伏特对撞机难度太大,如果没有研制成功,我们就会像没有跳上快车的人,结局只能是粉身碎骨。"幸好,由谢家麟带领的团队最终克服了一个个难关,跳上了这辆"飞驰的快车"。1988年10月,北京正负电子对撞机实现对撞,创造了国际加速器建设史上的奇迹,被视为中国科技发展史上一个有重要国际影响的里程碑。为此,谢家麟激动地写下了一首诗:"十年磨一剑,锋利不寻常。虽非干莫比,足以抑猖狂。"

要想了解物质的微观结构，首先要把它打碎。粒子加速器就是用高速粒子去"打碎"被测物质，谢家麟用自己的才学和孜孜不倦的精神，"打碎"了国际上的封锁和质疑。通过谢家麟等一代代物理学家的努力，我国高能物理研究已在全世界稳占一席之地，并且在 τ-粲物理研究领域占据了领先地位。

（撰稿：叶资奕）

参考文献

[1] 谢家麟. 没有终点的旅程 [M]. 北京：科学出版社，2008.

[2] 高文静. 想吃馒头，先种麦子：谢家麟的实验物理学之路 [J]. 今日科苑，2020（1）：24-28.

[3] 陈崇斌. "北京自由电子激光装置"的研制：谢家麟院士访谈录 [J]. 科学文化评论，2016，13（3）：110-118.

[4] 谢家麟. 做一个正直、正派、有良好素质的人 [J]. 民主与科学，2016（2）：56-61.

[5] 谢家麟. 北京正负电子对撞机和北京谱仪 [M]. 杭州：浙江科学技术出版社，1996.

[6] 王大明，吴培熠. 手脑并用，大胆尝试，边干边学，成败常在细微之间：加速器物理学与技术专家谢家麟的科技创新方法 [J]. 物理，2016，45（4）：248-254.

[7] 谢家麟. 国家最高科技奖得主谢家麟："我就是胆子大" [J]. 科学技术创新，2012（9）：23-30.

[8] 高杰. 永远怀念我的老师谢家麟先生 [J]. 科技导报，2016，34（5）：107-109.

[9] 叶铭汉. 深切缅怀谢家麟先生 [J]. 物理，2016，45（4）：234-239.

[10] 谢家麟. 我的人生旅途：写给青年人 [J]. 现代物理知识，2012（1）：3-7.

洪朝生
求真务实的学者风范

洪朝生（1920年10月—2018年8月），物理学家，中国科学院院士。我国低温物理和低温技术研究的开创者。在低温物理、半导体物理研究，低温、超导新技术的推广应用及低温工程装置研制等方面为国家作出了杰出贡献。曾获全国先进科技工作者，中国物理学会胡刚复物理奖，国际低温工程理事会门德尔松奖和美国低温工程和低温材料大会柯林斯奖。

在长达近80年的科研、教学生涯中，洪朝生不仅为我们留下了丰厚的科学遗产，更为我们留下了宝贵的精神财富。他追求真理、严谨治学的优秀品质，为科技工作者树立了光辉典范。

"对杂质能级导电的假设，我是深信不疑的！"

科学理论研究往往始于一个假设，并在实践中验证假设。洪朝生在半

洪朝生　求真务实的学者风范

导体锗单晶低温输运现象的实验中发现电导与霍尔效应反常效应，提出半导体禁带中杂质能级导电的新概念，这一研究成果充分证明这一点。

1948年10月，在获得美国麻省理工学院博士学位后，洪朝生进入普渡大学物理系，从事低温电导研究，用不同纯度的锗单晶样品来测量其霍尔系数（定载流子浓度）和电阻率（定载流子迁移率），当时对于杂质含量低时是否会符合半导体简单图像问题，谁也没有什么想法，只能通过实验来验证。

经过近一年的反复实验，洪朝生所得到的结果跟简单的图像比起来差不多，但又不完全一致。他把已经做完的实验结果仔细加以检查分析，冥思苦想了好长一阵子。忽然想到样品中是否有补偿杂质，有了补偿杂质，迁移率肯定会降低。洪朝生计算后发现，低温迁移率的温度特征果然完全可用一定的补偿杂质来说明，反过来，通过低温迁移率测量来确定半导体施主和受主杂质各自浓度就可成为当时新的唯一的分析方法了。

在接下来的实验中，他得到一些更纯的样品，实验结果更加令他兴奋，反常现象出现了：低温下霍尔系数出现极大值，同时电阻率趋向饱和。

"对于杂质能级导电的假设，我是深信不疑的！"恰巧有几个中子辐照过的样品交由他测量，以确定其中嬗变产生的镓、砷杂质含量。这些杂质含量恰好落在以前测过的低电阻与高电阻杂质含量的空档中，这些新样品霍尔系数随温度的变化完整地展现出来，单个样品的温度特征及不同样品之间的差别、规律性都十分清楚。经过几天的兴奋与苦思，洪朝生突然悟出这个反常现象的机制只能是杂质能级电导与导带（或满带）电导的竞争，经过简单的计算，表明实验结果与这图像完全符合，从而得出相临杂质态间可能有交叠，可以有导电的结论，进而证实了他当时对于杂质能级导电的假设。

洪朝生对于掺杂锗的开创性定量实验量测和解释，揭示了禁带中的杂质带导电的输运行为和概念，是半导体物理的经典之作，被半导体物理界称之为"洪朝生效应",是国际上无序系统电子输运现象和实验研究的开端,他在美国《物理评论》上发表的几篇文章被国际固体物理界大量引用,引用寿命长达60年。

"这个我得自力更生,自己来干!"

在普渡大学期间,洪朝生与母校清华大学联系,了解回国后从事哪方面的研究工作为宜,钱三强、彭桓武两位先生的回复说,低温物理很重要,我国在该领域尚属空白,建议他再去西欧学习一年,以便开展这方面的基础研究。于是,洪朝生进入以著名低温物理学家昂纳斯命名的荷兰莱顿大学低温实验室,从事超流氦实验研究。

在荷兰,洪朝生收到中科院应用物理所所长陆学善的来信,说中科院决定建立低温物理实验室,并与清华大学商妥,邀其到所筹建该实验室。就在新中国百废待兴、抗美援朝战事又起的困难时期,中科院决定拨款10亿元(即币制改革后的10万元)购置低温实验室所需的基本设备,并

委托他进行调研和提出资金使用预算。当时的情况是西欧厂家与我国尚无贸易往来,东欧厂家不与个人联系。1951年夏,国家派出科学仪器采购团赴民主德国,钱临照先生召洪朝生到东柏林洽商,当时的民主德国并不具备氦液化器的生产能力,他们只

能订购了小型液化空气机、氢与氦压缩机等机械设备和有关仪表。钱临照先生还汇给他少量美元，从昂纳斯实验室拨给了一些必要的特种材料。这些设备、仪表和材料，构成了筹建低温物理实验室的全部家当，新中国的低温物理事业就是在如此薄弱的基础上起步的。

在欧洲期间，洪朝生曾天真地希望回国后立即开展低温物理科学研究，也曾认为低温技术实验条件，包括氢、氦液化等是工程技术人员的事，不应主要由研究人员承担。回国后，现实与理想之间的巨大差距，使他认识到，组建低温物理实验室的任务必须从"零"开始，首先要"从为基础研究准备技术条件入手"。为打破西方国家的技术封锁，更为了中国低温物理事业的长远发展，在别无选择的情况下，他下定决心："这个我得自力更生，自己来干。"[①]

对洪朝生而言，氢、氦液化系统的原理是清楚的，但将原理通过一步步的设计、研制、安装、调试来实现，这对于一位多年来一直从事基础研究的人来说，就没那么容易了，加之当时我国工业基础十分薄弱，所需加工材料和加工精度往往达不到工艺设计要求，所遇的困难、挫折可想而知。

1953年，从民主德国订购的设备陆续到位。洪朝生带领几名高级技工、新毕业的大学生和见习员投入到紧张的工作之中。在他们的共同努力之下，先是于1954年利用购入的空气液化设备生产出液体空气。在此基础上，1956年，由他们自行设计、自行加工的我国第一台氢液化器调试成功，在国内首先获得了液氢。1959年，在经历"试验—结果分析—改进—再试验"的多次反复之后，又在国内率先实现氦的液化。1964年，他领导的低温物理研究室周远等人又成功研制出长活塞膨胀机预冷的新型氦

[①] 陈兆甲《洪朝生访谈》，2011年1月19日，北京。资料存于采集工程数据库。

液化器，使液氦技术得到一定程度的普及。

低温和氦液化技术的普及与推广，不仅促进了低温物理实验研究，而且为超导电技术的应用、空间低温技术、低温电子学与低温生物学的发展提供了条件和必要的技术储备，更为我国"两弹一星"的成功研制作出了重要贡献。

"不要迷信登上了名刊物的论文"

在回国后长期的科研与教学活动中，洪朝生为国家培养了众多的优秀科技人才。他指导的研究生张裕恒、张殿琳，在中国科技大学教过的学生赵忠贤，在科研工作中指导过的青年科技人员周远、陈星弼、王启明等人，后来都当选为中科院院士。他对科学问题的严谨、深刻和求真务实给学生们留下了深刻的印象。

洪朝生非常重视文献资料的查询工作，并养成了随时查询和积累文献的习惯，他在90多岁时，还委托学生为其订阅了《今日物理》等期刊，以便及时掌握世界科技前沿课题和最新科技发展动态。

他的办公室靠墙摆放着一排书架，每个书架分为4层，每层摆放着若干文件匣，匣外侧标有类别、架号和层号，匣内整齐置放着相关文献资料。他有打卡片的习惯，每个卡片盒中装有数百张卡片，每张卡片都记有相关文献的信息记录，并按英文字母排序，以便检索，每有新的发现便及时补充。在指导学生做研究时，他通常会按卡片和文件匣中提供的线索，向学生推荐相关参考文献，并时常与学生一起就文献内容进行讨论。

他在阅读文献时，秉持独立思考和理性分析判断，既注意从中吸取有益的精华，也不盲从文献中所提出的实验方法与推断。

张裕恒是洪朝生1961年招收的研究生，在洪朝生指导下进行"超导In-Sn合金膜临界场的非线性非定域效应"研究。有一次，洪朝生拿来一篇国外文献给他看，过了几天问他看后有什么感想。张裕恒说出后，洪朝生告诉他，这篇文章中有错误，这令他很是诧异。在洪朝生指导下，他对 In+2%Sn、In+3%Sn 的不同厚度合金膜的临界场 Hc 进行了深入研究，从实验上第一次提供了电子平均自由程 $L \neq \infty$ 时的 Hc–d 的数据。通过将合金膜的实验结果与定域及非定域理论做比较后发现，线性定域和非线性定域的某些理论不符合实验结果，线性非定域的某些理论也不符合实验结果，只有非线性非定域的吴杭生、Toxen 理论符合实验结果，从而得出"超导膜的临界场问题只能被非线性非定域理论描述"的结论，并指出一部分文献中给出的某些结论是由于那些作者分析结果的方法不恰当，以致掩盖了问题的本质。而洪朝生当初拿给张裕恒去读的，正是这样一篇文献。

洪朝生告诫他的学生，论文要"认真严肃、言之有物，有据有创建，不要扯些已周知的话，不要强做断语，不要迷信登上了名刊物的论文"。[①] 在他看来，科学研究不仅需要"证是"，有时也需要"证否"，而"证否"是需要有质疑态度和挑战精神的。

"这怎么能说是科研成果？"

洪朝生是一位严肃的科技工作者，他执守着科技工作者的职业道德和学术伦理，捍卫着科学的圣洁和尊严，他在科学是非面前旗帜鲜明，敢于直陈自己的立场和观点。

1981 年 10 月 15 日，洪朝生与邹承鲁、张致一、郭慕孙 3 位学部委员联名在《中国科学报》上发表了题为《开展"科研工作中精神文明"的讨论》的文章，这是中国科学家第一次站出来揭露各种不道德、不文明的陋习在科学研究中已有蔓延滋生之势，并倡议开展科研工作中精神

---

① 洪朝生《在浙江大学低温专业报告会上的报告（提纲）》，1996 年 5 月，未刊稿。资料存于采集工程数据库。

文明的讨论。他们的倡议得到有关领导部门的高度重视，此后持续一年的讨论是新中国成立以来科技界第一次自发探讨自身的建设问题，京沪两地分别有百余位科学家发起倡议，并制定科学工作者道德规范。

对于科技界的职业道德建设，洪朝生始终予以关注，并做了许多深入思考与分析，他曾在中科院学部科学道德建设座谈会及其他会议上表达了对违背科学道德的不良风气的担忧，呼吁设法解决科技发展中必须实事求是、说真话，对国家科技发展负责的职业道德问题。

2000年，中科院《科学对社会的影响》发表了洪朝生《需要有效地推进科技界职业道德建设》署名文章，文章对科技界违背职业道德的现象、存在的根源及其不良后果进行深入分析。他说，我担心不实事求是地评价和宣传科技，科技课题的现实意义、研究和开发工作的成就、科技队伍的真实水平包括青年人员的跳跃式成长等的夸大风气在发展，后果是资源分配不当，影响了科技研究与开发重点有效的进展，浪费了宝贵的时间，特别是科研工作者的秉性若被侵蚀，将影响青年科技队伍的成长，后患尤重。

洪朝生不仅对有失科研职业道德的行为嫉恶如仇，而且在重大的科学讨论中敢于表明自己的立场和态度。

20世纪70年代末，国内某家报刊发表了一篇题为《大足县发现了一个能用耳朵识字的儿童》的文章，此后围绕"人体特异功能"真伪性，正反两个阵营展开了激烈的对峙，一时间唇枪舌剑，莫衷一是。对所谓"特异功能"及舆论宣传的愈演愈烈，洪朝生持坚决反对的态度。他与周培源、茅以升、潘菽、马大猷、张香桐等著名科学家一道，多次在不同的会议上批评、抵制"耳朵识字"之类的宣传意见。

1977年11月20日，某报刊出日本学者文章摘要，"地震云"说法首次传入中国，次年1—4月，国内一些报刊接连不断地报道了日本学者用"地震云"准确预报地震的消息。这些宣传报道加上当时处于地震活动高潮期，引起国内部分地震工作者和业余爱好者的关注或兴趣。他们进行了观察、拍照、搜集资料等活动，某观察者两次发表文章，建议重视"地震云"研究，并认为其可能是一种简单有效的地震预报手段。为此，国家地震局专门召开"地震云"专题座谈会，绝大多数人认为"地震云"应该进一步观测和研究，但作为预报手段并在群众中宣传推广还为时过早。然而，此后某报刊又4次突出报道"地震云"预报地震取得的成果，某电视台报道日本学者用"地震云"预报地震成功率达80%，中国某观察者用"地震云"预报地震成功率达86%等。洪朝生、李荫远等科学家对将"地震云"作为研究成果持明确反对态度。

洪朝生说："世界上本来每天都爆发大大小小的地震，某观云者看了云彩说东边或西边有地震，当然偶尔会说对的，其实是胡猜。这怎么能说是科研成果？所里没人相信他，可是外面宣传得起劲，报刊、电视台这样大肆宣传，不是要闹笑话吗？"

洪朝生毕生追求的就是一个"真"字，他与违背科研道德的不良风气和不端行为进行坚决斗争，充分体现了一位老科学家强烈的社会责任感和严谨求实的科学态度。

（撰稿：中国科学院理化技术研究所　秦金哲）

参考文献

[1] 中国科学院院士工作局. 中国科学院院士自述 [M]. 上海：上海教育出版社，1996.

[2] 王国治，柴保平. "地震云"之说尚待讨论 [N]. 北京科技报，1986-12-08.

邹承鲁
学术泰斗　学风典范

邹承鲁（1923年5月—2006年11月），生物化学家，中国科学院院士。在胰岛素人工合成、蛋白质结构功能关系和酶作用机制等方面都作出了开创性的贡献，是近代中国生物化学的奠基人之一。多次获国家自然科学奖一、二、三等奖，2003年获何梁何利基金科学与技术进步奖。

科学探索，严谨治学

邹承鲁在生物化学领域建树丰硕，与之相映生辉的是他极端严谨的治学态度和求实坚韧的科学精神，从他开展"酶活性部位的柔性"研究中，可以看到创新思想是如何突破传统观念而萌生并最终确立的。

20世纪80年代初，邹承鲁就提出了"通过酶分子在变性过程中的空间结构和活性变化的比较来探讨蛋白质的空间结构和功能之间的关系"

的设想。在邹承鲁个人收藏的《酶作用的化学动力学》一书中,他在"……因此蛋白质整体结构的变化可以导致酶活性的丧失"这段话下画了一道红杠。显然,由于受到这一传统观念的影响,他在工作开始时也认为酶的活性部位"由于执行催化功能的需要,特别是由于与底

物结合专一性的需要,应该处于酶分子中的一个较为稳定的区域,因而,酶活性部位与分子整体相比应该较难受到变性剂的扰乱"。

为验证这一设想,邹承鲁首先选用了兔肌肌酸激酶作为材料,对其在盐酸胍溶液中的活力和结构变化进行了比较。然而出乎意料的是,实验结果与最初的设想相反,在逐渐增加盐酸胍浓度时,在较低的变性剂浓度下酶活性就降低并丧失,而酶分子整体构象的变化却需要在较高的盐酸胍浓度下才被陆续检测到。不仅在逐渐增加变性剂浓度的实验中观察到了活性丧失先于构象变化的现象,也得到活性丧失的速度远远快于构象变化的结果。

由于实验结果出乎邹承鲁的预料,他们非常严谨地对实验多次重复,在结果得到充分肯定以后,他开始考虑这些结果背后的科学规律。经过认真思考,邹承鲁放弃了最初的设想,提出酶分子活性部位的结构更容易被破坏,即"酶分子活性部位柔性"的假说。为了证实这一新的假说,邹承鲁带领科研团队对不同种类酶的活性变化与不同技术测定的构象变化进行比较研究,包括分子较小的核糖核酸酶、双体的肌酸激酶、四聚体的甘油醛三磷酸脱氢酶等,甚至某些非酶蛋白,都得到活性丧失先于

构象变化的结果。

在科学界，要大家接受一个新的观点是非常不容易的。邹承鲁关于核糖核酸酶的研究结果发表之后，有些国际同行表示质疑。国内外不少实验室用不同的酶进行类似的变性实验，比较这一过程中构象变化与活性变化的关系，虽然多数和邹承鲁的假说相符，但也有少数科学家报道了二者同时发生，甚至构象变化先于活性丧失的结果。

对于各方面的质疑，邹承鲁首先仔细分析得到相悖结果的实验，发现有些科学家所报道的构象变化和活性变化的测定实际上不是在同样的条件下进行的，因此不具有可比较性。在某些工作中，由于变性是在较高的变性剂浓度下进行，而活性变化则是在较低的变性剂浓度下进行，且在测定酶活性时，底物的存在可以保护酶蛋白使其不易失活，这些因素都可能得出二者平行，甚至活性丧失后于构象变化的结论。为了排除低浓度变性剂抑制酶活性的可能性，邹承鲁还研究了在其他变性因素（如高温、高压等物理因素）作用下，活性变化与整体构象变化之间的规律，得到同样的结果。因为在物理因素导致酶变性的实验中没有加入其他物质，因此就完全排除了任何抑制作用的可能性。

更为难得的是，邹承鲁坚持"在科学研究上客观事实是唯一的依据"，一直积极鼓励他人对这些与"酶活性部位的柔性"假说相反的实验现象做进一步研究。例如，当时一位其他单位的教授，经常报道一些相反的实验结果，邹承鲁领导的分子酶学重点实验室反而一直给予他研究经费资助。有时，一些负面的实验结果来自邹承鲁在生物物理所的同事，甚至是他自己的学生，邹承鲁一方面鼓励他们在科学杂志上发表论文，阐述他们得到的结论；另一方面对整个问题重新予以思考和验证，最后"酶活性部位的柔性"的结论越来越明确。

自邹承鲁关于"酶活性部位的柔性"研究的第一篇论文发表之后，他先后和十几位学生及助手又发表了70多篇深入研究酶活性和构象变化关系的论文，其中 20 篇主要文章在 1982—1997 年被引用 600 多次。这项工作获得了中国科学院自然科学奖一等奖和国家自然科学奖二等奖。在他淡出一线科研工作之后和学生合著的《酶活性部位的柔性》一书的前言中，邹承鲁写道："酶活性部位的柔性的假说虽然现在得到国际上一定程度的承认，但还没有成为大家所普遍接受的定论，还需要经受各种考验和不断的努力。""酶活性部位的柔性"这一漫长的科学研究进程，恰是邹承鲁对科学事业的执着、对科学精神的坚持、对科技创新的严谨及对不同学术观点的尊重的真实写照。

严于自律，为人师表

邹承鲁不仅自己在科学研究中取得了杰出的成就，还为我国生物化学研究培养了一大批人才，他对学生要求严格在学界是出了名的。他的学生中有不少人成为国内外知名的科学家，其中包括 4 位中国科学院院士。1978 年建立学位制度之后，邹承鲁为国家培养了 8 位博士后、30 多位博士和多位硕士。为此，1983 年国务院学位委员会还特意请著名画家李苦禅先生为邹承鲁题字一幅《催笋生竹，润花著果》，以表彰他为我国培养高水平人才所作出的贡献。

邹承鲁在人才培养中还坚持严格自律，在实验室中向来提倡科学面前人人平等，鼓励批评，绝不弄虚作假、掩饰错误，敢于承认和改正错误，为后辈树立了行为典范。在一篇研究木瓜蛋白酶在盐酸胍溶液中失去活力的论文中，他忽略了底物存在的影响，使用了错误的公式，因而得出了错误的结论。学生王志新发现后，他和王志新立即重新审视这个问题，最终得出正确的结果，并发表了改正错误的论文。邹承鲁的另一个学生居鸣从邹承鲁过去的文章中发现了一处错误，向他提出，邹承鲁经过仔细思考之后，认为学生的意见是对的。他不仅向居鸣表示感谢，还请居鸣把实验室以前相关的文章统统看一遍，找出所有他认为有问题和不准确的地方，并专门在实验室组织了一次学术研讨会，把这些问题展示给大家，让大家讨论，分析错在哪里，为什么会发生这些错误，以警示大家，也包括他自己，以后不要再犯类似的错误。

作为实验室的负责人，尽管邹承鲁或多或少地为实验室发表的每一篇论文做过工作，但是他从来不在他没有做过重要贡献的论文上署名。他的学生王志珍回忆：邹先生是大家风范，宁可吃亏也绝不沾别人半点光。有一次我自己找了材料按照自己的想法做了一个工作，但有问题时请教了邹先生，得到了许多启发和指导，写成论文后请他署名，他婉言谢绝。我知道其他同事独立完成工作写的文章请他修改，他都一概不署名。有些工作尽管是他的原始思想和主意，由团队里的研究员具体完成，他也不署名。他请其他研究员代为照顾的学生的后期工作成果，他也不署名。邹承鲁对待论文的署名问题一贯严肃认真，他与其他科学家一道，毫不客气地批评一些不良现象："有些国家的部分科学家，习惯于在他领导下的实验室发表的所有科学论文上署名，有的在40年的科学生涯中，署名文章多达千余篇。这些科学家敢于负责的勇气令人钦佩，但一个人的精力毕竟有限，能否真正对所有文章负责，很值得怀疑。"显然，在邹承鲁看来，"论文署名首先是责任，其次才是荣誉"。

邹承鲁的以身作则培养了实验室充满追求真理的科学氛围，培育出一代又一代优秀人才。这一传统的传承和发扬，对于生物大分子国家重点实验室的学风产生了深远影响。邹承鲁获得过许多表彰和荣誉，有一项他自己极为看重的那就是1990年4月由国家计划委员会授予他的"为国家重点实验室作出重大贡献的先进工作者"称号。科学家个人取得很高的科学成就固然了不起，但是就一个国家科学研究的持续发展而言，树立良好的实验室传统，带出优秀的科研团队，也许更为重要。

邹承鲁　学术泰斗　学风典范

建言献策，求真务实

邹承鲁特别坚持求真务实，面对重大科学和社会公众问题敢于发声，不计个人风险。为了捍卫科学的尊严、建立良好的科研风气，邹承鲁多次放下心爱的研究，与那些违规者进行针尖对麦芒的战斗。

20 世纪 70 年代末，他因一次鉴定工作会议而卷入一次争论事件。邹承鲁认为应该重视把分子生物学用于医学研究，于是被邀请参加了一次由中华医学会主办的专门鉴定一位"分子生物学家"在分子生物学研究中医药方面"重大突破"的会议。出乎意料的是，与会的 50 多位学者对其所谓成果提出了反对意见，邹承鲁的意见最为尖锐："所用的实验方法不能保证他的实验结果可靠，问题在于缺乏严格的对照实验，如酶实验两种溶剂不同、实验温度不同、处理也不同，怎么能叫对照呢？这些在大学生化课都讲过，但实验者却不懂……我赞成研究'生脉散'的作用机制，但像这样的实验是否要继续做下去，还请有关单位慎重考虑。"一位时任全国人大常委会委员的著名作家被此"分子生物学家"的包装和吹牛利用，在人大会议上提出了反对邹承鲁等人压制该"分子生物学家"的议案，还多次在报纸上不指名地批评邹承鲁，说他是"成事不足、败事有余，不懂装懂、假充内行的'权威'"，甚至还在《人民日报》上呼吁，要求"有关部门及司法部门"给这种"破坏科研事业的人"以"应有的党纪国法的制裁"。邹承鲁对于这种干预科学活动的做法极为反感，他始终坚持科学原则，毫不动摇，在《科学报》上发表题为《科学的成果究竟由谁来评价》的文章进行回击："真正有价值的科学成就是压制不住、扼杀不了的，真理也是批驳不倒的。但是，科学又是无情的，错误的东西终究是会被揭穿的。"最后他得出结论："总之，科学成果只能由同行审查予以评价。以种种手段造成政治上或新闻上的压力，都是极不正常的。以'首长批示'的方式来解决科学争端，不能使谬误变成真理。"

邹承鲁把维护科学尊严、塑造风清气正的科学环境视为科学家应承担的社会责任，长期坚持学术打假，努力净化科研氛围。在此次事件之后，邹承鲁和其他科学家一起对"水变油""特异功能""伪气功""营养核酸""全息胚""汉芯"等事件都进行过公开的谴责，用科学的方式积极回应社会关切。他大声呼吁，"为了我国科学健康发展，既要创新，也必须打假，而打假尤为重要。只有在科学界清理出的一片干净土地上，才有原始性创新大展身手的舞台；否则，真假不辨，良莠不分，对于将决定我国科学前途的广大青年学子，让他们何去何从？"

另外，邹承鲁把目光投向更为宏远的科学规则和科学文化建设。他不仅勇于学术打假，还把很多精力投入到倡导科学道德、促进科技体制改革及科学普及传播上，为提高民众的科学素养，改良中国的科研土壤而做不懈的努力。1981年，邹承鲁和张致一、洪朝生、郭慕孙3位学部委员一道，共同发起了关于《开展"科研工作中的精神文明"的讨论》的倡议；1991年，他又联合沈善炯、彭桓武、卢嘉锡等13位学部委员，在《中国科学报》上发表了《再论科学道德问题》一文，对科学道德规范进行了更加明确的阐述，并建议继续开展关于科学道德问题的讨论。1993年，他在《中国科学报》上发表《科学道德规范应早日出台》的文章，"建议国家科委制定'科学工作者道德规范'，中国科学院和国家教委成立自己的科学道德委员会，并要求他们在大学和研究生院开展科学工作者道德问题的教育"。1999年，他在《光明日报》上发表《科学普及要跟上》一文，指出"整个科学界要担负起宣扬科学、普及科学的责任，同时也希望新闻界的朋友们在这方面跟科学界相互配合，完成这个任务，这样才能彻底破除封建迷信"。他提出敢扬"家丑"才能消灭"家丑"的观点，于2003年发表在《科学时报》上。他批评伪造学历、一稿多投、搭车署名、滥用"首创"和"填补空白"等乱象，呼吁科学家不应做"广告明星"。现在看来，这些意见仍有现实意义。经过邹承鲁和其他有识之士持续不断地呼吁，一批关于科学道德、学术规范的制度陆续出台，科普活动更加受到重视，对于建设良好科研环境发挥了至关重要的推动作用。

邹承鲁是中国科学界的典范，他把自己的一生无私奉献给了国家、人民和中国的科学事业，先生的丰功伟绩与高风亮节将永远铭刻在我们后人的心中，并将永远鼓舞和激励一代代科技工作者开拓进取、勇于创新，努力攀登科学高峰！

（撰稿：中国科学院生物物理研究所）

参考文献

[1] 熊汉民，邹宗平. 邹承鲁传[M]. 北京：科学出版社，2008.

[2] 邹承鲁. 邹承鲁杂文集[M]. 北京：学苑出版社，2008.

[3] 邹承鲁，周筠梅，周海梦. 酶活性部位的柔性[M]. 济南：山东科学出版社，2004.

[4] WANG Z X，WU J W，TSOU C L. The inactivation kinetics of papain by guanidine hydrochloride: a re-analysis[J]. Biochim Biophys Acta，1998（1388）：84-92.

[5] 王志珍. 如何对待科学，如何真正做学问[J]. 生物化学与生物物理进展，2002（2）：169-172.

[6] 邹承鲁，沐善炯，吴旻，等. 再论科学道德问题[N]. 中国科学报，1991-10-25.

[7] 石希元. 是"那"样一个人[J]. 自然辩证法通讯，1980（4）：24-29.

夏培肃
甘做中国计算机基石

夏培肃(1923年7月—2014年8月),计算机专家和教育家,中国科学院院士。试制成功中国第一台自行设计的通用电子数字计算机。在高速计算机的研究和设计方面做出了系统的创造性成果。解决了数字信号在大型高速计算机中传输的关键问题。设计研制的高速阵列处理机使石油勘探中的常规地震资料处理速度提高10倍以上,提出了最大时间差流水线设计原则,设计研制成功多台不同类型的并行计算机。

"一个人在一生中,常常会有一些改变命运的重要转折点。对于我来说,这个重要的转折点出现在1952年秋天的一个晚上,当我第一次谒见华罗庚教授时。"在回忆这段经历时,夏培肃恍如昨日。

研核是非　巨细无遗

夏培肃的数理基础非常扎实，惯于条理清晰、逻辑严密的论证。这些都与她的求学经历有关。

夏培肃上大学时，有一门基础课程叫"电工原理"，听课的人很多，由于女生宿舍离教室很远，她赶到时常常没有座位，只能站在教室后面听课。期末考试的时候，她虽然及格了，但是自己对这种似懂非懂的状态很不满意，于是下定决心重学一遍。在重修课程的那段时间里，她放弃吃早饭，早早去教室抢座位，坚持了一个学期。最终完全听懂了老师的讲授，期末也考了90多分。

打好了基础，后续的专业课程夏培肃再也不觉得难了。研究生期间，她在"电信网络"课程考试中第一个交卷，并取得了满分。那时她对张量代数特别感兴趣，于是写了一篇《电路的张量分析》报告交给张钟俊教授。不料张教授看完后给她一一指出不足，认为她的某些论断不够严谨，数学基础不扎实，理论上也还需要再提高一点。

这件事对夏培肃的影响很深，她开始懂得做科研工作不能想当然，需要非常严谨，每一句话都要有根据，每一个细节都不能放过。

夏培肃调入电讯网络研究室的第一个任务是熟悉闵乃大教授的"电讯网络"讲义。由于早年学习过"电信网络"，后来又接触了不少深层数学知识，夏培肃理解讲义完全没有障碍，甚至发现了一个隐蔽的小错误。刚开始闵乃大不认为是错，他们俩在办公室的黑板上争论了几次，都没有结果。夏培肃就一丝不苟地用复变函数的方法一步一步把结果重新推导了一遍，闵乃大才发现了错误，也由此对她刮目相看。

1952年的秋天，夏培肃在华罗庚先生的家中表达了愿意搞电子计算机的想法，她的人生从此与中国计算机事业交汇。当时苏联的计算机技术遥遥领先，而我国在这个领域还是一片空白。

科学家精神 求实篇

由于计算机是一门新兴的学科,许多专业名词都是英文和俄文的。当时,国内没有人懂计算机。夏培肃和小组成员们从零开始,到图书馆的英文期刊中摘选关于计算机的文章,并委托在国外的同学邮寄一些英文的计算机书籍,广泛阅读,以此来启发思路。

1956年,国家派出了一个计算机技术赴苏考察团,计划考察回国之后就着手仿制M-20机。夏培肃也是其中一员,她被分到通用计算机研究室学习M-20机的总体设计和运算控制器。经过深入学习,夏培肃对M-20机有了清晰的认识。

M-20是三地址指令计算机,但实际运算中很多指令并不需要3个地址。夏培肃并没有盲目地仿制苏联技术,她结合自己所学,把M-20修改为一地址指令计算机,增加了一些指令,并重新设计了每条指令的执行过程。详细的修改记录被制成两本厚厚的资料,印刷了100套。按照这些资料中的细节指示,可以直接画出逻辑图来。

夏培肃在整个过程中事无巨细、极其周到。后来苏联在调试M-20机的时候不顺利,我国也就放弃了仿制M-20机的想法。尽管如此,这一次对M-20机的改进,展现出了夏培肃对待工作的态度与能力,同时也为我国后来研发大型计算机培养了几位设计人才。

细致入微　严谨制造

1956—1962年，清华大学、中国科学技术大学等高等学校合作承办了4届计算机训练班，夏培肃主讲"电子数字计算机原理"课程。

可是讲什么？怎么讲？中国并没有统一的计算机原理教材。要想弥补人才稀缺的短板，在教育这一块必须打好坚实的基础。于是，夏培肃开始着手编写计算机原理讲义。她在为一些术语定名时字斟句酌，力求将每个名词概念准确翻译和表达。这样反复推敲后得来的很多意译沿用至今，如英文bit，中国台湾学者译为"元"，夏培肃译成"位"，现在常用在32位处理器、64位操作系统等术语中；英文memory，中国台湾学者译为"记忆体"，夏培肃译成"存储器"，现在常用在内存、缓存等术语中。这套《电子计算机原理》讲义，是我国第一套关于计算机原理方面的原创教材。

1959年，计算技术研究所的领导将计算机教研组改名为107计算机研究组，由夏培肃负责。其实夏培肃很早就开始了107计算机的设计，但为了培养我国自己的计算机专业人才，夏培肃承担起了计算机训练班这项艰巨而光荣的任务，暂缓了107计算机的设计。

夏培肃从大学开始，做的电路实验所用的电子管型号和特性都是美国标准的，但北京电子管厂在苏联的帮助下建成投产之后，所生产的电子管型号和特性都是苏联标准。电子管虽然小，却是制造计算机最基础的元件，型号不合是万万不能的。于是夏培肃让训练班的全体学员都用苏联标准的电子管做基本电路，以此来了解苏联电子管的特性。

当时计算技术研究所按照苏联图纸复制的103计算机很不稳定，打开或关上机房的日光灯都会产生电磁波干扰，每隔半小时左右就要出现一次故障。为此，夏培肃设计了一个很稳定的触发器，不会因为随意开、关日光灯而造成触发器翻转，为107计算机的稳定运行奠定了基础。

在107计算机加工前，夏培肃让在实验室做毕业设计的学生对机器所用的电容和电阻进行了严格的筛选和测试。当时的人工焊接很容易出现虚焊，为了准确检测，夏培肃亲自动手，提出了单脉冲循环的检查方法（产生一个单脉冲在需要测试的器件和焊点所形成的回路中运行，如果运行不间断，说明一切正常；如果运行停止，则说明回路中的器件或焊点有问题），来确保万无一失。

到调试阶段，夏培肃又编制了计算机电路、插件、部件和全机联调的调试手册，将先做什么，后做什么，每一步都写得清清楚楚。在调运算器时，为了找出除法调不出来的原因，她花了一个通宵，发现了设计时的疏忽——除法器中有一个信号没有和时钟脉冲对齐，并很快修改解决了它。

1960年年初，107计算机搬迁到位于北京玉泉路的中国科学技术大学。由于房间紧张，107计算机被安置在一间没有通风系统的大教室里，只有窗户上的排风扇和教室里的几台电风扇来为电子管散热。在这样的情况下，107计算机仍然能正常工作。

同年4月，107计算机连续无差错地工作了20.5小时，最后是人工停的机。根据美国公布的资料，冯·诺伊曼设计的EDVAC于1951年研制成功，到1960年才能达到每天超过20小时的生产性运行，平均无差错工作时间为8小时。107计算机的稳定工作时间比当时仿制苏联的103计算机无差错工作时间长几十倍。直到1962年，有专家对107计算机做技术鉴定，在机器运行程序的过程中突然断电，再合闸后原本运行的程序仍然能继续正确执行。

就在研制107计算机期间，中苏关系达到冰点，苏联终止了对中国所有的技术援助，国际上不少人认为中国的计算机事业发展将止步于此。但夏培肃没有退缩，她不在意外界的变化，脚踏实地地专注于每个环节的研制，最终，造出了我国第一台自主设计的电子计算机——107计算机。

大胆设想　小心求证

夏培肃对待工作力求稳妥，可这并不意味着按部就班的一味谨慎。面对未知，她也会大胆地提出假设，并且认真求证，以保证最后的结论是真实可靠的。

20世纪50年代，国内外计算机所用的电子器件几乎都是电子管。然而随着时间的推移，电子管暴露出了很多问题：功耗大、速度慢、电源种类多、体积大、寿命短。这些缺点使得新型器件的研究迫在眉睫。计算技术研究所的阎沛霖所长认为夏培肃适合做开创性的工作，于是让她负责预研组，去开展计算机新型器件的研究。

作为一个试探性的研究，预研承载着大家的希望。1960年前后，美国人Sterzr提出了微波分谐波技术，以此得到的微波频率可以达到千兆赫，比电子管计算机的时钟频率高了近百万倍。据报道，日本曾做成过一台这样的计算机，这让夏培肃看到了希望。她迅速安排人员进行微波分谐波振荡器的实验。经过不懈努力，终于做出了一个具有双稳态的微波元件。

然而，在实际运用中，夏培肃与课题组成员发现用微波元件做计算机有四大困难：一是元器件体积过大，每个器件必须输入一个泵频，二是构成逻辑电路不方便，如何实现基本逻辑，器件之间如何耦合，都是未知的；三是微波传输困难，元器件之间的连线太过庞杂；四是微波振荡的分谐波过程太长。

深思熟虑之后，夏培肃向阎沛霖所长汇报微波元件的进展情况，如实说明了主要问题。她坦言，微波计算机在当时是无法实现的。最终，微波计算机的课题在1965年上半年正式结束。

在研制双稳态微波器件的同时，夏培肃注意到了日本学者江崎于1958年发明的隧道二极管。隧道二极管的主要优点是具有负微分电阻（负阻），能高速工作，因为它是一种多数载流子器件，不受少数载流子存储影响。它的开关时间可以达到1毫微秒，当时的晶体管开关时间尚且在微秒级。这对一心想做高速计算机的夏培肃来说，无疑是具有吸引力的。

为了开展隧道二极管的预研，她亲自去南京的一个半导体所协商，解决了器件的来源问题。接着又开设了一门"隧道二极管电路原理及变参数振荡原理"课程，来帮助预研组的人员了解其电路的工作原理。1965年，汇总了预研组3项研究成果的《隧道二极管在快速计算机线路中的应用》在全国第四届计算机学术会议上发表。

在研究隧道二极管电路的过程中，夏培肃注意到这种电路的负载能力差，带不动很多负载，而在计算机中，有时负载是很重的；而且隧道二极管的器件重复性较差，不便于集成电路的大批量生产。经过种种权衡，夏培肃舍弃了采用隧道二极管的方案，提出晶体管可能是计算机的主流器件。

计算机的更新换代不可能一蹴而就，每一次器件的更新、性能的提高，期间都要进行不计其数的试错。这个过程不允许任何夸大，要求处处精细，设计者必须求实求真，每一步都严格把关，才能将新器件在实践中运用到计算机上。

夏培肃的一生，对待任何工作都认真严谨、一丝不苟。早年在计算机训练班和中国科学技术大学讲课时，所讲内容虽已讲过多次，但在讲课前，她仍会像第一次讲课那样认真准备，而且每次都要增加新内容。1997年，夏培肃在第94次香山科学会议上作了主题评述报告，受到与会者的高度评价。为了这不到一小时的报告，夏培肃用了整整两个多月的时间，查阅了大量文献，亲自制作每一张幻灯片。直到会议前两天，还在对报告内容进行修改。

李国杰院士曾说："在我的印象中，夏先生最大的特点就是严谨。她曾主持编写《英汉计算机辞典》，负责《计算机科学技术百科全书》体系结构分支的编审定稿，对每一个字、每一个标点符号都仔仔细细地审阅校对，以至于影响了身体健康。90岁高龄时，她还在计算机上一字一句地修改为《20世纪中国知名科学家学术成就概览》写的传记，她为自己审定的成就概览没有一句浮夸之辞。"

夏培肃面对诸多宣传时一再强调："不要宣传我个人，都是大家的功劳。"中国计算机事业的发展，确有无数人殚精竭虑、勇往直前，但夏培肃，无疑是这座丰碑最坚实的奠基人。

（撰稿：吴瑾欣）

参考文献

[1] 韩承德，唐志敏，祁威.夏培肃传：恬淡人生[M].北京：中国科学技术出版社，2020.

[2] 中国科协青少年科技中心.计算之美：计算机女科技工作者成长之路[M].北京：科学普及出版社，2017.

[3] 刘瑞挺.中国计算机奠基人之一：夏培肃院士[J].计算机教育，2003（1）：18-20.

朱光亚
严谨求实　行稳致远

朱光亚（1924年12月—2011年2月），核物理学家，中国科学院院士、中国工程院院士。20世纪50年代末以来，负责并组织领导中国原子弹、氢弹的研究、设计、制造与试验工作，参与领导了国家高技术研究发展计划的制订与实施、国防科学技术发展战略研究，组织领导了禁核试条件下中国核武器技术持续发展研究、军备控制研究及我军武器装备发展战略研究等工作，为中国核科技事业和国防科技事业的发展作出了重大贡献。1985年获国家科学技术进步奖特等奖，1999年被授予"两弹一星"功勋奖章。入选"庆祝中华人民共和国成立70周年大型成就展"1970—1979年英雄模范人物。

在中国科技界，凡是与朱光亚有过接触的人都知道，他治学严谨，求真务实，遇事从不轻易表态，一定要先掌握大量的第一手资料，倾听多方面的不同意见，反复论证，深思熟虑，然后再下决心。一旦决定的事情就一抓到底、坚定不移，具有非凡的战略定力。有许多人评价他是"不鸣则已，一鸣惊人"。这既是他作为实验核物理学家的基本习惯，更是他长期主持国防重大工程研究养成的鲜明风格。

严谨源自求学时期

说到朱光亚的严谨，就必须提到朱光亚在学生时代就养成的认真细致、一丝不苟的学习态度和习惯。朱光亚在重庆南开中学求学期间的物理学启蒙老师魏荣爵先生回忆说，朱光亚是名极为认真刻苦的学生，他的物理作业书写非常整洁、特别规范，他甚至建议把朱光亚的作业交给书店印成物理课本使用。在西南联大物理系学习期间，朱光亚继续秉承了这种优秀的学习态度和习惯。当年在西南联大数学系任助教的孙本旺先生回忆说，朱光亚的数学考卷字迹工整美观，答题过程严谨、清晰、精确，甚至连标点符号都准确无误，想扣掉一分都很难。

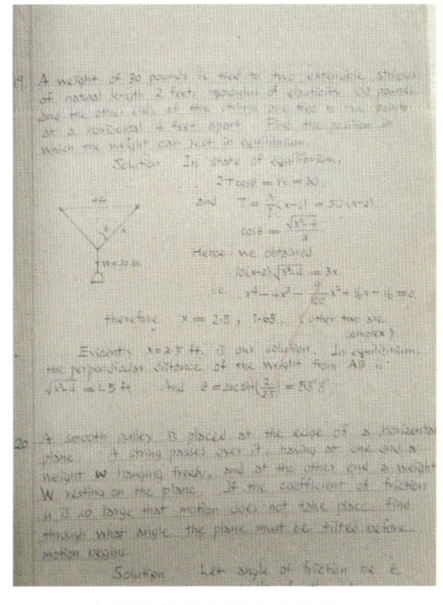

朱光亚在西南联大时的作业

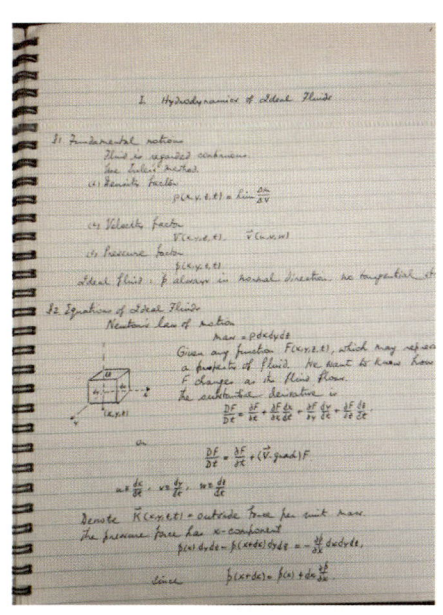

朱光亚在美国密歇根大学时的学习笔记

科学家精神 求实篇

后来，朱光亚到美国密歇根大学留学。他选择了有实践经验、动手能力强的青年物理学家威登·贝克副教授做自己的博士生导师，学习实验核物理专业。在学习上他目标明确、勤奋刻苦、踏实认真，各门成绩全是 A，并连续 4 年获得了奖学金。美国的教授们都把批阅朱光亚的答卷当作一件令人愉快的事情，是一种享受，那是因为他一贯是以卷面清楚、干净著称的。那整齐的公式与工整隽秀的英文，使朱光亚赢得了教授们的好评与喜爱。同学们则称赞他是"做起实验来很拼命的那种人"。也许正是源于少小时"苦读出真知"的誓言，在来到美国后的短短两年时间里，朱光亚先后在《物理评论》上发表了《符合测量方法（Ⅰ）β 能谱》《符合测量方法（Ⅱ）内变换》《铕的转换电子与 β 射线的符合（计数）》《181Hf 的辐射》4 篇论文。凭借这些位于实验核物理学前沿的研究成果，朱光亚很快在发展迅速的国际核物理研究领域崭露头角。1949 年 6 月，朱光亚顺利通过了博士论文答辩，年仅 25 岁的他以自己的勤奋和努力获得了物理学博士学位。朱光亚不仅在学习上严谨认真，而且生活中也是如此，无论是信件、批文，还是亲自动手写就的讲稿，永远是工整干净、字迹清楚。这种严谨认真、一丝不苟的态度、习惯和基本功，逐渐形成了贯穿朱光亚一生的独特风格。今天我们回看 70 多年前朱光亚的学习手稿，那工整隽秀的字体、规范细腻的绘图、清晰严密的演算过程，简直就是一件件艺术品，而背后折射出的那种严谨求实、精益求精的态度和精神品质更是让人惊叹，这一点也成就了朱光亚后来领导我国核武器研制事业不断取得成功的非凡素质之一。

严谨求实筑牢"两弹"攻关基石

在领导我国核武器的研制过程中，朱光亚始终把严谨求实的精神融入培养优良的工作作风、坚持科学方法论、制定符合实际的规划等方面。

朱光亚　严谨求实　行稳致远

核武器研究所建所伊始，作为主管科研工作的副所长，朱光亚协助所长李觉开展科研小整风，建立严谨规范的科研管理秩序，树立严肃、严格、严密的"三严"作风，为"两弹"技术突破和核武器事业长远发展奠定了坚实基础。核武器研究院的严谨求实传统延续至今。

在我国核武器研制过程中，朱光亚与同事们一起，坚持用科学的方法论作指导，从基本原理、基本实验出发，通过逻辑严密的理论推导、可靠翔实的实验数据，从"根"上扎实推进原子弹、氢弹技术攻关。这是严谨求实作风的成功实践和生动体现。当时核武器研究所集中了一批优秀的理论物理学家、实验物理学家、数学家、化学家、力学家、材料学家，分为理论部、实验部两大部门，在朱光亚的统筹组织下，彭桓武、郭永怀带领邓稼先、周光召、于敏等理论部的科学家，依据最基本的物理、力学原理，严密推导建立描述原子弹、氢弹动作过程的方程组，构建理论模型，开展大量科学计算；王淦昌、程开甲带领陈能宽、胡仁宇、经福谦等实验部的科学家，在简陋条件下开展了大量爆轰物理、流体力学、中子物理、放射化学实验，测量积累了大量数据。通过理论与实验相互印证、相互促进，摸索规律，不仅知其然，而且知其所以然，很快完全掌握了原子弹、氢弹原理，迅速突破了底层技术、核心技术，独立自主、自力更生地走出了中国特色核武器发展道路。这些做法为当今建设世界科技强国、推进科技自立自强提供了丰富的实践经验。

在制订核武器的发展战略和规划计划方面，没有严谨求实、实事求是的态度也是不行的。1962年，朱光亚主持制订了第一颗原子弹技术攻关"两年规划"，细致评估各方进展、环环相扣、紧密衔接，倒排进度、正排措施，在全国各有关部门的大力协同支持下，形成系统合力，保障了两年内原子弹爆炸成功这一目标的如期实现。随后，又制订了核航弹、导弹核武器"三级跳"计划，氢弹原理突破计划，均成功实现。"两弹一星"元勋彭桓武先生赋诗称赞朱光亚"细致安排争好省，全盘计划善沟通，周旋内外现玲珑";程开甲先生则称赞他"深思熟虑,把握航道"。

朱光亚在领导、指导我国核试验工作中,始终贯彻周恩来总理"严肃认真、周到细致、稳妥可靠、万无一失"的方针,每次核试验前必亲临现场,召开技术干部会议,严把质量技术关,从理论设计、制造加工、测试到安全,每个环节都要"鸡蛋里挑骨头",以"无穷的忧虑"和"不断地查找"思维方式,消除事故隐患,确保了核试验一次成功、次次成功。

每一次核试验,核爆爆心的现场情况都具有重要的研究价值,但爆心有大剂量的核辐射,一不小心就会被辐射伤害,带来致命的危险。"不入虎穴,焉得虎子",为了取得第一手的核爆炸资料,在第二次地下核试验爆炸两年后,朱光亚与程开甲等科学家不顾放射性污染和坑道随时塌方的危险,穿上防护衣、戴上手套和安全帽进入坑道,钻进刚刚开挖的直径只有80厘米的管洞,匍匐着爬行10多米来到爆心附近,仔细查看核爆后的现场。这种严谨细致、求真求实的精神是开展核试验工作不可或缺的优秀品质。

1971年年底,在周恩来总理的远程指导下,朱光亚成功地现场组织指挥了一次惊险的核试验。当时,执行空投核弹任务的"强五"飞机在试验场区上空做了三次甩投动作,因投弹机构故障没有将核弹投出,飞机油料将尽。这时核弹引爆系统保险已解除,飞机返航过程中一旦误动极有可能触发引爆核弹。危急关头,周总理在北京中南海指示:"由现场指挥员临机处置,怎么安全怎么办!情况这样紧急,不能由北京决定了。"怎么办?指挥所内众说纷纭,有一部分人的意见是命令飞行员跳伞,让飞机在戈壁滩坠毁。作为现场最高指挥员的朱光亚经过审慎思考,当机立断,做出了飞机"带弹着陆"的决策。当时,朱光亚坚持不进防空洞,在指挥所坐镇指挥,直到飞机安全返航着陆。朱光亚之所以能够果断地做出带弹着陆的决策,除了他对核弹及其引爆系统的基本原理了如指掌外,试验前,他还预先决策,安排做了大量相关研究,并设计了飞机带弹着陆的预案。

朱光亚　严谨求实　行稳致远

正是因为朱光亚之前的严谨细致工作，才在紧急关头敢于拍板指挥飞机带弹着陆。

在科技发展的过程中，根据中国的实际和国情，精心选择突破口，不亦步亦趋盲目跟随发达国家，也是求实的重要体现。1986年，朱光亚成为863计划的负责人之一，并具体指导其中两个领域的计划实施。他准确把握计划的定位，认真贯彻"有所为、有所不为"的方针，瞄准对增强综合国力和国家安全具有重大影响的战略性高技术，给予重点支持。在实施过程中，先组织开展概念研究，摸索技术途径，不急于马上大规模投入，稳步扎实开展各项工作。经过20年努力，他指导的技术领域都取得了突破性进展，为后来多项"撒手锏"武器和航天科技的发展奠定了基础。

不用浮名绊此生

将战略层次的深邃思考和科学家的严谨缜密和谐统一起来是朱光亚特有的工作风格。他从不轻易表态，在他的语言里，从来没有"大概""可能""运气"这样模糊不清的字眼，"准确""严谨""有事实依据"是他的一贯要求，不清楚的事情宁可不说也不妄加猜测，经他手的文件、文章他必定认真细致地修改，甚至标点符号都会一一订正，全力使文字表述目的明确、逻辑清晰、用词准确、数据可靠。

科学家精神 求实篇

他始终坚持实事求是，注重实证，从不盲目跟风，即使是在"大跃进"和"文化大革命"期间，他都没有说过不符合事实的话。他一直谦虚谨慎，反复强调"院士"是学术性、荣誉性称号，不是职称更不是职务，不能把这个称号作为自我炫耀的资本，多次在有关会议名单中将他职务职称一栏的"院士"改为"研究员"。

朱光亚功勋卓著，却谦逊低调；他德高望重，却不事张扬。组织上几次安排撰写国防科技科学家传记丛书，他都说："先写别人吧，我的以后再说。"每次新闻媒体采访，他都是只谈别人、不谈自己，这一点一直未曾改变。2001年，在清华大学90周年校庆之际，为23位"两弹一星"功勋奖章获得者各写一篇传记。唯独朱光亚没有写传记，而是自己写了一篇关于中国原子弹发展综述的文章。他的君子之风，在中国科技界有口皆碑。

汪成为院士曾回忆道，为推动我国虚拟现实技术的研究和普及，在国家863计划十周年前夕，他写了两本有关虚拟现实的图书。书稿撰写完成后，他向朱光亚做了汇报，呈递上书稿供其审阅，并试探着问可否为这两本书作序，没想到朱光亚愉快地答应了。按照请名人作序的"惯例"，汪成为第二天给朱光亚送去一份序言的"参考稿"。一个星期过去了，两个星期过去了，朱光亚却并未在"参考稿"上签名。偶尔，汪成为朝他的办公室望去，见他正专注地翻阅着这两部书稿。半个月后，朱光亚将一份1400余字的序言交给汪成为。序言由朱光亚亲笔撰写而成，立论明确、逻辑严谨、文字通达，完全未采用"参考稿"的内容，而且手稿字迹工整，还留下了他仔细推敲的痕迹。汪成为循习俗处理"序言"，朱光亚却逆常规亲撰"序言"。这些平凡的"琐事"体现出的不仅是老一辈科学家对后进的勉力扶植，更是以身作则传承严谨学风的典范。

中山大学前校长曾汉民记得，1992年的一天，他在中山大学小礼堂组织各学院院长、系主任开会，朱光亚也参加了。当时，邓小平刚刚发

朱光亚　严谨求实　行稳致远

朱光亚为汪成为的专著亲笔撰写的序言

表南方谈话，再次强调了科技和教育的重要作用，大家群情振奋地拥抱又一个"科学的春天"。其实，当时正值改革开放逐步展开，一部分人面对市场经济的冲击变得浮躁起来，加之当时国家科技投入又严重不足，科技发展之路面临一些困难。座谈会上，有教授直言，说这些浮躁不是"科学的春天"应有的表现，言辞非常激烈。大家很担心，不知道时任中国科协主席的朱光亚会怎么说。当朱光亚表态后，大家很惊讶。他说大家的意见很好，我也深有同感，浮躁浮夸要靠大家努力克服！

近年来，一些学风不正问题对科技创新事业的发展造成了很大的伤害，朱光亚很早就看到了这一点。他在担任中国工程院首任院长期间，十分重视院士思想作风建设，始终坚持严把院士入口质量关，以身作则倡导良好风尚。1997年7月，时任中国工程院院长的朱光亚亲自修订了他在院士增选会议上的讲话稿，对学风道德问题做了特别强调。他极力主张并强力推动，设立了中国工程院科学道德建设委员会，组织制订院士道德规范，并亲自向主席团推荐老科学家潘家铮、侯祥麟为科学道德建设委员会的正、副主任。

2009 年 8 月，温家宝总理登门看望朱光亚时，这位早已住院多时且身体相当虚弱的老人示意秘书转给温总理两条建议，其中一条即是"科研诚信问题不容忽视，应在制度上有鼓励严谨求实的政策，有防止科研不端行为的机制和措施"。

2004 年 12 月，为表彰朱光亚对我国科技事业特别是原子能科技事业发展作出的杰出贡献，国际小行星中心和国际小行星命名委员会批准将我国国家天文台发现的、国际编号为 10388 号的小行星正式命名为"朱光亚星"。

正如在获得"感动中国"2011 年度人物时，组委会给朱光亚的颁奖辞所说："人生为一大事来。他一生就做了一件事，但却是新中国血脉中，激烈奔涌的最雄壮力量。细推物理即是乐，不用浮名绊此生。遥远苍穹，他是最亮的星。"

（朱明远、陈如标综合有关资料整理，丁坤善修改）

参考文献

[1] 杜祥琬. 战略科学家朱光亚 [M]. 北京：原子能出版社，2009.

[2] 奚启新. 朱光亚传 [M]. 北京：人民出版社，2015.

[3]《风范长存天地间》编辑组. 风范长存天地间：朱光亚同志逝世一周年纪念文集 [M]. 北京：人民出版社，2012.

[4] 朱明远. 细推物理须行乐：核物理学家朱光亚的故事 [M]. 北京：科学普及出版社，2017.

蒋锡夔
唯实求真的有机化学家

蒋锡夔（1926年9月—2017年8月），有机化学家，中国科学院院士。致力于有机氟化学、自由基化学、单电子转移和亲卤反应、反应机制和新型反应、微环境和溶剂效应、疏水－亲脂作用分子聚集体化学等方面的研究。特别是对有机分子的簇集和自卷现象，以及对自由基化学中的取代基自旋离域参数的建立和应用两个方面的研究有杰出贡献。先后多次获国家自然科学奖，2000年获何梁何利基金科学与技术进步奖。

"我们决不能说：'这条定律是正确的，因为它是爱因斯坦说的。'我们只能说：'爱因斯坦所说的这条定律是正确的，因为它已被某某、某某等科学家的实验所证明。'"

这是我国著名有机化学家蒋锡夔在日记中写下的一段话，这也是他科

科学家精神 求实篇

研工作中一直秉持的唯实求真原则。

初露治学精神

蒋锡夔出生在上海一个富裕的书香家庭,父亲蒋国榜是一代国学泰斗马一浮的得意门生,母亲冯乌孝是浙江省女子师范学校首届毕业生,并留校做教师。蒋锡夔家教森严,受祖母和父母的教育和熏陶,自小便树立唯实求真、刻苦钻研的学习态度。

读书时,蒋锡夔独立思考、客观求实的品质就显现出来,对待课本知识和课外读物,他总从不同角度去独立思考,从不照搬照抄。高中时,他曾在一篇题为《读书偶感》的作文中写道:"今天看到《老残游记》第十四章中有几句话道:'天下大事,坏于奸臣者十之三四,坏于不通世故之君子者,倒有十分之六七也。'不觉有些诧异,因为奸臣是有利己之心的,他们只要自己快活,人民的苦痛根本不关他们的事。而不通世故的君子又没有利己之心,怎样十分之六七的事倒坏在他们的手里呢?

后来细细想想,他的话却的确不错。孟子有句话叫作'尽信书,则不如无书',又记得第九章里玙姑所说'只是儒教可惜失传已久',那么这般不通世故的君子们,读书只会死读,不会举一反三,所读的又是曲解的道理,况且这般人最喜自大自信,曲

解了诗书还要随口诗云、子曰的。叫他们做官，天下大事，十之六七是要坏在他们手里了。因此我想读书不可死读，更不可曲解，更不可完全相信书上说的，读书贵疑就是这个意思。"

这篇作文反映出蒋锡夔青年时就已经形成的独立思考、求真求实的习惯，受到了当时国文老师的褒奖。树立求真求实的人生观，是青年时代蒋锡夔的思想境界得到进一步升华的重要标志，也正因为如此，他才能在以后的科研道路上有如此多的成就。

坚持客观判断

蒋锡夔的本科就读于上海圣约翰大学化学系，教学大纲要求每个学生在大学四年级时完成一个专题报告，因为曾经读过美国著名化学家鲍林的《共振论》一书，并且对其理论很感兴趣，蒋锡夔便选择了鲍林的"共振论"作为报告内容。共振论是由鲍林在20世纪30年代初提出的一种分子结构理论，他认为，分子的真实结构是由两种或两种以上的经典价键结构式共振而成的。这个理论适用于讨论像苯这样不能用经典价键结构表示的分子结构，其优点是可以利用电子式对电子离域化系统中电荷的分配位置等进行定性的描述，应用起来相当方便，且实用性强。在专题报告中，蒋锡夔主要根据鲍林发表的最新理论来解释苯环的结构。

然而，在当时的化学界中，很多专家和学者对此持否定意见，他们认为鲍林的共振论有很强的主观任意性，是唯心主义和形而上学的。专题报告的主持老师陶桐教授就是"结构不可知"旧理论的支持者之一，同样不认同鲍林的新理论。虽然蒋锡夔的报告论证严密，但最终只得到了B等成绩。老师的否定并不影响蒋锡夔对该理论的判断，他曾经说过，"我爱我师，我更爱真理"，他一直坚持自己深入思考并验证的观点，认为鲍林所发表的最新理论是正确的。

质疑国际权威

1948 年，蒋锡夔赴美国西雅图华盛顿大学化学系攻读研究生学位，在道本教授的实验室中研究当时物理有机化学领域的前沿问题——环辛四烯类分子的芳香性研究。为了日后有回国机会时能及时脱身，蒋锡夔放弃了伊利诺伊大学化学系科汀教授提供的博士后职位，进入一家规模很大的跨国化工公司——Kellogg 公司作研究员。

蒋锡夔的第一个重要科学发现就完成于 Kellogg 公司。1953 年，Kellogg 公司研发部邀请当时著名的有机氟化学家、美国康奈尔大学化学系米勒教授到实验室作学术报告。米勒是浓缩铀的氟氯烃聚合物的发明者，在"曼哈顿计划"中起到关键作用，是一个享誉世界的化学家。在作报告时，米勒提出，四氟乙烯等全氟或多氟烯烃由于其缺电性不能发生亲电加成反应，只能与亲核试剂反应。

面对当时的学术权威，年仅 27 岁的蒋锡夔也依然本着求真求实的态度看待，听完报告，他对米勒这一论断的绝对性表示怀疑。他认为，这一论断在大多数情况下是正确的，但是如果用一个亲电性更强的试剂去进攻全氟或多氟烯烃，全氟或多氟烯烃就有可能表现出富电性特征，发生亲电加成反应。为了证明这一点，蒋锡夔详细地设计了实验方案，并且向公司研究主管提出了发明申请，得到上级部门的同意后，便立即展开实验。由于 Kellogg 实验室当时没有四氟乙烯，所以他选用强亲电性的三氧化硫与三氟氯乙烯反应，很快就在实验室实现了三氟氯乙烯与强缺电性试剂三氧化硫发生亲电加成反应，得到加成产物三氟氯乙烯磺内酯，这个结果与设计方案中预期的结构完全一致，验证了他的推测，这一发明于 1965 年正式获得美国专利授权，后来被收入有机合成方法中，并被广泛应用于氯碱工业和高性能表面活性剂的合成。

1990 年，我国有机化学家戴立信院士和计国桢研究员在为《科学家传记大辞典》撰稿时对这一发明给予了高度评价，并且对蒋锡夔写下评价："蒋锡夔在研究工作中不墨守成规，不受已有文献或他人工作的约束，从对有机化学规律性的了解及反应机制的概念出发，创造性地提出一系列研究课题，这一特点为他以后在科学事业中所取得的一个又一个成就所证明。"

蒋锡夔在 Kellogg 公司开展的另一项研究工作是合成用于特种聚合物生产的某种单体。在查阅相关资料时，蒋锡夔发现可以从对二甲苯衍生物中通过高温热解来制备类似的单体。据此，蒋锡夔设计了一条类似的路线在高温条件下进行热解。这条路线涉及从萘合成出一个中间体，杜邦公司的沃克等研究人员在早期的《美国化学会志》上曾两度报道了这个反应。沃克在报道中提出，该反应得到产物的熔点是 229 ℃。但是蒋锡夔在试验中却发现，该反应所得到的产物在 180 ℃时就开始熔化了。发现这一"异常"现象后，蒋锡夔立即进行了多次重复试验来验证这一产物的真实熔点，得到的始终是不同于沃克的反应结果。因此蒋锡夔推断，沃克得到的产物可能并不是他提出的结构，而是该产物的异构体。但是蒋锡夔从不轻易下结论，为了证明这一推断，他继续进行了详细周密的试验，最终证明了这一假设。

这些研究工作，都反映了蒋锡夔的科学思想观，即认真客观地了解和掌握前人所做的工作，以求真求实的态度对待各项结论，思考求证后方得认可。蒋锡夔始终认为，从事科学是为了追求真理，在科学研究中，除了要有扎实的理论基础，还要有自己的独立思考，不能墨守成规，也不能依赖权威的结论，只有这样才能做出创造性的工作。

修正卡宾研究

1955 年年底，蒋锡夔回到阔别 7 年之久的祖国，被分配到中国科学院化学研究所工作，进行氟橡胶的研制及基础理论方面的研究。20世纪50年代后期，一种含二价键的电中性化合物成为各国科学家们研究的热门。刚进所不久，蒋锡夔就详细地查阅了这种化合物的相关资料，发表了国际上第一篇有关该化合物研究的系统性的综述论文，并提出这种化合物的译名"卡宾"。

当时，国际卡宾化学研究领域的权威之一闻兹里克撰文报道称，双[1，3-二苯基-2-咪唑烷叉]是一个"亲核卡宾"的前体，且就目前所知，此体系之化学反应，几乎全部为卡宾机制（只有一个例外）。对卡宾有系统研究的蒋锡夔对该报道持怀疑态度，他立刻开展了双[1，3-二苯基-2-咪唑烷叉]与卤代烷反应的研究工作。

经过不断的实验，蒋锡夔用实验结果证明了这一反应的原理是自由基机制而不是卡宾机制。在研究过程中，他还发现一些被认为可能按照卡宾机制进行的反应实际上是以其他途径进行的，而一些按照其他机制进行的反应在发表的文献中却被冠以卡宾机制进行研究和解释。1965年，蒋锡夔将这一结果发表在《化学学报》上。在文章中，他指出"新的概念，开始时往往不易得到普遍的接受或应用。但自普遍接受以后，又可能被一部分人过分强调。卡宾概念的发展，似乎也经历了这样一个过程。在过去若干年中，一方面继续有人用卡宾概念更好地解释了某些'老'的反应；另一方面，也有人一时'过于热心'地利用了卡宾的概念。"

后来，他与陈庆云等一起研究了双[1，3-二苯基-2-咪唑烷叉]和全氟羧酸的反应，结果发现，此反应也是按照自由基机制进行的。

可以说，蒋锡夔是国内最早关注并开展卡宾化学研究的科学家之一，得益于严谨客观、唯实求真的科研态度，他及时地修正了卡宾研究中的偏差和错误，为规范卡宾研究作出了不可或缺的贡献。

坚持"三严""三敢"

蒋锡夔不仅以严谨求实的治学标准要求自己,在学生教育上,也以真为本,要求每个学生严格遵守实验操作规范,实验数据必须得到严谨的验证后才能发表,每项实验测试的误差必须控制在最小范围之内。他欣赏敢于与老师"顶撞"的学生,常常教育学生不要盲信权威,要敢于创新,敢于坚持科学真理,敢于自我否定。正是凭借这种独立思辨、求真求实、理性质疑、严谨求证的科研态度,蒋锡夔才能带领着课题组在物理有机化学前沿领域做出一系列被国际化学界公认的突破性成果。

多年来,蒋锡夔在科研工作中始终坚持"三严"和"三敢"。所谓"三严",即严肃的工作态度、严密的思想方法、严格的工作方法。所谓"三敢",即敢于设想、敢于坚持观点、敢于否定自己。蒋锡夔认为,"三敢"是建立在"三严"的基础上的,科研人员既要有坚持真理的决心,也要有自我否定的勇气。对于科学研究中的新发现,寻找支撑与旁证是一方面,更重要的是不要忘记去怀疑它,设法设计实验去考验它,甚至去推翻它。此外,蒋锡夔还提出了"有机整体、动态多因素分析"的思想,并贯彻落实到自己的科研工作中。他认为,运用全部已知的、正确的基本概念和信息,对某一个问题或事实进行客观的、动态的、多因素的辩证分析是科研工作中的关键。

(撰稿:赵敬茹)

参考文献

[1] 史炎均. 真善合美:蒋锡夔传 [M]. 上海:上海交通大学出版社,2016.

陈俊武

精益求精
开创催化裂化新方法

> 陈俊武（1927年3月—），石油炼制工程专家，中国科学院院士。在炼油工艺的理论领域首先提出了用平衡元素进行催化裂化物料平衡的理论和设计方法，并为中国炼油行业培养了大批高水平的科研、设计专家，为中国催化裂化工程技术的进步作出了开创性贡献。先后获国家科技进步奖3项，2019年荣获"时代楷模""最美奋斗者"称号。

1927年3月，陈俊武出生于北京，在那个时局动荡的年代，陈俊武的家人终日都在为家计奔忙。少年时期的陈俊武，性格内向安静，喜爱独处和思考，对周围的一切都充满了好奇。1938年，为了不在日本奴化教育下学习日语，陈俊武就读于学习英文的教会学校，在努力补习英语的过程中，陈俊武逐渐有了自己融会贯通、活学活用的学习方法和习惯。1944年，陈俊武参加了北大工学院应用化学系和北师大医学院药学系两场入学考试，最终选择了北大，开始了他为之奋斗一生的事业——

化学工程。

化学工程是研究化工业生产的工程理论，是兴起于 20 世纪 20 年代的新学科，新的领域给陈俊武带来了新鲜感，他也深信，这正是将来可以用于民族工业振兴的实业科目。陈俊武坚持自学、努力钻研，痴迷而刻苦地扑在图书馆、实验室和课堂之中，陈俊武的大学四年，融进了书本和笔记，就像他自己所说："科学的真理把我诱惑得太苦了，生命的意义全寄托在没有生命的分子、原子上了。"他在北大期间，已经磨炼出一种钻研和献身精神，让他将来在任何领域中，都能成为卓越的专家。

心系石油，炼油厂初露锋芒

1946 年，陈俊武的班级组织到抚顺参观，陈俊武第一次看到了日本人留下的炼油厂，即使已经破败停用，这里先进的设备也给他留下了深刻印象。中国石油工业落后、处处受制于人的窘况对他产生了巨大冲击，他当时心中便立下志愿：挽弓当挽强，一定要投身石油工业，用己所学为国家和民族振兴贡献力量。

新中国成立之初，炼油工业基础极其薄弱，可谓一穷二白。新生的国家急需"黑色的血液"为发展注入生机。陈俊武告别了福州的亲人，和母亲一起北上，放弃了留在工业之都沈阳，坚持要去抚顺，他一直心系曾经参观过的那个炼油厂，最终如愿，来到了心心念念的第二化学厂工作。此时，正值中央对人造石油大力开发的阶段，化工专家顾敬心带领一批化工毕业生，和陈俊武一起，组成了修复石油工厂的团队。

陈俊武被分到设备和工艺较简单的变换车间，因而有了许多去其他车间学习的机会，在这里，他向老工人和技术人员请教没学过的机械材料知识。在修复旧厂的工作中，大家面临着库存变换催化剂能否使用的问题，陈俊武等人用紫铜管制作了加热器和反应器，用甲醇分解制造一氧化碳，

科学家精神 求实篇

实验证明了库存的催化剂仍然具有良好的活性,能够继续投入使用。面对新的课题,陈俊武总能从实际出发,通过不断实验解决问题,并用实验结果证明观点。工厂正常开工后,陈俊武发现,蒸汽和水煤气的混合主要由蒸汽喷射器完成,抽力很大,不需要让全部蒸汽通过,这一现象说明水煤气鼓风机在不供电的情况下也有可能自动运转。他立刻和工人们商量实验,关闭蒸汽旁路,发现只靠抽空器,鼓风机和车间其他设备都可以正常运转,这样的操作为全车间节省了大量的电,陈俊武的这项技术革新在全面推行增产节约运动的当时,成为轰动的新闻。陈俊武的创新,离不开他从实际情况出发,亲力亲为地参与到实业制造过程中去,也离不开他发散的思维和对这项事业的热爱。

这次之后,陈俊武又接到了把蒸馏车间切割出来的汽油馏分进行稳定化处理的任务,就是用蒸馏将石油中的成分按沸点分离,再冷凝得到若干具有不同沸点的馏分,陈俊武要做的,就是去除其中的液化石油气成分,使之成为闪点合格的汽油产品。为了完成这项工作,陈俊武对蒸馏车间的设备和运转情况进行了细致的观察和了解,发现蒸馏加热炉炉管是按照单管程布置的,汽化后流动阻力很大,他结合苏联的《加热炉计算》,提出了将炉管分为两管程的构想。改造实施后,炉管的压降大为降低,处理能力提升,蒸馏车间的加工能力也因此提升了20%。

陈俊武并未陶醉在成就与赞扬声中，而是清醒地总结反思，他认为，深入生产实践，细致观察，才能发现关键问题，从而分析解决，无论是创新还是生产工作，都必须从实际出发。正是这种求实精神，让陈俊武一直脚踏实地，深入调查研究，掌握实际信息。这些经验成为陈俊武一生从事科技事业的思想基石，也是他取得成功的秘诀。

技术攻坚，优化催化裂化设备

新中国成立之初，炼油工业基础薄弱，对石油重质馏分的加工，20世纪40年代以前多采用热裂化技术，40年代在热裂化的基础上产生了催化裂化工艺，开发了移动床技术，使用小球催化剂，这种方式设备体型大且效率低，50年代建成的兰州炼油厂，所用的技术就是移动床技术，在国际上也属于较为落后的水平，与先进水平有近15年的差距。这种状态激励了陈俊武革新技术、提高产能的决心，珍贵的石油资源不能因为落后的技术而被浪费，不能一直让技术命脉捏在别国手中。

50年代后期，苏联研发了IA/IM型催化裂化装置，但并未实现产业化，美国催化剂密相输送的Ⅳ型两器并列式流化催化裂化技术成功运行，这种装置全球仅有30套，技术十分先进。1960年，中国与古巴建交，陈俊武受邀出国考察古巴炼油厂，在这里见到了新型的催化裂化生产装置，更见到了比苏联的"S型"塔盘更加先进的"舌型"塔盘。回国后，研究新设备的计划立刻提上日程，陈俊武和李树钧共同负责催化裂化生产装置。当时，流化催化裂化、铂重整、延迟焦化、尿素脱蜡及相关的催化剂和添加剂，这5个炼油技术中关键的攻关任务被称为"五朵金花"，而实际上，它们并不如金花般灿烂，而更像是五座难以逾越的高山，横在各位技术人员的面前。困难是显而易见的，面对这一等同于"无中生有"的技术要求，陈俊武拥有的只有出国考察时为数不多的图纸与资料，此时又逢中国的

科学家精神 求实篇

自然灾害时期，饥荒使得工人与技术人员们要在吃不饱饭的情况下持续工作，即使如此，也没有人放弃。

仅仅是解决一个高灵敏度双动滑阀的设计问题，面对的参考资料只有一张简单的图纸，这背后，需要设计出十几张详图，而这又只是千百个问题的其中之一，要制成这套装备，还需要无数的设备、仪表、阀门、管线等，每一个步骤和零件，都必须保证万无一失，这是大家心血的凝结，也是我国炼油业的希望。1963 年，1000 多张图纸全部完成，陈俊武再一次去古巴考察，在这里，他赶上了大检修，亲眼见到了反应器和再生器的内部结构、旋风分离器的内部磨损情况，以及椎体插入深度这些精密的细节信息，也见到了一些专用于检修的工具与机械。参观时，陈俊武处处留心，不肯放过任何一个细微之处，全神贯注，手不离笔，并将这些资料分析整理成分门别类的现场记录。

1965 年，一切准备工作就绪，我国第一套流化催化裂化装置的制造正在紧锣密鼓地进行着，作为这套工程的总工程师，陈俊武每一项事务都力求亲力亲为。对于硅铝微球催化剂的购买，陈俊武驳回了使用移动床催化裂化小球催化剂经过磨粉过筛后的粉剂来避免催化剂"跑损"的方案，坚持主张直接进口新鲜催化剂。对于大家提出的建议，陈俊武也会在会议上一一研读讨论。历时多年，无数技术人员和工人们的呕心沥血终于迎来了收获的时候，同年 5 月，我国第一套自行设计、自造设备、自行施工安装的流化催化裂化装置投料运行，一切都非常顺利，投料、运行、持续生产，高品质汽油从管道中流出，质检合格。

我国的炼油工业技术一大步跨过二十年，从落后世界到领先国际，陈俊武作为这项事业的总工程师，他的坚韧奉献、不怕吃苦、虚心学习，以及对细节的追求，都是取得这项成就的重要原因，然而最关键的，是他身上那种务实的工作态度和坚定信仰，相信中国有能力做到世界领先，并身体力行地投入这一事业中去，事无巨细，亲力亲为。

不断超越，催化裂化技术革新不停歇

"文化大革命"结束后，我国的原油加工业出现了新的问题，原油产量剧增，炼油厂加工能力不足，难以全部消化，干脆直接烧原油发电，造成了极大的浪费。对此，陈俊武等人反复商议，提出了蒸馏-催化裂化联合装置的方案，将两个操作设备合二为一，用高温反应油气将蜡油在分离塔上直接拔出，省去常减压蒸馏装置，简称"一顶二"，这项方案很快得到批准。由于这项技术十分复杂，且没有前例的资料可供参考，陈俊武只能结合理论和局部实验观测结果来设计设备参数。在试运行阶段，出现过催化裂化产气过多、加热炉口温度过低等各种细节问题，都被一一克服，最终，"一顶二"工艺技术取得了成功。虽然由于多种原因这一技术未能得到持久应用，但这次技术创新，说明我国有能力应对各种环境局势下所产生的危机和突发情况，是陈俊武等一批炼油业技术人员的支撑，才让我国的原油实业屹立不倒。

在我国炼油技术进步的同时，国外的有关领域也在进行着创新和突破，所以，要想始终处在国际前端，就必须不断努力、不断创新、不断实验，此时此刻，更需要建设炼油试验场，对新工艺和设备进行试验。

在炼油试验场的建设过程中，陈俊武形成了一张能够获取全球炼油工业新技术、新工艺的信息网络，并从中国的实际情况出发，思考着这些信息如何应用于我国炼油业的改革与创新。陈俊武发现，国外已经研发了活性很高的分子筛型催化剂，反应器可采用高空速操作，床层反应也已经发展成管道反应，用提升管来实现。在陈俊武的指导下，炼油试验场的催化裂化装置采用了提升管反应—再生的新工艺，明显提高了反应选择性和轻质油收率，反应时间也大大缩减，效率和性能大幅提升，这说明我国的炼油工业技术已经达到了新的高度。针对这种新工艺反应时间短的要求，需要提升反应管的高度，陈俊武将原装置的两器同高度改造成了一高一低，简称"高低式"，又完成了一项技术创新。此外，催化裂化装置中旋风分离器的革新问题也引起了陈俊武的关注，他拒绝持续进口，坚持自主创新研发，利用到罗马尼亚考察的机会，详细了解知名厂家 Buell 公司的产品结构及参数，在此基础上领导设计了带旁路的 B 型旋风分离器。

工业技术的革新并不是某个阶段的事，而是需要一直持续的工作。在炼油业所需要的催化裂化装置的革新过程中，此类的小项目不计其数。陈俊武不放过任何一个小的创新点，关注每一个可以提升机械效率和性能的空间，投入了极大的精力和心血，凭借着自己的事业心和责任感，一点一滴地努力着、探索着，最终建成中国原油实业的辉煌堡垒。

陈俊武的一生都心系炼油业，每次技术上出现了新的难题，他都会持续不断地思考，直到得以解决。例如，在就餐时面对桌上的红烧鲤鱼，想起鱼与熊掌的故事，立刻联想到新型催化裂化装置设计中同轴式构型和高效再生工艺难以兼得的问题，突然豁然开朗，想出了另辟蹊径的新思路："快速床与湍流床气固并流串联烧焦"的方案，即将同轴式和烧焦罐接在一起，扬长避短，这项看似天马行空的构想被陈俊武化作一个个公式、一张张图纸、一次次集思广益的讨论会，伴随着压力和风险，最终得以建成投产。

陈俊武看上去是一位平静儒雅的学者，实际上，他的内心是一片大海，每当遇到与炼油业相关的问题时，就会掀起万丈波涛。他半个多世纪投身炼油业，呕心沥血，孜孜不倦，脚踏实地，为的是振兴中国石油工业，为的是从根本上让中华民族的腰杆硬起来，而他的成就，离不开聪慧的头脑、勤奋的努力和脚踏实地的求实作风，没有一次次深入车间的观察，没有一次次精细的记录分析，没有在实践中增长见识，就不可能做出一次又一次的革新，就不可能立足于特定的情况而给出别出心裁的处理方式。

陈俊武是一位科学家，同时也是一位最朴素的技术工人，是他的亲力亲为和脚踏实地，造就了他的创新与进步。

（撰稿：罗依然）

参考文献

[1] 张文欣. 中国科学院院士传记：陈俊武传[M]. 北京：中国石化出版社，2018.

鲜学福
攻坚克难
保障国家能源安全

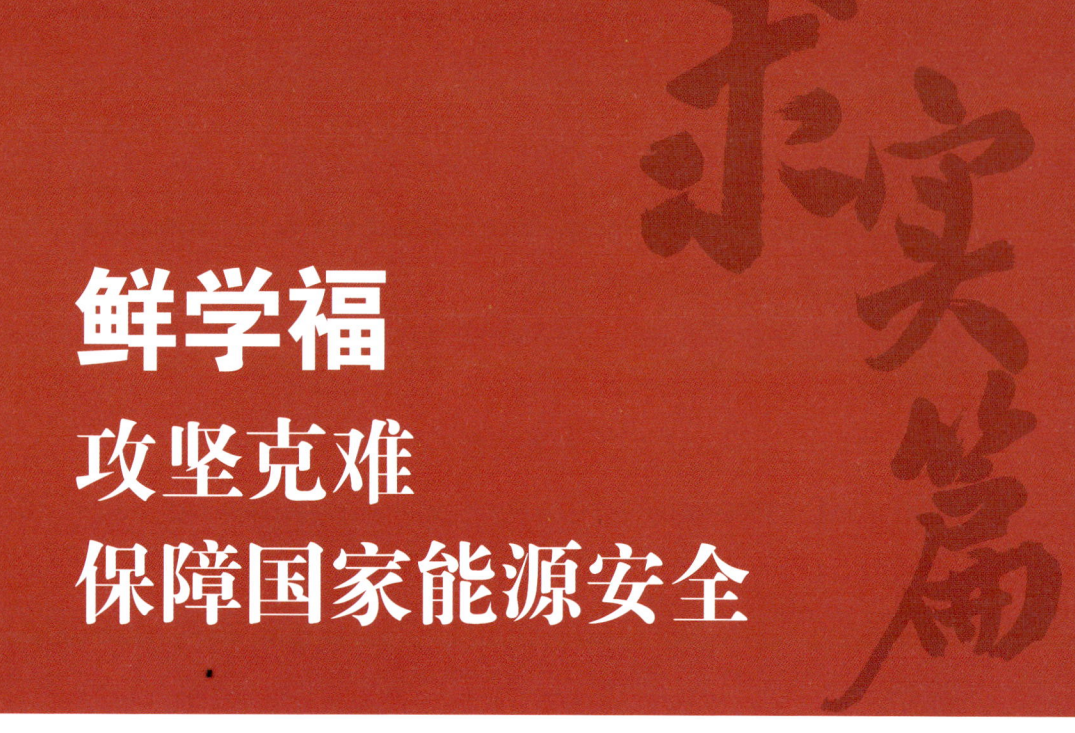

鲜学福（1929年1月—），矿山安全技术专家，中国工程院院士，煤层瓦斯（煤层气）基础研究的开拓者。长期致力于矿井煤层气理论及其工程应用的研究，通过理论和实践验证解决了国际上有争议的瓦斯吸附键问题，建立了煤与瓦斯突出潜在危险区预测的力学方法。先后获国家科技进步奖3项，2019年荣获"庆祝中华人民共和国成立70周年"纪念章及"最美奋斗者"称号。

1949年，鲜学福考入四川省立教育学院数学系。1950年，为了国家需要，他改学工科，重新报考大学。

1955年，在毕业分配登记表上，他在最后一栏志愿栏里郑重写下"终身献身煤矿事业"。今天看来，他实现了当初的诺言。

改革开放以来的40年，鲜学福一直紧盯国家能源需求，为我国矿山安全技术及工程领域、矿井煤层瓦斯开采理论及工程应用等领域的研究作出了巨大贡献。

敢为人先　在国内率先组织攻克近距离保护层开采及瓦斯抽采国际性难题

20世纪60年代，国家经济建设急需能源方面的工程技术人才，鲜学福被派赴苏联留学，学习苏联当时很热门的水力采煤技术。就在鲜学福学成归国准备大展拳脚的时候，苏联的水力采煤技术因其固有的缺陷在国内已逐渐被淘汰，水力采煤矿井所剩无几，这几乎让他赴苏联所学技术毫无用武之地。

但随着煤矿安全生产问题日益突出，特别是煤与瓦斯突出和瓦斯爆炸成为煤矿安全生产最大的拦路虎。鲜学福看在眼里，急在心里。由于当时中国在治理煤与瓦斯突出时，基本上都是照搬苏联经验。鲜学福说，苏联的斯可琴斯基院士，曾总结出最有效的手段是在有突出危险煤层的上（或下）部先开采保护层来保护突出层。当用层间距60米以下的上保护层和层间距10米以上的下保护层开采危险层时，整个开采阶段都将受到保护，同时指出，由于开采保护层将造成邻近卸压层向保护层涌出大量瓦斯，为此要进行打钻预排瓦斯，并加以利用。当时重庆的南桐、中梁山煤矿下保护层开采都面临层间距小于10米的保护层开采问题，而近距离开展保护层开采风险系数极大，国外也尚无成功先例，可否突破外国的经验？

带着这个挑战，鲜学福开启了他学术生涯的第一次转向。20世纪60年代初，他组织重庆大学采矿系在南桐矿务局开展保护层开采防治瓦斯灾害方面研究的老师，开展了近距离保护层开采及瓦斯抽放方面的研究。终于在60年代中期，鲜学福组织的科研小组经过坚持不懈的试验，最终取得技术突破，在重庆南桐矿务局成功实施了近距离开采保护层抽放瓦斯的工程实践，攻克了近距离开采保护层抽放瓦斯这一具有极大风险的国际性难题，使我国成为世界上最早实践近距离煤层保护层开采及瓦斯抽放技术的国家。

此后，又在此基础上与博士生孙培德合作研究建立了开采保护层双层和多层系统越流的固气耦合渗流计算方法，并解决了邻近层有效保护范围的划分问题。在20世纪70年代，鲜学福就提出煤层中的瓦斯不仅是致灾因素，也是一种较洁净能源和资源的学术观点，使我国煤矿瓦斯安全工作重点逐渐由治理措施转化为防治结合，采煤前先对瓦斯进行抽采，化害为利，从源头上对瓦斯灾害进行防治，并对瓦斯资源加以利用。

鲜学福和他的团队在煤与瓦斯突出灾害的防治方面开展了大量理论和实践研究，其分管的项目在1978年召开的全国科学大会上获奖。

探幽入微　解决煤与瓦斯突出机制研究的国际争议

1978年3月18—31日，党中央、国务院召开了规模盛大的全国科学大会，明确了"科学技术是生产力"的马克思主义基本论断，打开了解放思想的先河，确立了尊重知识、尊重人才的根本方针，迎来了中国历史上灿烂的科学的春天。

对此，鲜学福感同身受。和全国众多科技工作者一样，鲜学福学术和教学生涯中的黄金时期，就是从这个春天开始的。1978年以后，鲜学福得以全身心地投入中断多年的煤与瓦斯突出灾害防治研究中。

对于瓦斯抽采工程实践及煤与瓦斯突出机制的研究，厘清甲烷分子与煤表面分子的相互作用机制至关重要。20世纪80年代末到90年代初，国际上对这一问题尚无定论，多数学者认为甲烷分子与煤表面分子之间的作用力为范德华力，但也有少数学者，如爱丁格尔、陶尼克等提出，在较大的压力条件下，它们之间可能存在化学键，且一般是亚稳态的。

鲜学福　攻坚克难　保障国家能源安全

为解决这一学术争议，1984—1995年，鲜学福院士打破学科界限，率先开展学科交叉研究，吸纳化学学科的学生加入团队，采用X射线散射、红外光谱、CT扫描技术多种表征测试手段，从分子水平上研究了甲烷在煤中的吸附（解吸）过程，掌握了煤表面与甲烷分子相互作用势的大小、分布，以及吸附态的特征和实验测定，得出非极端条件下煤与甲烷的相互作用力为范德华力。

在当时的条件下，虽然可用于分子与固体表面相互作用研究的实验技术很多，但都无法用于对甲烷与煤吸附体系的研究，考虑到采用同位素取代（氘代氢）后可克服煤中C—H键的影响，鲜学福带领团队尝试了用现场低温红外光谱对甲烷在煤中吸附进行实验测定。结合量子化学计算方法和现场低温红外光谱实验对煤表面与甲烷相互作用的研究，得出甲烷与煤表面的相互作用是各向异性的，当甲烷在煤核表面呈正三角锥重叠式吸附时能量最低，相互作用势最大，在此基础上也得出甲烷与煤表面分子之间的作用力属于范德华作用力，吸附过程为物理吸附，从理论和实验上解决了尚有争议的甲烷与煤表面作用的吸附键属性问题，为煤与瓦斯突出机制的研究及瓦斯抽采技术的开发奠定了坚实的基础。

另辟蹊径　建立煤与瓦斯突出灾害预测新方法

据资料记载和不完全统计，从1834年法国鲁阿雷煤田依阿克矿发生第一次煤与瓦斯突出以来，世界上有包括中国在内的20多个国家发生了4万次左右煤与瓦斯突出灾害，最大的两次为1969年发生在苏联顿巴斯加加林矿的突出（突出煤量14 000吨，瓦斯量250 000立方米）和1975年发生在中国重庆天府三汇一矿的突出（突出煤岩量12 780吨，瓦斯量1 400 000立方米）。长期以来，世界各国众多科学家开展了对这一科学问题的研究，特别是俄罗斯和中国，在突出的防治方面已经取得了一定成绩，但煤与瓦斯突出灾害现象仍时有发生。

在鲜学福看来，煤与瓦斯突出，实际上是一种矿山工程地质灾害，它的防治包括了要阐明突出发生的机制，找到其预测预报方法，开发出其监测手段和制定出与其对应的防治措施，其中最核心的科学问题是机制与预测，而关键技术难点也在这里。这一核心问题的研究不仅涉及地质与工程科学，还涉及与它们相关的物理、化学、力学和数学等学科。

对煤与瓦斯突出潜在危险区的预测在瓦斯灾害防治中至关重要，长期以来，对这一问题的研究大多停留在定性研究阶段。煤矿生产的实践表明，煤与瓦斯突出具有区域性和成带性，而发生煤与瓦斯突出的区域多数就位于一个矿井的地质构造变动带。为探究该现象发生背后的原因，鲜学福带领团队从力学的观点出发，认为该现象的发生，可能是与地质构造带煤岩层的几何形态发生了变化有关，同时也与地质构造带中煤岩体的物理力学性质发生了相应的变化有关。

鲜学福认为，只要在矿井建设前和生产期间能取得较为详细的地质资料，按力学的思路进行地应力测试，并有针对性地获取煤岩物理力学性质，就可以用力学的数值方法来进行矿井煤与瓦斯突出潜在危险区的预测。

基于该思路，鲜学福提出了一种利用凯塞尔效应测地应力的方法，用该实验方法证明了复合岩石和含瓦斯煤的应力应变规律与单一岩石和煤具有一致性，为数值计算含瓦斯复合煤岩本构方程的选择提供了依据。基于实验结果，在德鲁克－布拉格强度准则的基础上，建立了充瓦斯煤岩断裂破坏的应力强度和应变强度准则，并提出了用稳定性系数来划分突出潜在危险区的方法。

在研究中，鲜学福从不满足于一般性的理论推导，不管这种推导在逻辑上有多严密，仍要通过数值计算及与室内实验、现场应用结果进行比对，反复验证。基于此，鲜学福将提出的这种煤矿井工开采预测煤与瓦斯突出潜在危险区的方法在重庆南桐鱼田堡煤矿、砚石台煤矿、水江煤矿、四川芙蓉巡场煤矿、绿水洞煤矿和河南平顶山八矿等多座煤矿进行了应用，证明了发生突出的区域与预测结果具有很好的一致性，验证了方法的可靠性。

引领前沿　在国内推进了国际上首次超临界二氧化碳压裂现场试验

在科研的道路上，鲜学福永葆一颗求索求真之心，始终关注学术前沿并保持敏感性。21世纪，针对我国天然气对外依存度越来越高，严重威胁我国能源安全的问题，结合重庆作为全国页岩气开发主战场的地缘优势，鲜学福带领团队把科研重心转向了页岩气开发领域，在国内较早地开展了页岩气开发的研究。

针对我国页岩气地质赋存条件，以及传统水力压裂存在的水资源消耗量大、环境污染问题突出等问题，2009年，鲜学福推进了与国内外科研单位合作，并创新性地提出了超临界二氧化碳强化页岩气开发及地质封存一体化的学术思路，即利用超临界二氧化碳代替水作为压裂液改造储层，同时置换页岩气，提高采收率，并最终实现二氧化碳的地下封存。基于该思路，他推荐申请的"超临界二氧化碳强化页岩气高效开发基础"973项目成功获得立项，目前基于该方面的研究，已成功实施了国际上首次超临界二氧化碳压裂现场试验，为我国页岩气高效开发和二氧化碳大规模减排提供了重要支撑。

在鲜学福看来，科研人员必须秉承客观中立的态度，求真求实。近年来，针对页岩气大规模开发存在潜在的环境及地质灾害风险问题，他多次呼吁科研人员应该秉承客观中立的态度对该问题加以研究，基于科学事实为页岩气开发过程环境风险及灾害防控提供依据。

在科研和学术的道路上，鲜学福始终保持谦逊谨慎的作风，他认为每个人都有自身的局限性，不可能样样都懂，样样都精。对于不是自己研究领域的问题，他从不轻易发表意见。曾有研究人员邀请鲜学福为自己的著作写序，因该书不是他的研究领域，鲜学福以无从对书籍的科学性和严谨性做判断为由婉拒，但随后又专门引荐了专业的教授为该研究人员作序。

参加学术会议鲜学福也有自己的原则，他只参加和自己研究领域相关的会议，如果要作学术报告，对报告内容他会反复推敲，涉及的相关数据会反复核实，且报告内容绝不与之前的重复，同一报告不会讲两遍。

躬耕杏坛　立德树人桃李芬芳

1956年，鲜学福到重庆大学任教，60多年来，培养了一大批优秀学子，这些学生中不仅有院士、中央委员、省部级官员、厅局级官员，还有各条战线的学术和技术骨干。

"这里最好的学风就是踏实，这一点很重要，科学就是实事求是，而实事求是就要求我们踏踏实实地干。我们送出去的学生也总能得到这样的评价。"鲜学福对此感到骄傲。

鲜学福　攻坚克难　保障国家能源安全

到 90 岁高龄，鲜学福依然还在精心辅导学生，他修改的论文，每一页都布满了铅笔写下的修改批注，大到结构调整，小到标点符号，有的地方还有橡皮擦反复擦拭的痕迹……这些痕迹表明，每一处修改和批注都是鲜学福反复斟酌后写下的。

鲜学福说："青年一代是我们国家建设的接班人，老师对他们的培养，除传道授业外，就是事事处处都要以身作则，为他们树立榜样，也就是身教要重于言教。"

位于重庆大学采矿实验大楼的办公室是 1999 年鲜学福当选院士时装修好的，被隔成了秘书的工作间和他的书房。书桌上放着陈旧的眼镜盒和用了半截的铅笔、橡皮，草稿纸的正反面都写满了笔记，字迹极为工整。

这间办公室不大，门牌也被鲜学福叫人取了下来。"鲜老师不让装，这样可以少些打扰"，秘书说。屋里大部分空间都被书占据了，就连办公桌旁的窗台上，都垒着高高的旧书。

十几年前，鲜学福听说重庆大学图书馆在清理旧书，立即请了两个人去挑了两担旧书回来。这些旧书，大都是俄文专业书籍。鲜学福年轻时的许多积淀与灵感，都来源于这些旧书。之所以把这些旧书找回来，是因为鲜学福觉得里面还有可供学习的内容。他在办公室把这些旧书重新整理了一遍，怕学生看不懂俄文，又将重要内容用中文翻译并摘抄下来。

这些资料笔记现在已经垒了半米多高，一字一句都是鲜学福留给学生们的宝贵财富。

学生们忍不住感叹说，几十年过去了，许多东西都变了，唯独鲜老师，一点都没变。

在学生们的印象中，鲜老师总是最早来到实验楼。每天早上 7 点多，司机准时开车到他家楼下，为了不让司机等候，鲜学福总会比约定的时间早到一些。周末的时间，他便让司机休息，自己步行到办公室。

多年以来，鲜学福仅给自己安排了除夕到初三这 4 天假期。工作时间就到办公室看书学习，有时也亲自翻译俄文资料，风雨无阻。

进入耄耋之年后，除了教学和钻研，鲜学福还喜欢上了作诗。在一幅题词中，他有感而发："往事如烟随风去，人情冷暖留人间。万事万物多奇妙，乐在对其探索中。人生在世难长久，夕阳美在晚霞红。"鲜学福把这幅题词送给他的学生们，鼓励他们要对世界抱有好奇心，学会享受科研的乐趣。

鲜学福很少和旁人提及自己的人生追求。几年前，他在自己的个人总结中这样写道："我的求学之路一直在警示我，学海无涯、人生苦短、珍惜时光、多干实事、回报祖国，这才是人生之所在。"

鲜学福一直是这样践行这一人生追求的。

（撰稿：重庆大学）

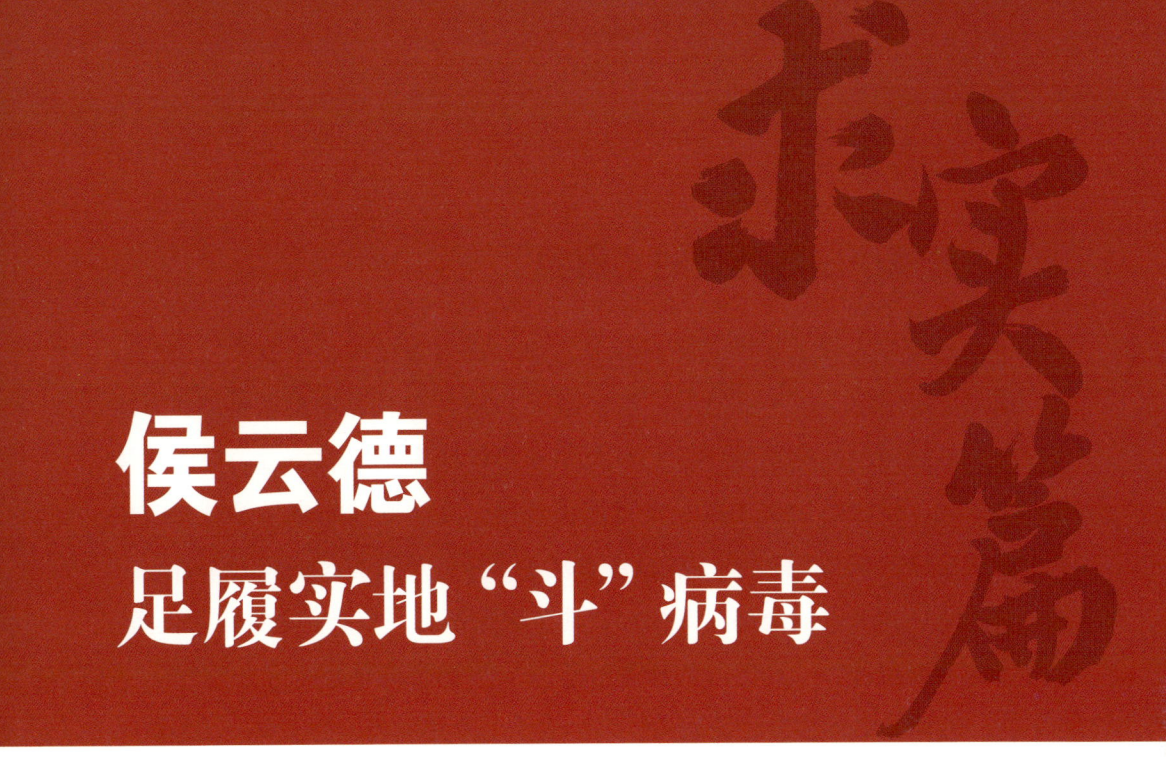

侯云德
足履实地"斗"病毒

> 侯云德（1929年7月—），著名的医学病毒学专家，中国工程院院士。长期从事医学病毒学研究，在分子病毒学、基因工程干扰素等基因药物的研究和开发及新发传染病控制等方面具有突出建树，为我国现代医药生物技术产业和现代传染病防控技术体系的奠基和发展作出了卓越贡献。曾获国家科学技术进步奖一等奖2项、国家科技进步奖二等奖6项、国家自然科学奖二等奖1项、国家发明奖三等奖1项。1994年获何梁何利医学基金奖。1996年获中国医学科学奖。

作为中国分子病毒学的先驱和奠基人之一，侯云德在科研实践中一直秉持严谨求实的工作作风，坚持用科学的方法检验前人的研究成果，不盲目迷信权威，足履实地、攻坚克难，为我国医学分子病毒学、基因工程学科和生物技术的产业化，以及传染病控制等方面作出了重要贡献。

查找小白鼠死亡的"真凶"

1956 年，侯云德通过留苏预备考试，成为首批留苏预备生。在北京俄语学院学习了两年俄语后，侯云德于 1958 年前往苏联莫斯科的伊万诺夫斯基病毒学研究所留学，师从戈尔布诺娃研究副流感病毒。在苏联读书期间，侯云德勤奋刻苦，整日埋头苦读，立志要在病毒学领域研究出属于自己的东西。有一天，实验室里发生了一件从未有过的怪异事件——实验室里的小白鼠全部离奇死亡，具体原因不明，专家们也都束手无策。因此，查找背后"真凶"的任务就落在了侯云德的身上。

究竟是细菌感染还是病毒作祟？成千上万种细菌、病毒中，又是哪一种导致的呢？通过查阅大量文献，抽丝剥茧、严谨论证，侯云德最终将目光锁定在仙台病毒上。仙台病毒是乙型副流感病毒的一种，最早在日本仙台 1 个实验室里被分离出来，因而得名。1958 年，日本学者冈田发现仙台病毒具有触发动物细胞融合的效应。几乎在同一时期，侯云德有了同样的发现。不仅于此，在导师的指导下，他刻苦钻研，首次证明了"在小鼠之间流行的副流感病毒（仙台病毒）也会对人致病"这个悬而未决的问题，发现了仙台病毒在血清学上存在的两个型别，并且进一步阐释了细胞融合的机制，这些突破性的成果为后来的研究奠定了重要基础。美国学者 Nell 在此基础上研发了仙台病毒诱导异种细胞的融合技术，基于该技术的研究，英国科学家 Milstein 和 Kohler 在 1975 年发明了单克隆抗体制备技术，并由此获得 1984 年诺贝尔生理学或医学奖。

查找小白鼠死亡"真凶"的任务为侯云德在苏联的研究工作提供了契机和新的方向。鉴于侯云德对仙台病毒的突破性发现和系列研究成果，苏联高等教育部破例直接授予他医学科学博士学位。这在苏联病毒研究所建成以来还是第一次。

侯云德　足履实地"斗"病毒

传统的中药是否具有疗效？

中药是我国传统中医学所使用的治疗手段之一，关于中药的研究承载着中国古代人民同疾病作斗争的经验和理论知识。20世纪70年代，在党中央"六·二六"指示及"中西医结合""开门办科研"等指导精神的影响下，侯云德遍阅中国传统医学典籍，对相关中药进行基于现代科学的药理研究。

1965年6月26日，毛泽东同志针对农村医疗卫生的落后面貌，指示卫生部"把医疗卫生工作的重点放到农村去"，为广大农民服务，解决长期以来农村一无医二无药的困境，保证人民群众的身体健康。1965年9月21日，卫生部根据指示印发了《关于把卫生工作重点放到农村的报告》，强调卫生工作重点在建立健全农村基层卫生组织上，同时也要保证农村药品的需要，加强医学科学研究。在新中国缺医少药的条件下，利用乡村易见易得的中草药便被提上了日程。1973年5月，侯云德任中国医学科学院病毒学研究所感冒气管炎研究室主任，开始对呼吸道病毒相关的中药进行基础研究。侯云德说："曾传言杜仲可预防感冒，板蓝根可以抗病毒并治疗腮腺炎，而且人云亦云，以书传书。但均无可靠的实验资料。"基于此，侯云德秉持严谨求实的精神，坚持用科学的方法验证传统的中草药是否具有治理疗效。

侯云德通过不断地科学试

验，发现元代危亦林的《世医得效方》中的"玉屏风散"对于防治流感有一定效果。玉屏风散的主药是黄芪，具有益气、疗寒热的功效。但是侯云德并没有局限在古书中，而是以现代科学手段验证黄芪等中药的实际疗效，并试图探索和分析黄芪药材本身的作用机制。他带领同事对包括黄芪在内的几十种中药展开研究，分析它们是否具有防治副流感病毒的功效。他猜想：黄芪可能具有抗病毒的功效，而抗病毒的机制则来自它对干扰素的诱生能力。1973年，侯云德在小白鼠身上试验了包括黄芪在内的十几种中药，但当时未证明它们具有诱生干扰素的能力。1980年，侯云德团队发现黄芪可以轻微抑制仙台病毒等病毒的复制，并在临床上证实了在易感人群中联合使用黄芪和干扰素预防，可使流感发病人数降低50%左右。侯云德通过严谨的科学论证，将中西医学结合，发现了中医药的实用功效和医学价值，为预防流感病毒作出重要贡献。

研制"干扰素"的科研超人

20世纪70年代，干扰素是世界医学界研究的热门领域，当时最先进的方法是用人血白蛋白来制取人白细胞干扰素，但是产量低、价格贵，难以被广泛运用。每耗费8000毫升人血才能制取1毫克干扰素。1977年，侯云德建立了抗病毒治疗研究室并担任该研究室主任，从事对干扰素制备的研究。侯云德设想能否用人的全血来直接制备干扰素？那样将会降低操作难度，避免血液浪费。1978年，侯云德团队发现脐带血白细胞产生干扰素的滴度远高于成人血白细胞，1980年，团队改进了干扰素的生产方法，使得干扰素的提纯效率大幅上升。尽管这种技术比人血白细胞诱生制备干扰素的效率高，但面对各地治疗的实际需求，仍然存在产量不足的情况。

面对国内干扰素产量不足、价格昂贵的情况，侯云德设想通过基因工程技术制备干扰素。"纸上得来终觉浅，绝知此事要躬行"，要想在国内研发基因工程技术，就必须了解国际干扰素领域最新的研究方向。1978年10月至1979年5月，侯云德分别造访了位于瑞士和美国的干扰素研发机构，并参加了1979年4月22—24日在纽约召开的第二届国际干扰素会议。在这些地方，侯云德了解到了国际干扰素领域最前沿的研究方向。应用基因工程技术制备干扰素，需要解决的一个问题就是测定干扰素mRNA的表达。侯云德团队通过查找文献发现测定干扰素的mRNA需要非洲爪蟾的卵母细胞，但是国内并无此种动物。侯云德团队遭遇多次失败后，最终找到北京养殖场的非洲鲫鱼的卵母细胞代替，使得干扰素mRNA的转译成功表达。该方法被收录在1981年出版的国际酶学权威书籍《酶学方法》中。

随后的十多年里，侯云德带领团队又在干扰素的基因工程科研上取得许多新成就。综观侯云德团队取得的干扰素相关成果，"人基因工程α型干扰素系列产品的研制、生产与应用"于1993年获得国家科学技术进步奖一等奖；"基因工程γ型干扰素系列产品的研制、中试生产及临床应用"于1996年获得国家科学技术进步奖二等奖。中国疾病预防控制中心副主任梁晓峰这样评价侯云德研究干扰素的意义："当时国内百废待兴，既没有任何基因的克隆，更没有任何从事基因工程研究或开发的成功经验，可以说一切都要从零开始。侯先生的可贵之处在于攻坚克难，使我国基因工程制药从无到有，从少到多，将理想一步步化为现实，实现了跨越式的发展。"

"甲流"疫苗一剂还是两剂？

2009年，全球暴发甲型H1N1流感病毒疫情，在国务院领导下，我国成立了由卫生部牵头、38个部门组成的联防联控机制，侯云德作为专家组组长，针对防控中的关键科技难题，开展多学科协同攻关研究。在

科学家精神 求实篇

侯云德的领导下，科研人员经过日夜奋战，通过引入中医药并凭借以往的经验反复测试，仅用87天就研制出了全球首个"甲流"疫苗，有效地阻止了疫情大规模暴发，反应速度之快，打破了世界纪录。

"甲流"疫苗打一剂还是两剂？这是当时专家们激烈讨论的重要问题。当时世界卫生组织建议注射两剂，侯云德则依据长期积累的医学经验，结合新疫苗的抗体反应曲线和我国当时的疫苗生产能力和注射能力，坚定地提出了一次接种的免疫策略。

在疫苗临床试验中，数据显示老年人群对此次的甲流病毒有一定的免疫记忆，一剂便可激活较强的保护性抗体，同时在一般人群中一剂次疫苗可产生有效的保护性抗体。侯云德说，在应对流感疫情时，除了要评估疫苗一剂次免疫保护效果外，还要充分考虑阻断病毒传播所需要的人群接种率，并结合疫苗的生产和接种能力进行综合判断，否则免疫策略也难以实行。最终，这一方案大获成功，世界卫生组织根据中国经验修改了"打两剂"的建议，认为一次接种预防甲流是可行的。

中国医学科学院病原生物学研究所所长金奇评价道："侯云德能够做出方向性的判断，靠的不是拍脑门，而是长期以来扎实的积累。"侯云德凭借科学的推论，结合我国的实际情况，在抗疫的关键时刻做出准确的判断，充分体现了科学家实事求是、严谨求实，为国家和人民着想的科学精神。

（素材提供：中国疾病预防控制中心病毒病预防控制所，撰稿：杨可鑫）

参考文献

[1] 崔云逸. 认识世界　改造世界：记中国干扰素之父侯云德[J]. 今日科苑，2020（2）：30-38.

[2] 中国工程院学部工作部. 中国工程院院士自述[M]. 上海：上海教育出版社，1998.

[3] 侯云德. 益气药黄芪的研究 Ⅰ、黄芪对小白鼠Ⅰ型副流感病毒（仙台）感染的影响及在人群中对感冒的防治作用[J]. 中医杂志，1980（1）：71-76.

[4] 侯云德. 益气药黄芪的研究 Ⅱ、益气药黄芪若干作用原理的研究[J]. 中医杂志，1980（3）：67-72.

[5] 颜士州. "中国干扰素之父"侯云德[J]. 少年月刊，2020（Z3）：74-75.

[6] 崔云逸. 侯云德：竭尽一生"斗"病毒[N]. 中国科学报，2020-02-27（8）.

[7] 张磊. 愿将此一生，贡献四化业[N]. 健康报，2018-01-09（1）.

[8] 冯华. "中国干扰素"之父侯云德：科学家要敢讲真话[N/OL].（2018-01-08）[2020-02-14]. https://weibo.com/ttarticle/p/show？id=2309404193861692992967.

王　元
严谨论证显数学魅力

> 王元（1930年4月—2021年5月），数学家，中国科学院院士。主要从事解析数论研究，在解析数论、代数数论及数论方法应用等方面均作出了卓越贡献。他关于哥德巴赫猜想的研究为中国夺得了该领域的第一个重要成果，他与华罗庚一起开拓了高维数值积分的研究方向并创造了"华—王方法"。1982年获国家自然科学奖一等奖，1990年获陈嘉庚物质科学奖。

作为我国著名的数学家，王元在从事原创性数学工作时始终秉持把创新精神与严谨的科学态度结合在一起。20世纪50年代至60年代初，首先在中国将筛法用于哥德巴赫猜想研究；1973年，与华罗庚合作证明用分圆域的独立单位系构造高维单位立方体的一致分布点贯的一般定理，被国际学术界称为"华—王方法"；20世纪80年代，王元投入科普写作中，将自己的专业知识用较通俗的语言写出来，1994年问世的传记《华罗庚》，就是王元在科普方面的代表作。

"哥德巴赫"猜想的突破

1948年，王元高中毕业考入浙江国立英士大学数学系（后并入浙江大学）。1952年，王元从浙江大学毕业，因成绩优异，被推荐到中国科学院数学研究所，师从华罗庚先生。在研究所，他把全部心思都投入数学研究，严谨论证，首先将解析数论中的筛法用于哥德巴赫猜想的研究，并证明了命题"3+4"，1957年又证明了"2+3"。他证明的"2+3"表示的是：每个充分大的偶数都可以表示成至多两个质数的乘积再加上至多3个质数的乘积。这是中国学者首次在这一研究领域跃居世界领先地位。

哥德巴赫猜想的成功突破体现了王元院士追求真理、勤奋刻苦的学术精神。1952年，年仅22岁的王元开始研究这一世界难题，强烈的爱国心使他把个人得失放在一边，他把1920年以来的有关文献，不管是英文、俄文、德文、意大利文，能找到的，他都找了出来。然后，认真分析其中的思路及可能存在的欠缺之处。意大利文看不懂，就从数学式子去猜测文字的含义。为了工作，经常忘了星期天。累了，就伏在桌上休息一下，有时工作到东方发白才去休息。

关于哥德巴赫猜想，王元院士向大众宣传正确的治学之道，尤其是严谨扎实的科学态度。他说，在国内曾一度出现过"哥德巴赫猜想"热，一些并无扎实基础知识的人，盲目地投入大量精力去做经典难题。王元收到过很多人寄来的信件，提供了各种各样的答案，说自己证明出了"哥德巴赫猜想"。其中，有位大学生给他寄的研究文章，他看了几分钟就发现了一个中学数学知识方面的错误。由此，王元指出，如果连一些基本的数学知识都掌握不牢，就去研究"哥德巴赫猜想"，显然是不现实的。王元写过一本在国外出版的书，就叫《哥德巴赫猜想》，序言里面最后一句话就是："假如没有新的思想，这个问题就不会再有改进。"

"华—王方法"的产生

在早期的研究学习中，王元受华罗庚教授的启发，致力于"哥德巴赫猜想"的验证，并取得一系列成果。1962 年，王元又成功证明了"1+4"，之后便退出了"哥德巴赫猜想"的研究，将目光转向了数论的应用，致力于数论在近似分析中的应用研究。1973 年，王元与华罗庚合作证明用分圆域的独立单位系构造高维单位立方体的一致分布点贯的一般定理，经过严谨的论证与不懈的研究，1978 年，两人合著的《数论在近似分析中的应用》（其中的结果被称为"华—王方法"）成为数学应用的优秀读本。"华—王方法"的产生受到国际学术界的推崇。

对于"华—王方法"的产生，王元先生深有感触。1958 年，王元注意到苏联科学院在 1957 年工作总结中提到数论在多重积分的近似计算中的应用。华罗庚先生提出了用代数数论来研究多重积分的近似计算，这一问题有重要的理论与实际意义。华罗庚先生不满足现有的理论和方法，总有很多超前的、高瞻远瞩的思想，便提出要和王元一起尝试。但开辟一个新的研究方向谈何容易，一切都要重新开始。当时，王元连最简单的连分数也不掌握，许多东西要从头学起，如何当好华罗庚的助手呢？是沿着已经熟悉的老路走，还是趁自己年轻的时候，另辟新路，在另一个领域也做出贡献呢？王元坚决地选择了后面这条更为艰难曲折的道路。这个课题，除了需要很多数学知识外，还需要使用计算机。王元不懂，就从头开始一点一点地学，逐步深入。但当时计算机还没有普及，大部分的验证、推理都需要用笔算。只有完全不能够用笔算时，才用计算机算。即使在这样艰苦的环境下，二人凭借着严谨求实的科学态度与对数学的热爱促成"华—王方法"的产生。

"数学家科普"的楷模

在王元先生50岁时，便当选为中国科学院院士，无论是在数学领域，还是在其他任何学科，这个年龄正是发展前沿研究的重要时期，还可以有许多建树与突破。但是王元先生转战阵地，他开始通过数学研究，进一步关注到数学的本质，数学和数学家在教育、社会和人类发展中的影响，将数学这门科学通俗解析，他认为数学应该为大众所用，让大众也感受到数学的美与乐趣。他将关于这方面的思考汇集在论文集《王元论哥德巴赫猜想》，以及《华罗庚》《王元文集》《华罗庚的数学生涯》等书中。《华罗庚》可以说是王元科普创作的代表作，他花费八九年时间，写了这本数学家的传记。一位著名数学家来写另一位著名数学家的传记，这在国内外是不多见的。

王元在数学科普方面的工作堪称楷模，他不仅对科研怀有热情，对教学工作也同样认真负责。1982年，中山大学数学系学生张寿武被王元的报告吸引，主动提出要做王元的研究生，研究当时国内少有人问津的代数几何问题。代数几何问题并非王元的专长，他对此也并不熟悉，但是他给予张寿武以足够的自由和鼓励，并且尊重张寿武对专业方向的选择，甚至当张寿武毕业时，王元在答辩会上说："虽然你讲的某些地方我也听不懂，但看你3年早出晚归这么勤勉，这个硕士学位就送给你了。"老师的作用在于引导和点拨，而并非一定要手把手教他每一点东西。如今的张寿武早已成为享誉世界的著名数学家。王元的教导，功不可没。

王元院士不仅对大学生和研究生的教育十分投入，也关心中学生的数学教育。在中国数学奥林匹克竞赛开展之初，王元就担任了中国数奥委员会主席达10年之久，培养出了许多数学人才，其中，阮卫东等人已成为中国有名的数学家。但当"奥数热"的势头越来越猛，许多学生为了升学被迫学习奥数、参加奥赛的时候，他又站了出来，指出"奥数本身没错，但是现在的推广方法是完全错误的，从本质上扼杀了学生对数学的兴趣"，呼吁阻止奥赛功利化。

作为中国著名数学家，王元对创新有着自己独特的理解："创新，就是说前人没说过的话，做前人没做过的事。30岁前是人生最具创新力的时候，我们不仅仅要学会课本上的知识，更重要的是突破它们。"王元的老师华罗庚一生带过上百个研究生，但是真正成为国家杰出数学家的只有不到10个人，这些人的共同特点，就是具有强大的创新精神和独立思考能力。王元院士对现在的教学模式表示忧虑："现在的家长和老师都恨不得学生门门考满分，让学生把课本上的内容一个字都不要错地记住，这样培养出来的学生如何能够适应创新人才的要求呢？现在部分大学和老师一心搞科研，疏忽了对本科生的教学和培养，显然不是培养创新型人才的好办法。"

在一档科普栏目的采访中，王元先生提到："数学之美在于简单，比如'哥德巴赫猜想'非常漂亮，从'3+4'到'1+2'都是中国数学家的，只有这最后一步历经300多年却无人能够证明，做数学要充满好奇心，丑的数学在历史上是不会留存下去的。"由此可见，王元先生对于数学与数学教育的理解非常深入，从教育理念、模式中去观察数学学习的本质与乐趣，并积极呼吁转变教育方式，让大众真正能够发现"数学之美在于简单"。王元院士以其对于数学独特的理解与严谨求实的科学家态度引领着数学科普工作，对数学研究发展、数学本质、数学教育的探索与宣传功不可没。

（撰稿：杨可鑫）

参考文献

[1] 李子晗，罗旭. 中科院院士、数学家王元："创新人才岂是教出来的"[N]. 光明日报，2014-12-06（11）.

[2] 杨虚杰. 王元：世界上最好的数学是什么样的？[J]. 今日科苑，2008（17）：56-57.

[3] 邵红能. 我国首位"哥德巴赫猜想突破者"：著名数学家王元 [J]. 中学生数学，2014（9）：28-31.

[4] 王元，李文林. 我的数学生活：王元访谈录 [M]. 北京：科学出版社，2020.

曾庆存
让天气预报越来越精准

> 曾庆存（1935年5月—），大气科学家，中国科学院院士。首创半隐式差分法，为现代大气科学和气象事业的两大标志（数值天气预报和气象卫星遥感）作出了开创性贡献，同时还为国际上推进大气科学和地球流体力学发展成为现代先进学科作出了开创性贡献。多次获国家自然科学奖，2020年获国家最高科学技术奖。

他是世界著名大气科学家，是中国最早从事气象遥感卫星研究的科学家之一，是国家最高科学技术奖和"气象诺贝尔奖"得主，他就是赤子院士——曾庆存。

曾庆存1935年出生在广东一个贫苦的农民家庭。有一次，他的父亲曾明耀在去田间的路上遇到了小学校长。校长说："家里有几个孩子？他们几岁了？必须让孩子们学习。"于是，他的父亲把曾庆存的哥哥曾庆丰送进了小学。由于他的父母每天都在田间工作，而年轻的曾庆存在家里

曾庆存　让天气预报越来越精准

无人看管，因此他的哥哥将他也带到了学校。

我国杰出的科学大师曾庆存从此就以非正式的身份开始了他的求学之旅。

由于家境贫寒，曾庆存在学习之余还需兼顾劳作，但他的成绩始终名列前茅。两兄弟凭借出色的课业成绩，破格跳级进入初中学习，并赢得学校16个公费学习资格中的2个名额。

新中国成立之初，我国对气象科学人才的需求与日俱增。1952年，曾庆存考入北京大学物理系，根据国家需要，接受分配至气象专业。1954年的晚霜冻使河南省40%的小麦死亡，严重影响当地的粮食生产，这件事在曾庆存心里埋下种子生根发芽。他想，如果我们能够提前预测天气并采取预防措施，那肯定会减少很多损失。20世纪50年代，即将毕业的曾庆存前往中央气象台实习。他看到天气预报员认真研读气象图来判断和发布天气预报，但是由于缺乏精确的计算，只能停在定性分析层面，并不能给出精准的预报。"那时我就下决心要研究客观定量的数值天气预报，提高天气预报的准确性，增加人们战胜自然灾害的能力。"曾庆存在心里暗暗立誓。基于此，曾庆存远赴国外深造，从此开启了他终其一生的气象科学之路。

少时远渡，不忘科技报国之志

1957年年底，曾庆存远赴苏联科学院应用地球物理研究所深造学习，并师从著名气象学家基别尔。基别尔建议他尝试将原始方程式应用于数值天气预报的研究。曾庆存明知这一课题研究难度极大，但还是听取了导师的建议潜心钻研。

历经三年刻苦研究，曾庆存全面总结了导师的前作，经过艰苦的研究、思考和反复试验，几经失败，终于提出了世界上第一种用原始方程式直接进行实际天气预报的方法——"半隐式差分法"，该方法一经问世，就被用于实际的天气预报业务中并沿用至今，为当今建立的数字天气预报业务模型框架奠定了基础。

曾庆存在获得苏联科学院副博士学位后，立即回到中国，还写下《自励》诗："温室栽培二十年，雄心初立志驱前。男儿若个真英俊，攀上珠峰踏北边。"

年仅26岁的曾庆存立志要攀登气象科学领域的世界最高峰。留学回国后，曾庆存被分配到中国科学院地球物理研究所气象研究室工作。从那时起，他便开始了大气研究的科研报国之路。

学成归来，矢志不渝攻克难题

曾庆存毕业回国后，一心致力于推动我国数值天气预报的发展，但是当时的中国一穷二白，科技水平十分落后，要发展数值预报，必须依靠大型计算机，所以曾庆存先集中精力研究大气和地球流体力学，以及数值天气预报中的基础理论问题。"这在当时看来是十分抽象和脱离实际的，但后来证明这对数值预报的进一步发展极为重要。"他后来回忆说。

曾庆存在数值天气预报和地球物理流体力学的数学物理基础理论研

究中做出了开拓性贡献,并对数值天气预报和气候预测模型的研制及计算地球物理流体力学进行了深入研究分析。"安、专、迷!"中国科学院大气物理研究所研究员赵四雄这样评价曾庆存:"陈景润是鞋儿破,曾庆存是帽儿破。对于吃喝穿戴这些,他从不去关注的。""做起科研来,他脑袋是尖的,屁股是方的,就像钉钉子一样,专心研究"。"对于科学研究,他着迷、痴迷,如痴如狂,他常说,饿着肚子推公式,越推越精神!"

1970年,曾庆存再次服从国家安排,被中国人民解放军总参谋部紧急调任为卫星气象总体组的技术负责人。当时的生活非常困难,曾庆存生病还得四处忙碌奔波。哥哥病重,做手术需要长期照料和护理,他不得不把自己的妻儿安置在贫困的农村老家。疏于照料亲人,这恐怕是他六十年科学研究生涯中为数不多的遗憾了。虽有遗憾,不曾后悔。曾庆存永远把党和国家的需要放在首位,这是他深入推进科研工作的重要动力。最终,他解决了大气红外遥感的基本理论问题,并于1974年出版了《大气红外遥感原理》。这是国际上第一本系统描述卫星定量理论的专著。地球系统模型是全球气候和环境变化研究的制高点。

曾庆存是建立我国地球系统模型的主要倡导者和负责人,参与这一项目的具体设计和开发。2011年,中国科学院提出实施"地球系统数值模拟装置"项目,这个国家科学技术基础设施项目以发展我国地球系统模型为主要目标。

历经时艰,肩负重担渡过难关

1984年,49岁的曾庆存挑起了中国科学院大气物理研究所的大梁。当时,我国的基础研究处于极其困难的境地。大气物理研究所缺乏科研经费,没有科学研究大楼,没有基础实验室,没有研究生学习室,没有钱买材料和更新设备,加上恶劣的生活条件,随之而来的是体制改革带来的动荡和矛盾。"对于大气物理学来说，那确实是一个非常困难的时期。"曾庆存回忆道。"科学家的精神是什么？为国、为民、为科学。"陷入困境的曾庆存发出来自灵魂深处的呐喊，并用自己的实际行动给出了答案。

在担任所长的 9 年时间里，曾庆存在中国科学院首批国家重点实验室中建立两个大气科学实验室——大气科学和地球物理流体动力学数值模拟国家重点实验室和大气边界层物理国家重点实验室。1987 年，曾庆存在得知第三世界科学院（现称为"发展中国家科学院"）有在中国共同成立研究机构的意向时，他立即找到了第三世界科学院副院长卢嘉锡，请求申办"国际气候与环境科学中心"，随后又联合中国科学院、第三世界科学院和世界气象组织共同建立"国际气候问题论坛"，定期开展国际研讨会或开设培训课程，成为中国大气科学开展国际交流与合作、为发展中国家培养科研人才、推动科研水平不断提高的重要平台。

奋发有为，终其一生洞察风云

天气预报主要集中在大气圈，预报未来几天的天气。此外，对下个月、下半年、下一年甚至几十年的气候预测与国民经济建设的各个方面都息息相关，如夏洪、冬雾、农业规划和能源分配。在世界高速发展的大背景下，对气候预测的需求变得越来越重要。

与天气预报不同，仅研究大气还远远不够。气候预测还需要研究海洋、陆地表面和太阳活动。1983 年，曾庆存和他的团队着手研发中国的气候系统模型和预测方法，建立大气、海洋和陆地表面模型，取得了一系列创新成果，并开发了全球短期气候预测系统。

历经半个多世纪的数值模型研究，曾庆存敏锐地意识到，随着高性能计算机技术的飞速发展，通过数值模拟研究地球系统各层之间的相互作用将成为可能。除了不断变化的地球系统规律和机制外，气候预测还可以扩展到对地球系统的整体模拟和预测。自2007年以来，他领导并亲自参与了我国对地球系统动力学模型的独立开发。在数百名科学家的共同努力下，地球系统数值模拟装置于2018年在北京怀柔科学城破土动工。这个"地球系统模拟器"并不简单。为了模拟地球天气系统的演化，不仅需要依靠对自然环境的观测和长期数据积累，更需要对这些观测数据进行分析和挖掘，然后建立与地球过程的定量关系，最后使用经过验证的模型来预测未来的气候变化趋势。该设备为重大问题的解决提供科学支持，如国家防灾减灾、全球气候变化和大气环境治理，促进了我国地球系统科学整体发展向世界一流水平迈进。"解读地球计划"迈出了关键的一步，中国可以自主研发，为地球做"CT"。

　　曾庆存院士严于律己、勤勉治学，为中国气象事业输送了大批科研人才，除了大气科学领域外，在不同领域都培养出顶尖人才和骨干。他十分重视学生的数理基础和多学科融合，他的目标是亲自带领年轻人，致力于中国气象事业的未来发展，为学科交叉建设献计献策。他带过的学生除了来自大气科学领域之外，还有来自数学、科学、物理学、海洋化学、环境科学等不同领域。曾庆存时常教育学生，要坐冷板凳，凡事要有刻苦钻研、耐心拼搏的精神，他认为坐冷板凳并非坏事，而是意味着可以远离纷争、静心科研。曾庆存在世界气象界的贡献还远非于此，他在大气环流、季风控制、全球气候变化、环境监测等方面都有着很多突破。他认为，从跨季度气候监测研究，到灾害性天气的预测、防治，以及现在所从事的地球系统模拟和气候环境变化等方面，都关系着国计民生，而且具有强大的挑战性和探索性。为进一步提升我国气象灾害监测防治能力，曾庆存提出，应提高遥感监测和数值天气预报的能力，使得定性化向定量化发展。这其中包括研制灾情数值预报或预估的数学模型、救灾调度决策的数学模型，以及救灾位置选择的模型等。

　　"天欲白，兴犹酣，鼓难停，抒不尽，古今中外情。""我们气象事业整体上是世界一流的，没必要自卑，不要自我否定，我希望搞研究的人也要很好地联系实际，除了向外国学习，也要向国内的实际、我国的气象人员学习，从实际中找出研究的问题。希望我们的青年人很好地继承这个传统。我自己是一个气象科研领域的'老战士'，愿意为真理、为人民、为国家、为党奉献一切。我希望我们后一辈也这么做。"

曾庆存院士不仅是一位杰出的气象科学家，更是一位推动中国科研事业发展的杰出领导者。如今，耄耋之年的他依然保持着对科研、对人才、对学科建设浓厚的热情和兴趣，从自己的点滴行动出发，推动我国气象事业不断前进，为创新型国家建设贡献自己的力量。

（素材提供：中国科学院大气物理研究所，撰稿：匡佳慧）

参考文献

[1] 常棣.曾庆存：安贫乐道观风云 气象万千铸丹心[J].老同志之友，2020（5）：8-9.

[2] 大气科学家曾庆存院士：致力"天有可测风云"[J].作文与考试，2020（12）：44-45.

[3] 李箫，梁坤.科技报国 誓言无声[J].金桥，2020（3）：22-25.

[4] 丁佳.曾庆存：大气人生抒远志[J].老年教育（长者家园），2020（3）：4-5.

[5] 冉瑞奎.不畏崎岖高不已 纵无绝顶亦英雄：记中国科学院院士曾庆存[J].中国科技奖励，2005（1）：58-59.

闵乃本
在晶体研究中上下求索

闵乃本（1935年8月—2018年9月），固体物理学家，中国科学院院士。专注于晶体生长、晶体缺陷与晶体物性研究，提出了"介电体超晶格"概念，建立了"多重准位相匹配理论"，发现了微波与超晶格振动强烈耦合所引起的微波吸收新机制。1998年获何梁何利基金科学与技术进步奖，2006年获国家自然科学奖一等奖。

2005年，在南京大学一间普通的会议室，闵乃本科研团队研制的全固态超晶格三基色激光器要进行演示，从提出理论到通过自身的实验手段验证它，继而制造出实现当初科学预言的样品，闵乃本带领他的团队走的路与众不同，也异常艰难。令所有人欣喜的是，全固态超晶格三基色激光器，按照设计要求发出了耀眼的光芒，这也是世界上首次在一台激光器上同时出现红绿蓝3种颜色的激光。从1986年开始，闵乃本院士带领自己的团队默默坚持了近20年的基础学科研究，使一个应用前景并不明显，原本属于冷门的学科渐渐变得热门，闵乃本院士的秘诀非常简单，那就是要耐得住寂寞，而成功只是水到渠成的事情。

独辟蹊径，"点石成金"

发展激光重点依赖的是材料。20世纪70年代，作为南京大学物理系的教授，闵乃本将自己的研究视角聚焦于功能及非线性光学两类晶体上。

闵乃本为了深入研究课题，以一己之力搭造晶体生长炉。经过辛勤的、不懈的努力，闵乃本以"优中选优"的严要求，最终获得铌酸锂晶体。对铌酸锂晶体的生长过程进行仔细观察之后，闵乃本发现晶体生长相伴有一种微结构，结构量级在微米级，从科学的范畴上看，其属于"铁电畴"。基于生长条纹的周期性，该畴的排列同样呈现显著的周期性。严格来讲，畴为晶体内生的缺陷，它会对晶体的均匀完整度产生损害，当然也就会对晶体的使用性能产生不良的影响。

有一次实验时，闵乃本观察晶体在显微镜下的剖面图片时思索道，既然难以彻底消除以周期状态布设的铁电畴，能不能将其转化为有用的因子呢？按照著名科学家布洛姆伯根的"准位匹配论"，能不能对铁电畴予以有效的运用呢？"准位匹配论"曾预言指出：以周期结构存在的晶体，于激光倍频领域的转换率极高。不过这仅仅是理论上的预测，并没有获得严格的实验验证。之所以缺乏严格的实验验证，主要原因在于难以制备获得高度满足设计要求的晶体。当时闵乃本基于自己对理论、对晶体的深入把控，敏锐地想到能不能借助铌酸锂晶体所具备的周期畴对"准位匹配论"的预言进行验证呢？在这一思路的引领下，他对铌酸锂晶体进行不断的摸索，并基于理论估算判断得到了结构晶体对应的周期畴。

在实验的过程中，闵乃本及其团队观察发现：当波长为1.06微米的红外激光穿过晶体时，期待已久的倍频、明亮绿光出现，绿光的效率和估算所得的数值高度一致。

此研究成果在 1982 年荣获国家自然科学奖二等奖。让人自豪的不只是得到了奖励和认可,而且是其带来的更多极富价值的启示,如借助微结构对材料性能予以提升,运用微结构求取获得新效应,甚至可以让"点石成金"得以真正实现。

原创基础研究要求科学家能够基于自己的判断,对富有前瞻性的科学问题展开探索,这样人类的科技才能得到持续的进步和发展。

潜心笃志十九年,终获"三色光"

20 世纪 80 年代初南京大学发生了一件新鲜事儿,物理系的教授闵乃本提出了一个大胆的科学设想,他提出,我们所处的物质世界很奇妙,有着不同的物质形态和各式各样的物理性质。这些变化来源于物质形式多样的微观结构,在科学家看来,固体材料的结构组成粒子在空间上的、有规则的结构状态就属于学术界所说的晶格,而在当代以光为信息载体的光电子技术中,有一种不导电但透明的具有特殊光电功能的材料叫作介电体,闵乃本将这两个领域结合在一起,进行了大胆设想,他思考可否通过放大介电体材料里的晶格获得超晶格,如将晶格放大千倍,这样的超大尺度将给人们带来极大的自由度去设计调控。

科学家精神 求实篇

介电体超晶格这一概念被提出时，闵乃本教授设想：通过引入准晶结构到介电体超晶格里，实现准周期超晶格的构建。在长达三年时间的探索过程中，闵乃本教授与其学生朱永元和其他团队成员共同提出准周期超晶格的多重准位相匹配理论。按照这一理论，可以做出如下预言：一介电体超晶格，若为准周期的，那么其存在将一种颜色激光同时转换为三种乃至是四种不同颜色激光的可能。当时，这一理论未能获得有效验证，不过这一预言带来的欣喜是不容置疑的。

1990年，此研究成果被刊登在《物理评论B》上，但是当时学术界并没有予以特别的关注。闵乃本当时心里颇感难过，但他并没有放弃，他坚信如果能够得到有效的、严格的实验验证，就一定能够获得国际同行的认可。为此，他在准周期介电体超晶格的生产制备道路上继续前行，但是在长达两年的时间里，他们都没有找到新的制备工艺，也没有寻求到有效的突破口，当时整个研究团队颇感苦闷。

1992年，闵乃本访问香港中文大学，在香港，他偶然间看到一则报道，日本同行借助半导体平面工艺制备得到了具有周期结构的光波导，实现了激光倍频。闵乃本的灵感就在一霎那被彻底激发，他开始带领整个实验室一起进行尝试。两年后，研究团队终于制备出了介电体超晶格，并找到了室温制备条件下的有效生成技术。

闵乃本的研究团队在求实、永不放弃的精神指导下，在科研大道上不断地向前迈进。1996年，他们制备出了能同时产生两种颜色的准周期介电体超晶格，并通过严格的实验验证了多重准位相匹配论的准确性和前瞻性。1997年，实验论证结果被刊登在《科学》上，全球物理学界为之侧目。

不过，闵乃本明白，研究若想得到认可，若想赢得重视，需要投入更多的精力进行有效的演示，需要付出不懈的努力持续前行，而且唯有如此，才能让我们的祖国在这一领域不断向前迈进，也唯有如此，我们才能有益于社会的前行。在这一认知的带领下，整个团队把基础研究成果紧密地和全固体激光技术结合在一起，持之以恒地钻研，2005年终于成功研制出全固态超晶格红、绿、蓝三基色和白光激光器。

这一研究成果问世之前，已有的激光器只能发射出一种光。在这一研究成果的推动下，激光器可以同时发出三种颜色的光，即红、绿、蓝，将其引入国防、医疗、量子通信领域，意义重大。例如，部分疾病的病灶可能对特定波长的激光高度敏感，借此予以检测，进行定位，精准度就会更高，治疗时引入其他波长激光，疗效可能更佳。

培养人才的"伯乐"

20世纪80年代，我国经济和技术相对落后，闵乃本决定集中精力攻克基础学科。虽然搞科学研究很艰苦，但是闵乃本偏偏选择了"自讨苦吃"。

1984年，我国发生的两件大事鼓舞了时为晶体生成领域新星的闵乃本先生，使他感到自己的学术设想有了实现的客观条件：一是国家决定建立国家自然科学基金委员会；二是南京大学固体微结构物理国家重点实验室成为国家计委确立建设的首批4个国家重点实验室之一。当时，他已经49岁了，过了做学术研究的黄金年龄，单独攻关是不可能的，而且国家也急需人才。此后，他一边做研究一边培养学生。祝世宁、陆亚林、陆延青等人陆续被闵乃本招收为学生，开展课题研究。有前瞻性眼光的闵乃本还将跨学科的王慧田和何京良引进到自己的课题组，为推广研究成果做好准备。

作为学术带头人，闵乃本想尽办法改善研究人员的生活条件。他拉到赞助设立奖研金，让获得奖研金的研究人员每月有1000元资助，而他自己仍旧拿着四五百元的工资。

科学家精神 求实篇

闵乃本认为良好的学术氛围能够在短时间内激发年轻人的才能，因此他采用学术交流的方式启发学生，与学生一起讨论，学生们每次都收获满满。同时，闵乃本对自己的学生要求严格，当时在国内一般的科研论文都是用中文撰写，闵乃本觉得这样根本不够，好的成果应该在国际上拿得出手。他要求学生第一篇论文就要用英文写作，这样才能走出中国，和国外学者进行交流。在闵乃本的团队里，每一位成员都是废寝忘食，每天工作到深夜，不仅如此，他们还充分利用假期时间赶进度。闵乃本的言传身教造就了一批学术舞台上的佼佼者。

闵乃本从不认为搞科研就是整天泡在实验室就能出成果，当团队成员做出一些成绩后，闵乃本会尽全力帮助他们了解国际的学术动态，也让这些人在不断交流的基础上有更多思考，取得更大进步。如此，闵乃本团队成员的眼界更加开阔，这也为祖国固体物理学的研究和发展方面培养了许多高层次人才。

闵乃本的创新成就源于科学精神。他从基础学科研究中体会到的科学精神就是"解放思想，实事求是"。不以功利为目的，不患得患失，不随风摇摆，不怕艰难险阻，一往无前地追求科学真理。科学研究的过程中有苦闷也有焦虑，要心平气和地坐冷板凳，即使在彷徨不安、走投无路的情况下，静下心来，心无旁骛地积极思考、上下求索。

（撰稿：邢明雪）

参考文献

[1] 罗静,朱晓华. 醉心晶体谱华章：记中科院院士、南京大学物理系教授闵乃本[J]. 中国高校科技与产业化，2007（11）：58-64.

[2] 闵乃本. 创新成就源于科学精神[J]. 创新科技，2007（4）：5.

[3] 杨亲民. 世界著名的固体物理学家、国家自然科学奖一等奖获得者、中国科学院院士、第三世界科学院院士：闵乃本[J]. 功能材料信息，2007（1）：2-7.

[4] 郑晋鸣."闵乃本星"依然闪耀：追忆我国著名物理学家闵乃本 [N]. 光明日报，2018-09-26（8）.

[5] 陈瑞昌，罗静. 晶体世界的拓荒者：闵乃本 [J]. 党员干部之友，2018（12）：42-43.

[6] 罗静，朱晓华. 痴迷教坛启后昆　执著创新一鸣惊：记中科院院士、南京大学物理系教授闵乃本 [J]. 中国高等教育，2007（17）：41-43.

[7] 蒋莉，吴耘. 科研育人苦犹乐："863计划"光电能材料首席科学家闵乃本访谈录 [J]. 科学大众，1997（5）：15-16.

张弥曼
揭开古生物生命起源秘密

> 张弥曼（1936年4月—），古脊椎动物学家，中国科学院院士。主要从事比较形态学、古鱼类学、中—新生代地层、古地理学、古生态学及生物进化论的研究，为东亚真骨鱼类的起源演化和动物地理学提供了化石证据。1995年获国家自然科学奖二等奖。2018年获世界杰出女科学家奖。

2017年11月13日，联合国教科文组织公布了2018年度世界杰出女科学家成就奖名单，81岁的中国古脊椎动物学家张弥曼女士赫然在列。联合国教科文组织给出的获奖理由是：她为水生脊椎动物向陆地演化提供了化石证据，这一创举是开创性的，在世界上具有重要的价值。

1936年，张弥曼出生在江苏省南京市一个普通的家庭里。在八一三事变之后，她随父母前往四川逃难，后辗转到江西定居，由于时局动乱，社会动荡不安，张弥曼的学业生涯并不顺利，直到抗日战争结束后，才受到比较持续稳定的教育。

时代感召，弃医从地

张弥曼的父亲是医学生物学教授，在他的影响下，张弥曼从小看惯实验室的尸体解剖，在年幼的心中种下了当医生的种子。高中生物实验课她已经能够解剖蚯蚓，而且保证不戳破蚯蚓的血管。这种熟练的技艺坚定了她继续学医的想法。当时，新中国刚成立不久，正在努力实现工业化的新中国急需地质方面的人才。张弥曼在报纸上看到了刘少奇同志的讲话：地质是工业的尖兵，国家要建设首先需要工业，而工业首先需要矿产资源。

这对张弥曼的触动很大，再加上任校内辅导员的师姐的劝说，出于报效祖国的考虑，同时也为满足自己对野外考察的好奇心，年仅17岁的她在高中毕业后毅然改变了初衷，决定报考地质学。

1958年，张弥曼离开家乡来到北方，走入了她陌生的古生物系。入学不久，她便被北京地质学院派遣到莫斯科大学进行深造。"当时连一点概念都没有。"专业不懂，语言不通，从零开始谈何容易？但什么困难都对抗不过"求实求真"这4个字，张弥曼埋头功课，跟专业较上了真。陌生的国度、陌生的语言，并没有磨灭张弥曼那颗潜心钻研的心。她前往

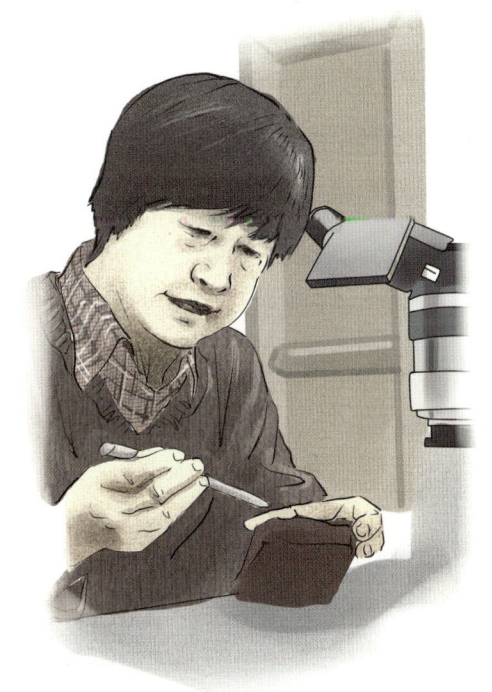

莫斯科郊外进行生物实验，在河边采集鱼化石、在繁星点点的夜空捕鱼收网。

身先士卒，开发油田

石油是工业的血液，新中国成立之后，由于勘探技术的落后，石油大量依靠进口，我国石油资源并不缺乏，但是缺乏发掘技术，甚至被外国其他地质学家扣上了贫油国的帽子，西方国家更是对中国实施资源封锁。所以在此基础上，掌握勘探技术开发新能源已经成为迫在眉睫的问题。刚参加工作的张弥曼采集中国东部沿海地区中、新地层的化石，研究其形态分布，动物群落，通过对古动物地理环境及其成因的研究，张弥曼不仅在古生物学基础理论取得了令人瞩目的突破，更为石油勘探工作中的地层对比、地质时代分析、沉积环境的确定等提供了重要的理论基础。

20 世纪 60 年代，大庆油田开发初期，各界专家根据自己的专业判断地下石油的分布。在当时，大多数人都认为，含油层应该在 1.5 亿年前的早白垩世，而石油勘探也应该在对应的地层中进行，而张弥曼却持反对的观点，她对地层中的化石样本进行分析，提出含油最丰富的地层，应在 1 亿年左右的晚白垩世时期。她的这一研究结果，为大庆油田的成功开采指明了道路。胜利油田开发时，张弥曼发现有海洋曾经覆盖过的痕迹，因而成油地质时代与普通油田有所不同，这一发现又为胜利油田的顺利开发奠定了良好的理论基础。

心如磐石，求索远古

1960 年，张弥曼从莫斯科大学地质系毕业后进入中国科学院古脊椎动物与古人类研究所工作。回国后，她的足迹遍及中国的大江南北，一

张弥曼　揭开古生物生命起源秘密

年中有大部分的时间，都在全国各地寻找化石。一个人一根扁担，挑着二三十公斤的行李，再走几十公里的山路，对她来说是家常便饭。漫长的旅程除了痛苦更有很多意想不到的意外。在横店进行调查时，她只能在农舍的阁楼上睡觉，那里覆盖着稻草和烂棉绒，晚上醒来甚至感到有老鼠在脸上爬来爬去。这段时间里张弥曼无法洗澡，回到家后，身上已经长了很多虱子。那个年代物质匮乏，衣服和被子都不舍得扔掉，所以张弥曼把它们丢进一个大锅里煮沸消毒。在野外，吃饭更是大问题。饥饱不定的日子过久了，张弥曼竟锻炼出一个"弹簧胃"。有时就着几块霉豆腐，一顿饭她能吃下一公斤。

1966年，张弥曼在瑞典斯德哥尔摩国家自然历史博物馆做过一年研究工作，1980年，她又在那里做访问学者。在瑞典期间，张弥曼的三位老师均对中国特有的产自云南省早泥盆世的总鳍鱼类杨氏鱼进行研究。她带去云南的杨氏鱼化石，用瑞典的连续磨片法展开深入分析，发现老师认为应该归入总鳍鱼类的杨氏鱼没有内鼻孔，也没有颅中关节，这个发现和老师的观点相反相左。为了拿出可信的事实，张弥曼采用了切面画的方法，她在显微镜下总共画了540多幅线条图，而这些图画一张就要花费十几个小时以上，为了加快研究进度，她抛弃了所有娱乐活动，每天只睡4个小时，被瑞典斯德哥尔摩国家自然历史博物馆的同事称为"不睡觉的中国女人"。而张弥曼的想法非常简单，潜心学术，绝不浪费一丝一毫时间在无关紧要的事情上。她的研究结果给四足动物起源、骨鱼类形态学系统发育和生物地理研究领域带来了重要的突破。

生物进化理论认为，陆地四足动物从水生脊椎动物中逐渐进化而来。但是陆地四足动物的祖先究竟是哪种鱼？近100年来，学术界一直在争论。当时，一位在古生物学研究中具有影响力的瑞典古生物学家认为，鳍鱼的祖先是陆地四足动物的祖先，这一观点也被其他学者所接受。20世纪80年代，张弥曼在瑞典期间，利用当地先进的技术和设备对中国总鳍鱼类化石进行研究，发现这种鱼没有内鼻孔，就意味着它们不能离开水面。美国著名鱼类学家罗森在给张弥曼的一封信中提到：这一发现动摇了传统理论。

那些在普通百姓眼中平淡无奇的石头总是给张弥曼带来无尽的乐趣。她经常整天和它们待在一起。她多年来一直沉迷于化石堆，一直坚持收集化石，对其进行修复，对它们拍照并进行细致的研究。"我知道我做了什么，即使我不小心破坏了化石，它也不会妨碍我的研究。"张弥曼谦虚地说。她研究化石的目的是学习，"探索油田时，各行各业的学者根据自己的专业知识提出了自己的见解，而我只是其中之一，尽了自己的本分。"她谦虚地说。

张弥曼凭借其研究成果逐渐成为古生物学领域的权威，但她并不依赖过去的成就停滞不前。在20世纪90年代，她改变了研究视角，转向相对空白的中生代和新生代鱼类化石。

提携后学　谦逊若谷

在瑞典期间，享誉海外的张弥曼面前有无数的道路可以走，但她毅然决然选择返回中国培养学生。一个老师的影响是永恒的，他（她）没法儿知道自己的影响止于何处。张弥曼很感激在她人生的各个阶段为她提供帮助的良师益友，她也用爱和友善对待年轻人，成为学生的铺路石和向导。作为导师，她对学生和年轻学者毫无保留，都会尽力选拔培养人才，尊重学生的意愿，给学生充足的空间自由发挥，找到适合自己的方向。她甚至主动放弃了热门领域，朝着鲜为人知的方向——新生代鲤科鱼化石，发起新的探索和挑战。

"这一块再不做，中国就赶不上了"。经过数十年的风风雨雨，弃医从地的初衷从未被遗忘。在她的研究和努力推动下，鲜为人知的中国鱼

张弥曼　揭开古生物生命起源秘密

类化石逐渐进入了国际视野。许多国际专家来中国寻求合作。化石堆砌的世界，在她的脚下一点点铺展开来。张弥曼收获颇丰、硕果累累，在国际上多次斩获大奖。

当"世界杰出女科学家奖"公布 2018 年获奖者名单时，张弥曼拒绝了许多采访。她说："我所做的工作实际上并没有什么特殊的，仍然有很多（研究）工作要做。"这是张弥曼的眼界和胸怀，她在世界上享有很高的声誉，却仍旧虚怀若谷。早在 2007 年前，《自然》杂志的记者雷克斯·道尔顿就在文章中写道："她沉迷于化石""在采访中，当被问及自己的成就时，她总闭口不谈"。张弥曼被选为瑞典皇家科学院的外籍院士，这是中国科学家第一次获得这一荣誉，她谦虚地说："这一荣誉并不属于我个人……"

现在已经耄耋之年的张弥曼，仍在探索人类起源的道路上不断前进。对于国家，她总是怀抱难以割舍的感情。"我们国家的科学取得今天的成就并非易事，但我们必须清楚地认识到，距离世界领先水平还有一段很长的路要走。"

"当老朋友一个个离开时，我庆幸自己仍然在这个世界上，所以我必须珍惜时间，做更多有趣的事情。"在山水间跋涉后，她跳入石岭山冈，穷尽一生向远古时代寻求声音。张弥曼仍在继续她的研究，始终如一地坚定探索人类的起源，勘察那些在地球和时间上旅行的鱼。

（撰稿：匡佳慧）

参考文献

[1] 卞文志. "世界杰出女科学家"张弥曼院士的古化石情结 [J]. 健康生活，2019（10）：4-6.

[2] 杨戈. 时光看得到：记 2018 年度何梁何利基金科学与技术成就奖获得者、中国科学院院士张弥曼 [J]. 中国科技奖励，2018（11）：27-29.

[3] 屈婷，全晓书. 张弥曼：与鱼化石的一世情 [J]. 发明与创新（大科技），2018（6）：14-15.

[4] 任伟. 张弥曼：解开鱼化石中的谜团 [J]. 大众科学，2018（5）：24-25.

[5] 沙蒙. 追寻化石的魅力：记饮誉全球的古鱼类学家张弥曼院士 [J]. 科学24小时，2006（5）：7-9.

钟南山
济危世敢诤言的抗疫英雄

> 钟南山（1936年10月—），呼吸病学专家，中国工程院院士。长期致力于重大呼吸道传染病及慢性呼吸系统疾病的研究、预防与治疗，重点开展哮喘、慢阻肺疾病、呼吸衰竭和呼吸系统常见疾病的规范化诊疗，疑难病、少见病和呼吸危重症监护与救治等方面的研究。2009年被评为"100位新中国成立以来感动中国人物"。2019年荣获"最美奋斗者"称号并入选"庆祝中华人民共和国成立70周年大型成就展"2000—2009年英雄模范人物。2020年荣获"共和国勋章"。

他是敢于说真话的英雄，他的每一句真言都代表了民生。疫情面前，从来不会报喜不报忧，敢于质疑权威的声音，因为科学要实事求是，患者的生命重于一切。他不仅在医学领域作出突出的贡献，也是中国人民的主心骨。每次疫情汹汹来袭，钟南山总是"挂帅"出征，出现在抗击疫情的第一线，为祖国、为人民扛起了千钧重担。

稳扎稳打，从无到有

钟南山从北京医学院医疗系毕业后留校做了一段时间的基础研究工作，1971年调到广州市第四人民医院当临床医生。为了尽快熟练掌握临床技能，钟南山除了上班，把能用的休息时间全部投入补习功课上。经常能在X光室、图书馆、心电图室等地方看见他忙碌的身影。上班不过两三个月的时间，钟南山原来强壮的运动员体格，竟减了好几个码。

除了刻苦勤奋，钟南山思维活跃、求新上进，通过各种渠道，随时随地为自己的问题找答案。他善于发现别人的长处和优点，以此引发自己的灵感，从而提升自我。

20世纪70年代初，中国的呼吸疾病研究水平非常落后，全国没有一家像样的研究机构。钟南山在门诊工作一年之后，被调派到后来发展成广州呼吸疾病研究所的慢性支气管炎小组，从此开始了对呼吸疾病的系统研究。

来到慢性支气管炎小组后，钟南山经常蹲在地上仔细观察每个患者咳出来的痰，有黄的、绿的，还有泡沫状的、黏稠的……大学刚毕业的时候，钟南山在生物物理专业做过一些生化实验，有了这个基础，他对患者咳出来的痰液做了微观的生物化学分解，观察里面的生物化学成分。经过这样一次次实验分析，确实有新的发现：同样属于慢性支气管炎，其分泌物的性质却不同。钟南山针对这一情况做了深入的思考，认为不同的情况需要采用不同的治疗方法，不能一刀切。

那时，跟中医科的联络使得钟南山学习到一些中医调理五脏六腑的办法。尤其是中医对呼吸系统疾病治疗的方法，他不光能讲得头头是道，还能将这些理论应用到工作中。

中医针对慢性支气管炎的治疗，一个是对虚实寒热的分析，另一个是对脏腑的分析。慢性支气管炎涉及3个脏器：肺、脾、肾。进一步说，就是肾、脾虚，肺气不足。肺、脾、肾虚有3种不同表现，是不同的类型，所以，应该采用不同的治疗方法。钟南山认真地向小组里的老教授侯恕学习，并将中医和西医的局部性状治疗综合起来，最终他们采用中西医结合的方法来对症治疗，并取得了显著的效果。

独特的研究视角，使钟南山团队于1974年和1975年在国家一级医学刊物上发表了论文，填补了广州地区多年的空白，慢性支气管炎小组也脱颖而出。1974年，广州第四人民医院更名为广州医学院附属医院，慢性支气管炎小组也升级为新医科。

钟南山带领他的团队白手起家、因陋就简，以最短的时间、最扎实的探索，实现了中国具有呼吸科室、具有基础医学研究环境的惊人成就。慢性支气管炎小组升级为新医科后又升级为研究所，这样一步步创建的经历是一个不大不小的传奇，因为它将"无"变成了"有"，将"一"变成了"万"。

以身试验，助力科研

1979年，钟南山获得了公费出国留学的机会，来到英国爱丁堡大学附属皇家医院留学。由于当时中国的医疗水平还相对落后，到达爱丁堡大学附属皇家医院后，很多同行都对中国的医学知之甚少。钟南山通过一次精心准备的演讲，从中医传统讲起，讲了中西医呼吸医学的诊断，讲中医是如何观察患者舌象的，并指出在肺源性心脏病急性发作期，通过舌头颜色就可以判断患者缺氧和酸碱平衡的情况，还讲了中医针刺麻醉等。钟南山依靠中医的优势赢得了英国专家的尊重，学习研究工作得以顺利进行。

科学家精神 求实篇

当时,实验室有一台血液气体张力平衡分析仪,由于这台仪器有故障,已经闲置一年多了。医院的医生们做实验当然就不用它了,但是钟南山的实验必须要使用它。钟南山通过自己的努力修复了这台仪器。这台血液气体张力平衡分析仪维修之后,还需要检测,然而检测不能没有血液,钟南山毫不犹豫地抽了自己的血液。每次 20 毫升、30 毫升的,一共进行了 30 多次。他一边抽血,一边检测,抽了 800 毫升血的钟南山终于成功了。这台血液气体张力平衡分析仪的罗盘在钟南山眼前开始有序地运转,就像苏醒了一样。

有了仪器,这才是第一步,第二步是开始做实验。钟南山的实验是刚到这家医院就开始准备的,而且是一个极具挑战性的实验:关于一氧化碳对人体血红蛋白解离曲线的影响。因此,他夜以继日地钻研,翻阅了大量的资料,终于完成了这项实验的设计。这之后,许多烟民一下子成了钟南山这个不吸烟者的朋友,有留学生,也有中餐店的老板。钟南山寻找他们,是为了让他们作为自己的检测对象,在吸烟的不同浓度下,分析一氧化碳对这些吸烟者血液中血红蛋白解离曲线的影响。

但是,这样做之后,钟南山感到资料比较零散。需要有个系统的观察,才算有足够的证据啊!怎么办?钟南山做了一个大胆的决定:用自己来做实验。这次实验令在场人员胆战心惊,钟南山在同行的帮助下,一边吸入含有一氧化碳的空气,一边抽血检测。从不抽烟的钟南山相当于连续抽了 50 ~ 60 支香烟,血液中一氧化碳的浓度已经 5% 了,为了达到更好的实验效果，钟南山最后坚持吸入一氧化碳浓度到22%，头晕目眩的他得到了英国同行的称赞，实验结果也不负众望地取得了成功。

中国人在慢性支气管炎方面的研究让英国同行耳目一新，中国人的勇气也令英国同行刮目相看。钟南山的苦心得到了收获，他的技术得到了承认。

依据事实，揭露真相

2003年年初，正值"非典"恶魔在广东最疯狂的时刻。当时身为广州呼吸疾病研究所所长的钟南山深感责任重大与不安：用什么办法挽救患者？患者到底得的是什么病？为了深入最实际、最直接的现状中去获取宝贵的第一手资料，钟南山不顾生命危险，检查每个患者的口腔。果真得出了令医学界为之震惊的结论：非典患者并没有明显的咽喉部异常症状。

当时有关部门发布消息：引起广东非典型肺炎的病因元凶是"衣原体"，并建议使用抗生素进行治疗。有着丰富一线临床经验的他，最直接的判断是：这显然不是衣原体感染。所以，他不同意在病因不明的情况下使用抗生素治疗，而是通过事实依据，坚持"冠状病毒"之说，并以皮质激素控制病情。两个月后，世界卫生组织正式宣布，冠状病毒的一个变种是引起非典型肺炎的病原体。事实再次证明，钟南山的坚持是正确的。

在抗击非典战役中，钟南山迎难而上，表现了一个科学家严谨求真的治学态度。在非典病因不明的情况下，他以事实为依据，不赞同"衣原体是病因"的观点，最终证实非典是由一种新型冠状病毒引起的。正因为他敢于坚持真理，挽救了很多患者的生命。他说："科学只能实事求是，不能明哲保身，否则受害的将是患者。书本上没有的，只能在实践中摸索。"在这场空前来袭的疫情之中，钟南山带领的团队通过务实的作风、实干的精神，得到了医学界的大力赞扬。

敢言慎言，本色不改

2020年1月，人们正欢天喜地地迎接中国农历新年的到来，1月18日，钟南山却接到紧急任务。为尽快了解武汉当地实际情况，钟南山在春节车票紧张的情况下，与助理匆匆赶到广州南站，购买了无座的车票即赶赴武汉。19日一早，钟南山临危受命，被任命为国家卫生健康委高级别专家组组长。随即展开了忙碌的行程，到金银潭医院考察，与ICU医生视频交流，到当地疾控中心进一步了解情况，与武汉市卫生健康委核实当时已发病的实际人数。随即组织专家组开会，并在20日奔赴北京汇报情况。晚上与《新闻1+1》节目主持人白岩松现场连线，向全国人民简单介绍新型冠状病毒的病情发展情况。短短的3天，钟南山旋风式地辗转三地，实地调研、组织专家讨论、向国家汇报情况，快速及时地研判疫情，为国家防止疫情的蔓延赢得了宝贵的时间！

新冠肺炎疫情期间，钟南山带领团队积极开展新冠肺炎相关基础研究。他们开展了病毒溯源研究，成功从临床样本、粪便及尿液中分离出活毒株。对全国范围的新冠肺炎患者临床特征进行研究，并揭示医疗资源是否充足及并发症与新冠肺炎患者临床预后的相关性，为临床准确认识和科学诊治新冠肺炎提供了重要依据。

在新冠肺炎诊疗方面，他们开展了中医药防治新冠肺炎研究，分别对连花清瘟胶囊、六神丸、血必净和板蓝根等已上市的中药对新冠病毒（SARS-CoV-2）的体外复制和病毒感染引起的炎症因子表达的抑制活性展开研究。

在疫情防控方面，他们开展了新冠病毒相关试剂盒和检测防控技术产品的研发。成功研发出新冠病毒 IgM 抗体快速检测试剂盒，仅需采集一滴血，就可在 15 分钟内通过肉眼观察获得检测结果。开发出人工智能应用与预测模型构建，研发了咽拭子采样机器人，研发了新冠肺炎危重症 AI 预测及新冠疫情暴发趋势预测模型，为政府部门制定疫情防控指引提供科学依据。

在疫苗研制工作中，他们建立了国际首个非转基因新冠肺炎小鼠动物模型，并研制出 3 类疫苗，包括 mRNA 疫苗、腺病毒载体疫苗、重组蛋白（VLPs）疫苗。

抗疫过程中，钟南山带领团队只争朝夕，一边进行临床救治任务，一边进行科研攻关，牵头开展新冠肺炎应急临床试验项目 41 项，在《新英格兰医学杂志》等权威杂志上发表 SCI 文章 63 篇，授权专利 10 项，牵头完成新冠肺炎相关疾病指南 4 项，主编新冠肺炎相关论著 1 部，群策群力，助力临床救治。坚持"治疗第一、科研第二"，钟南山团队成功将临床治疗与科研攻关形成有机整体，真正实现所有研究都是要为提高患者的救治率服务的目标。

在每一次公共卫生事件暴发之际，钟南山都勇担大局、毫无畏惧，化解卫生危机，更难能可贵的是他一心为民，全心全意从百姓的角度解决民生难题，为我国卫生事业的发展贡献了重要力量。

（素材提供：呼吸疾病国家重点实验室，撰稿：李晗）

参考文献

[1] 李盛. 有一座山叫钟南山 [J]. 工会博览，2020（6）：14-17.

[2] 新华社. 敢医敢言，生命至上：记"共和国勋章"获得者钟南山 [EB/OL].（2020-09-08）[2020-12-25]. http://www.xinhuanet.com/2020-09/08/c_1126468701.htm.

[3] 叶依. 钟南山传 [M]. 北京：人民出版社，2014.

[4] 曹斯，李秀婷，黄锦辉. 十七年了，为什么老百姓都信钟南山[J]. 党员文摘，2020（4）：30-32.

[5] 中国教育新闻网. 悬壶甲子　医教双馨：记广州医科大学教授、中国工程院院士钟南山[EB/OL].（2020-08-13）[2020-12-25]. http://www.jyb.cn/rmtzcg/xwy/wzxw/202008/t20200813_351134.html.

汪品先
探究深海大洋的科学真理

> 汪品先（1936年11月—），海洋地质学家，中国科学院院士。长期致力于推进我国深海科技的发展，开创了我国古海洋学研究，提出了气候演变低纬驱动等学术新观点。在南海主持实现了中国海首次大洋钻探，主持完成我国深海研究计划"南海深海过程演变"，实现了里程碑式的突破，为我国在南海赢得了科学上的主导权。2019年荣获"最美奋斗者"称号。

汪品先常说："别人是博士后，我是做'院士后'，像样的文章都是当了院士之后发表的。"真的，1991年当选中国科学院学部委员（1993年改称院士）之前的汪品先，研究的是微体化石，主要对象是浅海；此后才转向深海，30年里在南海作出了开拓性的贡献。

一生求真务实的汪品先，如今依然以办公室为家，怀着对海洋事业的痴迷、挚爱，每天耕耘碧蓝、叩问墨黑寂静的海底深部。

科学家精神 求实篇

显微镜下"向海洋进军"

1960年,汪品先从莫斯科大学古生物专业毕业回国。虽然他只填了一个志愿——西藏,却被分配到上海。想去西藏是因为化石,写毕业论文时一位老教授在伦敦见过西藏的螺化石,"太漂亮了";分到上海是因为"全民找矿",上海在筹建"海洋地质系",去海里找矿。但是海洋找矿是要有设备的,20世纪60年代初的三年困难时期结束不久,"文化大革命"就开始了,建设"海洋地质系"只是空想。机会出现在60年代末期,国家在上海推进"627工程",准备在东海、黄海开展石油勘探,汪品先一方面与几位同事起草招收海洋地质学员的建议,很快就被采纳;另一方面从产业部门要到了黄海海底和上海钻孔的沉积样品,就开始"向海洋进军"了。

开展海洋地质研究,缺乏海上手段的发展中国家只能"望洋兴叹"。但是也有缺口:海底沉积里有许多小壳体,主要是单细胞生物的骨骼,需要在显微镜下慢慢地观测鉴定。这种"劳动密集型"的工作,发达国家科学家不乐意干,却为发展中国家的科学家留下了余地。汪品先研究海洋地质就是从海底沉积物里的微体化石入手,用吃饭的大搪瓷碗将泥巴泡开,然后在自来水龙头下淘洗,再在一台勉强可用的显微镜下观察。就这样,他找出了东海、黄海表层沉积中微体化石分布的规律,

推断出海岸变迁的历史。

进入 20 世纪 70 年代，他参加了石油系统的科学研究，主持完成中国第一口海上石油探井的微体古生物分析项目。1978 年 9 月，他随石油科技代表团出访美国和法国，两个月的访问使他眼界大开，原来国际石油巨头的勘探目标正在向海洋转移。接着，1981 年汪品先获得洪堡奖学金，前往德国基尔大学做研究。汪品先说，基尔大学是当时德国海洋科学的中心，在那里一年多，最大的收获是："我的研究兴趣从近海走向远洋，开始着眼于古海洋学的研究。"1986 年，他又应邀去澳大利亚国立大学开展合作。

从那时起，汪品先开始考虑转向研究全球性重大科学问题，进军深海。

实现中国海首次大洋钻探

世界深海探索的高潮，出现于 20 世纪 60 年代和 70 年代之交。当时，美国发起了"深海钻探计划"，用一艘高新技术武装的钻探船在水深几千米的洋底打钻，探索地球的奥秘。结果证实了岩石圈在漂移的"板块学说"，从根本上改变了地质学理论；还建立了"古海洋学"这门新学科，开辟了研究地球历史的新方法。"大洋钻探""板块运动"这些新名词，在"文化大革命"结束之后传入中国，是当时我国学术界可望而不可即的学术前沿。1985 年，"深海钻探计划"结束，"大洋钻探计划"开始，我国学术界成立了专门的委员会来推动我国加入。但是，无论我国当时的财政实力还是海洋意识，都不允许加入"大洋钻探"这个富国俱乐部。经过 10 多年坚持不懈的努力，我国终于在 1998 年春正式加入"国际大洋钻探计划"，每年支付 50 万美元会费，成为其第一个参与成员国。

历史上我国以陆地大国自居，海洋意识不强；新中国成立以后，我国发展了海洋科学，但是看到的还只是近岸浅海。为了提升对海洋的重视程度，汪品先在他20多年出席全国人大、政协会议期间，多次发起代表议案，几乎年年提交书面发言，呼吁确定海洋国策、设立海洋专项资金。这类意见从来没有人反对，但也很少有人当真。尤其是深海研究，进入了21世纪还排不上日程。不但2006年制定的科技"中长期规划"里没有深海，当时学术界的舆论也不利于深海。有一次，汪品先在上海"明天科学"的战略研讨会上呼吁深海研究，会议主席总结时却说："汪品先讲的是后天，不是明天的科学。"

汪品先明白，在深海科技上"一穷二白"的中国，只能走国际合作道路，加快探索深海的步伐。1992年，汪品先应邀访问德国3个月，和德国同行设计了科学合作方案，采集南海深海沉积来研究东亚季风的演变。1994年，德国"太阳号"科学考察船应约前来，成功实现了南海第一个古海洋学的专题航次，在46个站位取得深海柱状样，再用医用针管采样，在南海开创了高分辨率古海洋学分析的先例。

1997年，国务院批准我国加入"国际大洋钻探计划"，首要任务就是争取在我国岸外实现钻探航次。然而钻探航次是经过国际专家投票，从世界各国提交的大量建议书中择优选定的，要想达成这个目的，就必须提出富有竞争力的建议书。于是，汪品先联合国内外同行起草建议书，提出在南海探究青藏高原隆升和东亚季风气候的关系。这份登记号为484号的建议书，因为击中了国际学术界的热点，在1997年全球竞争中脱颖而出，名列第一，立即被安排作为大洋钻探计划（ODP）第184航次，在1999年2—4月实施。随之而来的是逐个井位的审查、答辩和修改。经过将近1年的忙碌，包括南沙在内的6个井位获得通过，汪品先也被邀请担任这一航次的首席科学家。

1999年2月18日至4月12日，国际大洋钻探船"决心号"在南海实施了ODP184航次，时年63岁的汪品先第一次登上大洋钻探船，就担任了首席科学家。这是中国海的首次大洋钻探航次，也是由中国人设计和主持的第一次大洋钻探航次。184航次在南海南北6个深水站位钻孔17口，从水深2000～3300米的海底钻入地层，最深的一口井深入海底以下850米，取得高质量的连续岩芯共计5500米。

这次钻探获取了3000多万年以来的深海沉积记录，为研究东亚和西太平洋地区环境的长期演变提供了最佳剖面，为揭示青藏高原隆升、东亚季风形成与变迁的历史，为了解中国宏观环境变迁的机制提供了条件，也为揭示南海的形成演化和开发南海资源提供了极其宝贵的资料。这也就是汪品先在20世纪90年代做"院士后"的业绩。

南海大洋钻探的深海沉积记录，为研究亚洲季风演变开拓了新领域，推进了国际古季风研究。1998年，汪品先组织了亚洲季风演变国际工作组，2007年，他又组织全球季风演变国际工作组，从深海出发对季风气候演变提出了新认识。为此，欧洲地学联盟（EGU）授予他"米兰科维奇奖章"，这是EGU授予中国科学家的第一枚奖章。

完成我国空前规模的深海研究计划

南海最深处达5000多米，是我国岸外主要的深海水域，也是我国挺进深海的首选。南海的开发利用在于周边的陆架陆坡，而理解南海的钥匙，却在水深超过3500米的深海盆。从2007年开始，汪品先和同事们积极申请、反复研讨，建议国家自然科学基金委员会设立探索南海深部的重大研究计划，举全国之力实现深海科学的突破。基金委员会立项是要竞争的，2009年第一次答辩就没有通过，深海研究的建议输给了河流的项目，出师不利。

"如果在一个范围有限的边缘海，将现代深海过程与地质演变结合起来研究，就有可能通过'解剖一个麻雀'，在崭新的水平上认识海洋变迁及其对海底资源和宏观环境的影响。"正如汪品先所说，南海是最佳选择。

经过努力，"南海深部过程演变"的重大计划于 2011 年启动，为期 8 年。可喜的是，2012 年党的十八大通过"建设海洋强国"战略，改变了"南海深部计划"的命运。

党的十八大以后，各部门都加强了对海洋研究的投入，多项重大的深海技术得到发展，但是全国并没有一盘棋的顶层设计，技术设备的应用对象并没有明确。在这种情况下，国家自然科学基金委员会的"南海深部计划"在科学层面上把各部门连接在一起，去攻关这个共同的科学主题。

"南海深部计划"执行 8 年，最后因为成果集成又延长 1 年。9 年里总共立项 60 个，全国参加单位 32 个，参与人员 700 多人次，是我国海洋领域第一个大型基础研究计划。尤为突出的是超越原定计划，实现了 3 个半航次的国际大洋钻探、3 个载人深潜航次，投放了数以百计的深海观测潜标锚系，取得的实际结果大大超越了立项时定的目标。正因为有了大洋钻探在深海底部取上来的大洋地壳岩芯，揭示了南海岩石圈张裂的过程和原因，才能探索深海盆的成因机制，我国也闯入了深海科学的最前沿。"海洋如何形成"是地球科学的一个基本问题，世界上已经揭示海洋成因机制的只有大西洋，那是 20 多年大洋钻探的研究结果，而南海在几年里就取得了不同的研究结果。

再如深潜航次，"南海深部计划"启动时我国还没有载人深潜器。国产的"蛟龙号"和"深海勇士号"建成之后，都将首次科学试验航次提供给南海，加上非载人深潜航次，"南海深部计划"在深海底首次发现了海山上的多金属结核场和结壳，发现了深海冷水珊瑚林和残余洋脊附近的古热液矿。2018 年汪品先在 82 岁高龄时亲自乘坐"深海勇士号"，潜入南海水底发现了冷水珊瑚林，被传为科坛佳话。其实他是把执行南海大计划的 9 年比作长跑，作为指导组长他不仅担任教练，而且跑到最后一圈时自己也上了运动场。

努力夺回南海科学的主导权，当代的深海科学是在最近半个多世纪发展起来的，主角是拥有高科技手段的欧美国家。南海的深海也不例外，海盆的成因最初是在20世纪70—80年代由美国和法国各有一篇博士论文提出来的，根据是他们船只进行的海底磁异常测量。其实整个海洋科学，就是在欧美产生的，介于两者之间的北大西洋研究程度最高。因此，学术界的主流观点里难免在不同程度上带有欧美的"胎记"，这也就是"南海深部计划"遇到的学术挑战。

就说南海成因，历来是由欧美人提出，中国人引用。20世纪90年代以来，主流观点认为南海的形成属于大西洋的"非火山型"模式，应当有地幔岩剥露，经过长期海水风化产生蛇纹岩。但是，南海大洋钻探的结果否定了这种模式，取上来的岩芯不是蛇纹岩而是玄武岩，说明裂谷之后很快就有岩浆溢出，与大西洋模式大相径庭。"南海深部计划"团队提出了新的认识："南海不是小大西洋"，这是两种根本不同的海盆形成机制，前者是"板缘裂谷"，后者是"板内裂谷"。南海和西太平洋边缘海都是在板块俯冲带形成的，属于"板缘裂谷"系列，不能照搬大西洋的模式。

另一大突破是气候演变的"低纬驱动"。气候演变的研究起步于大冰期的发现，因此，流行观点认为是由北半球高纬度地区变化过程所决定的，具体说就是北极冰盖和北大西洋深层水的盛衰引领着全球的气候变化。南海的研究发现，低纬地球的水文循环能够直接响应外因驱动，并不是由高纬过程决定的，从而提出了气候演变"低纬驱动"的观点。

这样，"南海深部计划"不但通过"解剖麻雀"揭示了边缘海的"生命史"，对于南海的形成演化和深部过程的运作提出了崭新的系统认识，而且根据在南海的新发现，对海盆形成和气候演变机制的传统认识提出了挑战。南海深部的事实表明，对大西洋的研究开创了深海科学，但是大西洋的模式不等于全球的规律。

汪品先院士说，正是上述种种的进展，使得对南海深部的认识上了新台阶，成为国际边缘海研究程度最高的一例。这一计划的完成向世界表明，对南海深部的基本研究是以中国人为主完成的。现在我们可以理直气壮地说：中国已经夺回了南海科学的主导权。

当然，作为面向国际的深海研究计划，"南海深部计划"的开展并非没有阻力。汪品先举自己为例说，几乎没有一篇文章能够在国际刊物上顺利发表，有的评稿人甚至说："你们应该讨论区域问题，而不是全球问题"，原因就是"低纬驱动"挑战了"高纬驱动"的传统认识。即便是南海接二连三的大洋钻探航次，也并非所有国家的代表都给予支持，对建议书投票时就有人出于非科学原因加以反对。更加严重的就是对国际合作赤裸裸的政治干涉，如2016年原定夏威夷大学"双鱼座号"两台载人深潜器来南海合作，就在起航之前被迫取消航次。

至今，"南海深部计划"已经圆满收官。但是，汪品先却毫无倦意，继续讨论着南海深部大型研究计划。汪品先说，此前的工作集中在南海北部，南海南部的研究尚待开展。只有南北结合，才能取得南海深部完整的图景，使南海深部成为国际海洋科学的天然实验室。

当选院士之后的30年，汪品先全身心投入了南海深海探索。他说："我国的海洋事业迎来了'郑和下西洋'以来的最好时机，许多我年轻时想做而做不成的事，到老了该谢幕的时候反而要登场，怎能不抓紧宝贵的时间？"同时他也明白，深海并不是终极目的，重要的是发挥深海科学的辐射效应，一方面从深海入手推进地球系统科学，使我国整个地球科学上升到系统科学的新水平；另一方面要利用深海科普的社会效应，激活华夏文化中的海洋成分。

为此，汪品先至今仍像年轻人一样，在科学园地里继续耕耘。天道酬勤，汪品先的努力已经"立竿见影"。他主笔的《地球系统演变》已经第3次印刷；他那"深海浅说"的科普网站，已经吸引了10多万"粉丝"。我们也希望这位"深海勇士"老骥伏枥，再创新功！

（撰稿：同济大学　程国政）

参考文献

[1] 许琦敏. 汪品先：中国版"老人与海"[N]. 文汇报，2012-05-21.

[2] 张建松. 八旬深海"勇士"的慷慨和小气：记我国著名海洋地质学家、同济大学汪品先院士[N]. 新华每日电讯，2019-03-18（5）.

[3] 王庆. 汪品先：深海守望者[N]. 中国科学报，2013-12-06（1）.

[4] 吴苡婷. 青松宜晚年丹心在玉壶！汪品先院士与他的科学情怀[J]. 上海科坛，2018.

刘永坦
为祖国筑起"海防长城"

> 刘永坦（1936年12月—），雷达与信号处理技术专家，中国科学院院士、中国工程院院士，对海探测新体制雷达理论与技术的奠基人和引领者。领导和培育的创新团队率先在国内开展新体制雷达研究，技术成果"领跑"世界，成功实现工程应用，在保卫祖国海疆中发挥着不可替代的强大作用。曾获国家最高科学技术奖，两次获得国家科学技术进步奖一等奖。2019年获国家最高科学技术奖，并荣获"最美奋斗者"称号。

战火纷飞山河碎　碧血丹心图自强

1936年12月1日，刘永坦出生在南京一个温馨的书香门第。然而，生活在内忧外患的乱世，无论什么样的家庭，都无法摆脱那挥之不去的阴霾和苦难。国家蒙难，民何以安？出生不到一年，他就随家人开始了逃难

刘永坦　为祖国筑起"海防长城"

生涯。从南京到武汉，从武汉到宜昌，从宜昌到宜昌乡下，从宜昌乡下再到重庆，后来又从重庆回到南京，饱受10多年流离之苦的刘永坦自懂事起就对国难深有体会。"永坦"不仅是家人对他人生平安顺遂最好的祝愿，也是对国家命运最深的企盼。正因如此，自强、强国的梦想从小就在他的心里深深扎下了根。

"'死去元知万事空，但悲不见九州同。王师北定中原日，家祭无忘告乃翁。''三十功名尘与土，八千里路云和月。莫等闲、白了少年头，空悲切。'……我永远不会忘记在昏暗的菜油灯下做完作业后，聆听母亲用慈祥动人的声音诵读诗词和讲解家国大义时的激情。"刘永坦很早就在母亲的"监督"下读史书、诵诗文、勤思考，培养出了很强的求知欲和爱国心。父亲常常告诉刘永坦，科学可以救国，可以振兴中华。13岁那年，中华人民共和国的成立更让他坚定了刻苦学习、科技兴国的信念。

1953年，刘永坦怀着投身祖国工业化的决心，以优异的成绩考入哈尔滨工业大学（简称"哈工大"）。经过一年预科、两年本科的学习，成绩优异的他作为预备师资之一，被学校派往清华大学进修无线电技术。1958年，刘永坦回到哈工大参与组建无线电工程系。这年夏天，他走上了大学讲台，正式成为哈工大的青年教师和科技工作者，成为向科学进军的中坚力量之一。

1965年春，刘永坦参加了科技攻关第一战，承担了国家"单脉冲延迟接收机"的研制任务，主持并提出了总体设计方案。遗憾的是，他还

213

没有来得及完成人生中的第一项研制任务，"文化大革命"就开始了。1970年刘永坦插队落户到黑龙江省五常县，暂别雷达尖端技术的研发来到农村种大米，深谙历史进程的刘永坦非但没有心灰意冷，反而愈挫愈勇，历苦弥坚。因为他知道，社会在发展的过程中难免会出现波折，处于逆境之中的个人必须经得起考验。

"爱国就要真正了解我们的国家，千千万万的农民不都是这么辛勤劳苦吗？我有什么好抱怨的？"积肥、插秧、除草……这些一样都不会也没关系，学就是了！繁重的水田劳作没有使刘永坦消沉下去，反而激励他做起了"合格的农民"，但也因此落下了伴随一生的腰病。

1973年重回学校后，刘永坦所在的专业正在从事声表面波的器件研究。由于研究需要大量的数字计算，他成为系里第一个学会使用计算机的人。1978年，刘永坦被破格晋升为无线电系副教授。同年8月，他以优异的成绩考上出国外语培训班快班，成为改革开放后第一批出国人员之一。

1979年6月，刘永坦到英国埃塞克斯大学和伯明翰大学进修和工作。伯明翰大学电子工程系拥有丰富的文献资料和先进的实验设备，聚集着一大批研究雷达技术的知名专家和学者——刘永坦的指导教师谢尔曼教授就是其中之一。

异域未敢忘报国　壮士归来获突破

来英国之初，谢尔曼给了刘永坦大量的英文文献去学习。凭借过硬的英文功底、深厚的专业知识，刘永坦很快完成了"作业"。他的勤奋、刻苦和才华赢得了谢尔曼的信赖和赏识。谢尔曼开始让他帮带博士生，并让他参与到重大科研项目"民用海态遥感信号处理机"的全部研制工作。这一技术对于刘永坦来说是一个全新的领域，他深知此项课题的艰巨性。

设计—试验—失败—总结—再试验……无数个日日夜夜在刘永坦的

刘永坦　为祖国筑起"海防长城"

钻研中悄无声息地溜走。终于，一年多以后，他顺利完成了具有国际先进水平的信号处理机研制工作。谢尔曼评价说："刘永坦独自完成的工程系统，是一个最有实用价值、工程上很完善的设备，其科研成果无论在理论上还是实践上都很重要。他的贡献是具有独创性的。"进修期间，伯明翰大学授予刘永坦"名誉研究员"的称号。

通过这次难得的科研任务，刘永坦对雷达有了全新的认识。传统的雷达虽然有"千里眼"之称，但也有"看"不到的地方。世界上不少国家因此致力于研制新体制雷达，从而使"千里眼"练就"火眼金睛"的本领。

"中国必须要发展这样的雷达！这就是我要做的！"1981年的金秋，进修结束后的刘永坦立刻起程回国。此刻，他的心中已萌生出一个宏愿——开创中国的新体制雷达之路。

除了基本理论和思路外，刘永坦根本找不到多少资料，更没有相关的技术可供借鉴。对此，当时有人说，大的研究院所尚且不具备这样的条件和能力，更别说一所大学了；还有人说，这样的研究风险太大、周期太长，很可能把时间和精力都搭进去了却一事无成……但是刘永坦不改初衷。

1982年初春，刘永坦专程赶赴北京，向当时的航天工业部预研部门领导汇报，翔实地介绍了当时发达国家新体制雷达发展的动态，并畅谈了自己的大胆设想。预研部门的领导听得十分认真，当场决定支持刘永坦的设想，希望他迅速组织科技攻关力量，早日把新体制雷达研制出来。得到支持后，刘永坦立即进行了细致的策划和准备。他根据当时世界上雷达的最新技术信息，运用自己在国外取得的科研新成果，采用独特的信号与数字处理技术，提出了研制中国新体制雷达的方案。也是在这一年，刘永坦光荣地加入了中国共产党。

经过10个月的连续奋战，一份20多万字的《新体制雷达的总体方案论证报告》诞生了。1983年夏，原航天工业部科技委员会召开方案评审会，对这份新体制雷达方案报告做详细评审。专题会开了整整4天，最后与会专家们一致表决通过该报告。

这是一场填补国内空白、从零起步的具有开拓性的攻坚战。接下来的战斗更加艰苦卓绝，经过 800 多个日日夜夜的努力、数千次实验、数万个测试数据的获取，刘永坦主持的航天部预研项目"新体制雷达关键技术及方案论证"获得丰硕成果，系统地突破了传播激励、海杂波背景目标检测、远距离探测信号及系统模型设计等基础理论，创建了完备的新体制理论体系。这些关键技术的突破为中国新体制雷达研制成功打下了良好基础。

1986 年 7 月，航天工业部在哈工大举行了新体制雷达关键技术成果鉴定会。50 多位专家认真审查、讨论和评议，一致认为："哈尔滨工业大学用两年多的时间在技术攻关中取得了重大进展，已经掌握了新体制雷达的主要关键技术，某些单项技术已经进入国际国内先进行列。由于主要关键技术已经突破，证明原定方案是可行的，已经具备了进一步完善雷达系统设计并建立实验站的条件。"从此，新体制雷达从预研项目被列为国家科技应用与基础研究项目。

自古英豪成大器　功夫皆是苦中来

刘永坦和他的团队已经完成预研使命，完全可以结题报奖了。但是，他认为仅仅"纸上谈兵"是不够的，国家真正需要的是进一步建立有实际意义的雷达实验站。1986 年，刘永坦开始主持"新体制雷达研究"，再一次出发，为研制成完整的雷达系统而奋力拼搏。

进行雷达研制，研究人员大部分时间都要在现场做试验。外场试验期间，刘永坦他们常常在条件恶劣的试验现场一干就是几个月，临近春节前一两天才能回家与亲人团聚，短短几天之后又得返回试验现场。

刘永坦曾反复对团队成员们说："跟理论相比，实际情况会有很多意想不到的事情掺入其中，需要仔细分析各种各样的原因，一件件解决。

刘永坦　为祖国筑起"海防长城"

这也是好事，因为不碰到实际问题永远也提高不了，你有的都是书本上的很漂亮的理论，但往往套到实际中去就发现不是那么回事了，只有在实际中解决问题，才能体现出理论的完美。"

调试初期，系统死机频频出现。问题究竟出在哪里？几十万行的大型控制程序，再加上发射、接收、信号处理、显示等设备组成的庞大系统，任何一个微小的故障都可能导致整个系统无法运行。要从这么大的系统中找出问题的症结，工作量无疑是很大的。可试验中的运行状况是决定项目能不能顺利转入下一阶段研制的关键。刘永坦率领他的团队，每天工作十几个小时，从系统的每一个程序开始检查，发现一个问题就解决一个问题，从而保证了系统的稳定运行。

作为主帅，刘永坦承担着比别人更加繁重的工作。虽说有了当年在农村的磨砺，但他并不认为工作有多辛苦。可即便如此，他们在外场做试验的劳动强度也远非常人可比——每天工作十几个小时，常常由于赶不上吃饭而用面包充饥，困了就倒在实验室的板凳上凑合一觉……超负荷的脑力和体力付出，铁打的汉子也会被击倒，疼痛难忍的腰椎间盘突出曾让他几个月不能行走。有一次，在攻克某个关键技术时，他因为长期劳累而倒在了现场。上不了"前线"，就"运筹"于病床之上，刘永坦硬是躺在床上，坚持和大家一起"奋战"，终于打败了挡在必经之路上的"拦路虎"。

新体制雷达不同于以往的微波雷达，就连当时航天部的专家们在论证时也低估了其工程化的难度。批复的经费在采购完必要的仪器设备之后，可支配的资金已经所剩无几。有道是"巧妇难为无米之炊"，面对这种境况，有些人灰心了。关键时刻，刘永坦不但没有退缩，反而奋勇直前。经过反复讨论，他们决定自筹资金并争取到国家有关部门的大力支持。随后的日子，这群优秀的科技工作者顶风冒雪，日晒雨淋，终于在1989年建成了中国第一个新体制雷达站，成功研制出了我国第一部对海新体制实验雷达。

1990年4月3日，对于团队所有人来说，都是一个难忘的日子。这一天，刘永坦他们首次完成了我国对海面舰船目标的远距离探测试验，标志着新体制雷达技术实现了我国对海探测技术的重大突破。当目标出现在屏幕上时，团队成员们都流泪了，为的是成功后的狂喜，为的是8年来不为外人知晓的艰辛。8年之中，刘永坦的团队也从当初的6人攻关课题组发展成了几十人的研究所。

1990年10月，国家多个部门联合举行的鉴定会宣布："新体制雷达研究成果居国际领先水平。"1991年，该项目荣获国家科学技术进步奖一等奖。

黄沙百战穿金甲　不破楼兰终不还

"一定要把实验室里的成果变成真正的应用。"研究成果虽然获得了国家科学技术进步奖一等奖，但刘永坦觉得还远远不够。他认为这些成果倘若不能变成真正的应用，那无疑就像是一把没开刃的宝剑，好看却不中用，对于国家来说也是一种巨大的浪费和损失。

一切为了国家的需要，面对人生的又一次重要抉择，刘永坦又一次做出了继续勇往直前的决定。这一次，他知道不止需要8年。随后发生的事情，让刘永坦"意外"地深深感动了一回。在得知他的决定之后，团队成员竟然全部义无反顾地做出了全力支持的决定。

由于在雷达、制导技术方面的创造性科学成就和突出贡献，刘永坦于1990年被人事部批准为有突出贡献的中青年专家，1991年当选为中国科学院学部委员（1993年改称院士），1994年又当选为中国工程院首届院士。对此，刘永坦说过这样一句话："我这个'双院士'称号，是整个研究所集体智慧的结晶。"的确，科学技术发展到今天，科研活动不太可能再允许一个人去单打独斗。新体制雷达研制队伍就是一个相互协作的团队。

"新体制雷达项目得到了国家高度重视。它对国家、学校和专业都意

刘永坦　为祖国筑起"海防长城"

义重大，我们压力很大，但必须做好。"1997年，新体制雷达被批准正式立项，哈工大作为总体单位承担研制工作，这在国内高校中尚属首次。大家深知，面前是一条只能进不能退的路。

为了解决国家海防远程探测的迫切需求，必须研制具有稳定、远距离探测能力的雷达，然而，从原理到工程实现涉及电磁环境复杂、多种强杂波干扰等国际性技术难题。面对世界各国均难以逾越的技术瓶颈，刘永坦带领团队，历经上千次实验和多次重大改进，对长期以来困扰雷达的诸多威胁提供了有效的对抗技术措施，终于在21世纪初形成一整套创新技术和方法，攻克了制约新体制雷达性能发挥的系列国际性难题。

宝剑锋从磨砺出，梅花香自苦寒来。按照国家有关部门提出的继续提高雷达性能的要求，又是10余年的艰辛努力和刻苦攻关，刘永坦和他的团队又一次圆满完成了任务，2011年成功研制出我国具有全天时、全天候、远距离探测能力的新体制雷达——与国际最先进同类雷达相比，系统规模更小、作用距离更远、精度更高、造价更低，总体性能达到国际先进水平，核心技术处于国际领先地位，这标志着我国对海远距离探测技术的重大突破。2015年，团队再次获得国家科学技术进步奖一等奖。

面向国家未来远海战略需求，自"十五"开始，刘永坦还带领团队规划实施了对海远程探测体系化研究，逐步开展了分布式、小型化等前瞻技术的自主创新，为构建由近海到深远海的多层次探测网、实现广袤海域探测提供有效的技术手段。

"雄关漫道真如铁，而今迈步从头越。"投身教育科研事业60余年的刘永坦始终有一种强烈的紧迫感和使命感。他始终不忘初心，一直践行着身为知识分子的强国梦想和爱国情怀，凝聚了一支专注海防科技创新的"雷达铁军"，培养了包括两院院士在内的一批科技英才，耄耋之年仍奔波在教学、科研一线，继续为我国筑起"海防长城"贡献力量。

（撰稿：哈尔滨工业大学）

杜祥琬
求实创新　为国奉献

杜祥琬（1938年4月—），应用物理、强激光技术和能源战略专家，中国工程院院士。曾主持我国核试验诊断理论和核武器中子学的精确化研究，我国新型强激光研究的开创者之一。主持了我国能源中长期发展战略研究和几个能源重大工程的战略咨询，提出了系列创新思想，为我国能源战略研究和推动能源可持续发展作出了重要贡献。曾获国家科学技术进步奖特等奖1项、一等奖1项、二等奖2项，2000年获何梁何利基金科学与技术进步奖。

"我是1998年认识他的。当时，国家863计划激光团队在一次重要的实验中要用到一面特殊的非球面镜，这面镜子在运输至试验场的途中出现了损坏，当时大家都万分着急，实验时间是不能耽误的。试验场的领导向我介绍说，我们这里有位郝师傅，他有绝活，可能有办法，不知道能不能请得动他。我作为实验的负责人，当即决定去登门拜访。在说

杜祥琬 求实创新 为国奉献

清楚这面镜子的特殊意义后，老郝没有二话，花了几天时间就把镜子赶制了出来，从而保证了实验的成功，大家都非常感动并由衷敬佩。从此，老郝也成了我的好友，是在为国家的事业共同奋斗中结交的战友。2018年，在那次实验成功20年之际，当年实验团队的骨干们，在当年老地方自发地聚在一起，为那次不寻常实验的成功倾心交谈，大家特别提到了老郝那一招儿的重要贡献。老郝本人则把那次实验称作'1号任务'，他说，能把'1号任务'的光学加工交给他，是对他最大的信任。这好像是一个从天上掉下来的任务，他只是顺从了天意。他说，我没有给养育我的祖国丢脸。"

上面的这段珍贵记忆整整保存了22年，老郝全名郝沛明，是光学加工领域专家，讲述者是我国新型高能激光事业的开创者杜祥琬院士。22年，时间见证了两位"80后"老人的不解科学情缘，见证了以他们为代表的我国强激光事业科技工作者的奋斗历程，这个故事是杜祥琬科研工作生涯的一个缩影和真实写照，"科学求实创新、奉献国家需要"是他一生所秉持的原则和进步的动力。

1938年4月29日，杜祥琬生于河南南阳镇平。他的幼年正是抗日战争时期，悲惨的经历和父母的影响使他从小在心中深深埋下了爱国和报国的种子，后在开封接受了初等和中等教育。1959年夏，在当时第二机械工业部副部长钱三强的主持下，国家选派30名大学生赴苏联留学，他被选中，到苏联莫斯科工程物理学院攻读原子核物理专业，在莫斯科的5年学习使他有机会受到严格的理工科训练，打下了扎实的理论研究基础。

1965年年初，他被分配到九院理论部，从事核试验诊断理论研究工作。当时，正是突破氢弹原理的时候，老一辈著名科学家们献身国家国防事业的高尚情操、科学求实、平易近人的工作作风，团结协作、刻苦攻关的工作精神，尤其是他们坚实的学术功底、严谨的学风、高超的解决实际问题的能力，在一线带领、指导青年人攻克一个又一个难关的实践工作经验，以及民主的学术氛围，都给杜祥琬以深刻启迪。1971年11月，在人民大会堂以周恩来总理为首的中央专委听取了与新型核试验有关的工作汇报，杜祥琬作为青年技术骨干参加了汇报。周恩来总理详细地询问了理论设计方案和安全等问题，这次汇报更使他感到肩上责任重大，更加坚定了干实事报效祖国的决心，也越发勤耕不辍。

求实创新，主持我国核试验诊断理论和核武器中子学的精确化研究

1975年，九所所长周光召提出让杜祥琬当副所长，本着想在科研一线多做具体工作的强烈愿望，他婉拒了，为此甚至还动员同事为他"说情"，周光召同意，但说"那也不能让你轻松"，要他重组中子物理学研究室，做室主任，这是科研的事儿，杜祥琬愉快地接下了任务。但中子物理的这摊工作受"文化大革命"冲击，已经废弃多年，要重组研究室谈何容易？当时大家对于要干的事情都抱有观望和怀疑的态度，面对严峻的现实状况，杜祥琬要带着大家把事情重新干起来，困难可想而知。

要重组研究室，得先把人找齐。谋划分几个组，按照任务需要划好技术方向、领域，让谁当组长，谁抓哪个方向，他心里大概有一些人选之后，第一步就是开始请贤动员，分别找人谈心，做工作。第二步就是开展学术报告，根据科室的分组，提出一系列学术报告的题目，一一分配给各个骨干。学术报告的开展首先是一个大家恢复知识的过程，而每次报告之后的讨论，唤起了大家的热情和积极性，很多人重新感受到了自身的价值，冷却的心开始被激活了。报告讲完之后，大家坐下来一起讨论，看看下面需要做什么，纷纷出谋划策，工作内容也就跃然纸上。学术报告持续了好几个月，一轮下来，带动了题目，形成了课题研究，组长们开始抓工作，

工作就这样在无形中正常开展了。

核试验诊断理论，是为了核试验和改进核武器物理设计用的，中子学精确化研究，是第二代理论设计必需的工作，是为精密设计核武器而做的。他和同事们系统发展了我国核武器中子物理学理论，提出了非线性中子输运方程及其解法等；在主持核试验诊断理论研究期间，提出了一系列新的诊断思想、方法和多种热测试手段并成功实施，为核试验的成功和核武器设计的改进作出了重要贡献。后来，他和大家将研究成果编撰成书《核试验诊断理论》，并在扉页写下一句话"谨以此书献给在草原、山沟、戈壁滩上和计算机旁，为我国核试验成功献出了青春和生命的人们"，书送到印刷厂，印刷厂反馈说这一页内容和技术无关，可以去掉，大家说"这一页最重要"，这是作者内心最真实感情的表达。

求实开拓，引领我国强激光事业发展进入世界先进行列

20世纪80年代初，美国提出"星球大战"计划。为了应对国际科技发展趋势，国家863计划应运而生，杜祥琬积极响应国家战略需要和安排，由核物理领域"跨界"转向强激光技术领域。他重新学习了大量有关的专业知识以充实自己，对二十几年来国内外强激光技术发展的曲折道路进行了独到的总结，分析了导致前人多次失败的科学技术和领导决策上的原因，对技术路线的取舍提出了几个"有所为"，特别是提出了几个"不为"的思想，经过多年的研究实践证明是正确的。

作为首席科学家，他以"实践—理论—实践"的哲学思想指导工作，主持制定了符合我国国情的发展目标、研究重点与技术途径等发展战略与实施方案。他多次强调全国大协作是强激光事业发展的灵魂，通过公正择优，形成了一个跨部门的、由优势单位组成的国家队。他善于听取

科学家精神 求实篇

不同意见，集思广益，处理好总体和局部的关系、处理好总体负责单位和各任务承担单位的关系。每当关键时刻，他总能群策群力，集中大家的智慧，最后做出正确的判断和决策。例如，激光主题之初，激光器的选择有多种，多个技术方案都在探索推进。1992年，这个技术路线到了必须做出选择的时候，究竟选择哪种技术路线是个难题。

作为专家组首席科学家，杜祥琬组织了多轮的论证与讨论，最终从发展潜力和技术及工程的难度来判断，实事求是地做出了科学的选择，有效避免了单位和个人的局限性。之后30多年的发展实践证明，这种决策非常正确。与此同时，杜祥琬也有计划性地引导其他技术团队去做一些基础性的工作，确保其有一定的课题经费支持，实现逐渐地平稳过渡，这些团队在做攻关过程中也不断地积累了技术和经验，取得了较好的发展。

杜祥琬一直强调，强光的光束质量就是整个激光系统的生命线。指出强激光系统屡战屡败的一个很重要原因就是对这个光束质量的认识不够深刻，所以他多次组织主题专家组召开光束质量研讨会，为提高光束质量献计献策，对从激光器出来到全过程的光束质量控制提出了明确要求，各分系统承研单位按照要求分别组织改善光束质量，使得全系统的光束质量得到了不断的提高。与此同时，他也亲自对系统的光束质量及评价方法做了系统性、创新性研究，提出了系统各环节影响光束质量及系统核心特征量（亮度）的因素和相应技术措施，撰写了高能激光《光束质量的四因子描述》《实际强激光远场光束质量的一种评价方法》《高能激光系统若干物理因素的分析》等文章。经过团队10多年的集体攻关，实现了全系统高质量的强光光束控制，进而实现了近衍射极限强光输出和国际领先的钠信标光源。

经过30多年的发展，我国激光高技术领域取得了多方面的历史性重大进展，杜祥琬发挥了开山辟路的引领作用，他一切从实际出发、强调全局大局、尊重人才、尊重知识的领导风范和人格魅力对激光团队产生了深刻影响，一声亲切的"首席"是大家对杜祥琬最由衷的敬佩。在一次重大实验取得成功后，专家组成员马祖光教授曾说过这样一句话"人这一辈子，干成一件这样的事，足矣"，杜祥琬也不禁在笔记本上写下了"能够为国家的富强和老百姓的扬眉吐气做一点实际的工作，是最大的精神享受，是任何物质享受所难以比拟的"。谈到多次去各地试验场看望激光团队的感受，他连用3个"最"字：最高兴的是看到年轻一代在繁重任务下精神饱满、斗志昂扬；最开心的是看到大家技术上取得进展，试验获得成功；最欣喜的是目睹年轻人在历练中成长，承担重任。

据新华社报道，为了解决"低慢小"飞行器带来的新型安全威胁问题，在杜祥琬院士的指导下，中国工程物理研究院联合国内优势单位于2014年在世界上率先研发"低空卫士"激光拦截系统。为了更灵活有效地对付"低慢小"飞行器，在单车载式系统的基础上，进一步研制成功了分体组合式"低空卫士"系统，有效解决了城市密集区、高层建筑屋顶等各类阵地部署的难题，为城市及重要核心区域的低空安防提供了一种重要手段，并已在重大任务中发挥了重要作用，是首套得到实际应用的系统。经国家批准，"低空卫士"激光系统也是我国首套走出国门的激光装备。

求实引领，指导推进我国太赫兹自由电子激光研制事业发展

杜祥琬曾指出："'工欲善其事，必先利其器'，科学从测量开始，科学仪器研制是中国科技的弱项，抓仪器研制是提升国家科学技术核心竞争力的重要手段。"中国工程物理研究院太赫兹自由激光实验室在他的指导和关注下，历经两代人"八年冷板凳"的迂回曲折，在 2005 年研制出国内第一个可调谐相干太赫兹光源，实现太赫兹技术领域的飞跃性突破。2011 年 10 月，国家重大科学仪器设备开发专项支持的"相干强太赫兹源科学仪器设备开发"项目立项，致力于解决制约我国太赫兹技术发展的瓶颈问题——缺乏具有一定功率水平的实用太赫兹源，填补了国内空白，在国际太赫兹发展中抢占一席之地，极大地提高了我国的科研自主创新能力。

不管是项目立项之初，还是研发关键阶段，杜祥琬及时跟进并多次莅临现场指导，获得第一手进展资料，就装置的应用提出前瞻性的建议。在最为艰难的 2017 年年初的联调期间，项目组机器不休、人不眠，赶进度抢时间，前赴后继地进行了一轮又一轮的实验工作，由于装置达不到超高真空状态，项目组饱受折磨。2017 年 8 月 25 日，杜祥琬又专程来到实验室，看望作业团队，现场进行分析研判和综合评估，及时、有效地为项目把关诊脉、指引方向，4 天后——8 月 29 日 16 时，CTFEL 装置首次观测到太赫兹饱和出光！科学的坚持终于迎来了胜利的曙光。出光标志着装置的关键成功，作为国内仅有的 3 台运行中的 FEL 装置，CTFEL 是目前唯一超导加速器驱动的太赫兹 FEL，这为我国建立高平均功率 FEL 用户装置奠定了重要的基础。

杜祥琬　求实创新　为国奉献

2020 年 5 月 11 日，杜祥琬院士在《人民日报海外版》发表《"激"情一甲子 "光"彩六十年》一文，其中特别提到这支团队"几十年来在激光领域的实践中，锻炼成长了几代人才。不久前，一支中青年人组成的研究团队为了完成一项国家的科学仪器项目，实现太赫兹波段的自由电子激光出光，并达到技术指标，坐了几年的冷板凳……现在，他们正在关键成功的基础上，把系统做成一个实用的用户装置"。目前，团队一方面在论证 CTFEL 装置的升级项目，致力于建成多个功能设施齐全的用户实验站；另一方面在论证用于极紫外光刻的规模生产，探索为我国解决光刻卡脖子问题找到一个重要的突破口。在他高瞻远瞩的规划和指导下，太赫兹自由电子激光团队发展方向明确、研究路径科学；在其科学务实、实事求是品质的激励下，团队成员脚踏实地，自强笃行，正在为推动我国自由电子激光事业发展继续奋斗。

求实传承，以民族振兴为己任，望年轻人再织锦绣

杜祥琬用"平实做人、勤实做事、求实做学问"的态度和行动书写着自己的人生。刚参加工作时，挂在走廊上的"三老、四严"标语，他如今提起来还是印象深刻，"当老实人，说老实话，办老实事；严格的要求，严密的组织，严肃的态度，严明的纪律"这样的高度责任感和实事求是的科学精神曾经影响了一代又一代孜孜不倦的科研工作者，他自己践行着也希望青年科技工作者学习和传承老一辈科学家的精神，他在 2006 年欧美同学会论坛上做了题为"新时代'海归'的继承和创新"的演讲，着重讲了价值观的选择；在一次成功的试验后，他寄语大家"人生脚步坚实走，众友齐心同奋斗，艰难磨砺开新路，并非闲白少年头。少年头，后生可赞，再织锦绣"，这在青年朋友中激起了十分热烈的反响。他曾在《光明日报》发表《享受辽阔》一文，从茫茫戈壁到浩瀚大海，从无垠宇宙再到历史长河，

科学家精神 求实篇

人类的思维和胸怀使他感受到真正的辽阔。

他说精神支柱是发展的灵魂，精神力量是推动事业发展的强大动力。高水平的科研必然是克服重重困难的结果，需要一种为实现科技强国的伟大目标坚持奋斗的精神动力。科技工作者不仅要有优秀的科技素质，还要有强烈的事业心、责任感和坚韧不拔的奋斗精神，远离浮躁、甘于寂寞、科学求实、锐意创新是科技工作者的重要品格。精神建设是我们科技队伍建设的灵魂，也是建设科技强国的文化保障。从"两弹一星"到863计划，科学精神一以贯之。求真是科学精神的核心，创新是科学精神的特征，家国情怀、使命担当是中国科学家精神的灵魂。这种精神文化是一种软实力，是一种非常硬的软实力，是物质不可替代的力量。在价值观多元化的今天，传承和弘扬这种精神，用以武装一代又一代的青年科技工作者，是意义深远的基本建设，是实现"科技强国"这一新的国家目标的精神长城。

我国正在努力建设创新型国家，并提出了进一步建设科技强国的目标，实现这个伟大目标的关键在于人才，当前国际竞争的根本也在于人才。我国需要一代代有着深厚学术功底又富有科学精神的人才，要求他们求真严谨、求深实干、创新不止、精益求精，同时他们胸怀国家和世界的大局，有丰满厚重的人文素养和家国情怀，以民族振兴为己任，为实现中华民族伟大复兴的中国梦而不懈奋斗。

求实奉献，奋斗永远在路上……

求索之路不会有终点，一个个求实奋进的故事还在继续，但故事将会变成记忆，影响着后来者也留下了历史的印记。杜祥琬曾多次讲到"人类未知多于已知"，如何推动我国高能激光事业的更好发展，如何深化认识我国的能源安全观和资源禀赋，如何推进可再生能源发展，如何实现碳达峰和碳中和的国家目标，如何推进我国经济能源环境的协同发展，如何推动"无废城市"建设并走向"无废社会"，如何进一步弘扬科学家精神……摆在杜祥琬面前的,是一个个未完待续的命题,也是一次次全新而艰巨的挑战,"心向明天,奋斗不止",年逾耄耋之年的杜祥琬,仍然在国家需要的前线继续奉献着自己的光和热。

(撰稿:中国工程物理研究院 崔磊磊 陈思 田飞)

张伯礼
中医药事业的中流砥柱

> 张伯礼（1948年2月—），中医内科专家，中国工程院院士。长期致力于中医药科研、教育、临床工作，在引领中医药现代化发展等方面作出突出贡献。曾多次获得国家科学技术进步奖一、二、三等奖。2006年获何梁何利基金科学与技术进步奖。2020年荣获"人民英雄"荣誉称号。

40余年来，张伯礼在中医药科研及临床工作中，始终坚持"守正创新"，形成中医药原创理论与现代科技融合发展等突出特色，在多个方面取得了标志性成果，引领了中医药现代化发展方向，成为中医药事业的领军人才；躬耕中医教育，倡导强化中医思维，注重临床技能和创新意识培养，首创国家中医教育标准和世界中医教育标准，组织海内外专家编写了全球首部中医药核心课程教材，引领了世界中医教育继承发展，长期坚持临床工作；医德高尚，医术精湛，深受患者信赖，作为新冠肺炎疫情防控中央指导组专家，指导中医药全过程、全方位介入疫情防治，成为中国方案的亮点。

他，勇于担当发挥中医抗"疫"优势

2003年，非典疫情暴发时，张伯礼教授任天津市中医抗击非典总指挥，以宁负自己、不负历史的责任感，主动请缨，在全国率先组建中医医疗队，开辟中医病区，并组织在疫情严重地区开展了中医证候的流行病学研究，应用中西医结合方法救治SARS病患，提高治疗效果，研究方案被世界卫生组织颁布的《非典中医治疗方案》收录。抗击非典的经验，为抗击新冠肺炎疫情提供了良好借鉴。

勇于担当，指导中医药全程抗疫。作为新冠肺炎疫情防控中央指导组专家，他在武汉前线奋战82天，深入医院开展新冠肺炎患者证候学调查，制定临床研究方案，指导中医药全程介入抗疫。提出严格隔离"四类人"，对隔离点采用"中药漫灌""严格隔离"加普遍服中药，有效截断疫情蔓延。将临床救治和科学研究同步推进，在全国率先完成了新冠肺炎大样本中医证候学调查研究，明确了湿毒疫的特点、制定了全过程中医药规范化干预方案。率领"中医国家队"进驻江夏方舱医院，采用中医综合疗法救治564名轻症/普通型患者，实现了零转重、零复阳；经验推广到其他方舱，转重率2%～5%，远低于10%～20%的公认指标；并将转重率确定为核心指标在全国推广。倡导中西医结合救治重症患者，提高了治愈率，降低了死亡率；主持制定全国第一个《新型冠状病毒肺炎中西医结合康复指南》，筹建三个中医康复门诊，搭建被感染医务人员康复管理平台。组织研制宣肺败毒方，并开展制剂学、药理学、毒理学等研究，被国家方案收录为推荐用方；提出"大疫出良药"，积极主持"三药三方"的临床评价及补充注册工作。

积极参加世界卫生组织、世界中医药学会联合会等组织的视频会议

40余次，向美国、日本、澳大利亚等30余国介绍中医抗疫经验。他指导中医药全程介入临床救治，主持研究制定的中西医结合疗法成为中国方案的亮点，为推动中医药事业传承创新发展作出重大贡献。

他，坚持不懈勇攀科研高峰

张伯礼教授从事心脑血管疾病防治和中医药现代化研究近半个世纪，带领团队将中医药原创思维与现代科技结合，用现代科学技术阐释中医药的科学内涵，在中医诊疗客观化、中医药防治重大疾病、创新中药研制、中药大品种培育等方面取得了一系列重要成果，提高了临床疗效，促进了中医药学术进步和产业发展，产生了巨大的社会效益和经济效益。

传承精华，引领循证中医药研究发展。围绕提高中医药的临床疗效和提供中医药临床优势的高质量证据，针对中风、血管性痴呆、心肌梗死等严重危害患者健康的重大疾病，开展了系列临床和基础研究，创建了血管性痴呆"分期证治"理论和中风综合干预方案，显著提高了临床疗效；开展中药对心肌梗死的二级预防研究，采用循证医学方法，结合中医药的特色，采用多中心、大样本、随机双盲双模拟研究方法，证明了中药对心肌梗死二级预防的疗效和临床优势，创建了中医药循证评价技术体系，此项研究是第一个在WHO试验注册平台注册、国际卫生研究机构参与评价的中医药大规模临床研究，成为中医药循证研究的范例，促进了中医药临床研究质量的整体提升，在行业内发挥引领示范作用。

守正创新，引领中药现代化不断深入。方剂配伍是中医临床治疗的特色优势。揭示方剂配伍的科学内涵是中医药"守正创新"的突破点。针对"方剂作用规律"这一科学问题，围绕"药效物质"和"作用机制"两个相对清楚，突破系列关键技术，创立了组分中药理论，开拓了以组分配伍研制现代中药的新途径，实现了从饮片配伍向组分配伍的跨越，搭建了经验组方和科学研究融合的桥梁,为揭示中药"黑箱"提供方法。通过多学科协同攻关,他带领团队建立了包括6万个组分的中药组分库,研制成功了包括芪参益气滴丸、三叶糖脂清等多个组分中药新药,支撑一批中药国际注册,建成了第一个中医药国家重点

实验室——组分中药国家重点实验室。组分中药既保持了中医配伍的优势,又提高了中药制剂质控水平和临床疗效,引领了现代中药发展方向,在中药现代化研究领域起到了示范作用,在中药新药创制、中成药大品种二次开发和智能制造等领域也得到广泛应用,成为中药现代化的标志性成果。尤其在中成药二次开发领域,针对制约中成药做大做强的共性问题,率先提出了中成药二次开发策略、方法和关键技术,创立了基于系统工程学的中成药二次开发模式,建立核心技术体系,应用于全国19个省市近百家企业,培育了中药大品种群,推动了中药产业技术进步。

他,传承薪火躬耕中医教育

传承弘扬,引领全球中医教育健康发展。培养医学生树立较强的中医思维,强化辨证论治的能力,传承中医药事业,关键还要搞好专业教育,这也是张伯礼教授始终坚持的工作重心。他非常重视中医药教育质量提升及标准化建设,致力于创建中医药高等教育规范,工作中始终倡导强化中医思维,提出了"中医思维、临床技能、职业素养三位一体"的实践教学

模式，注重临床技能和创新意识的培养，两次荣获国家教学成果一等奖。主持制定了国内首个中医本科医学教育标准——《中国·中医学本科教育标准》，在全国开展了中医药标准化建设和中医学专业的认证工作，对规范中医办学、保证教育质量发挥了重要作用。作为世界中医药学会联合会教育指导委员会主任委员，主持制定了世界中医学教育史上第一个国际标准——《世界中医学本科（中医师前）教育标准》，并被颁布执行，并在全球五十多个国家和地区推广应用，组织编写世界中医核心教材，建立国际中医师资培训基地，有力推动了中医教育的国际化和标准化，引领了全球中医教育健康发展。

薪火相继，培育中医药接班人。张伯礼在中医药人才培养上倾注了大量心血。作为一位校长，他始终以学生为本，落实立德树人根本任务。2009年，倡导创立勇搏励志班育人模式，以"责任、坚韧、克己、奉献"为班训，坚持"德育为先、能力为重"的教育理念，注重学生的自我激励、自我磨练、自我管理和自我提高，注重自主学习和专业实践能力提升。截至目前，勇搏励志班已成为素质教育的重要载体和阵地，成为营造浓郁校风学风和人文精神的有力引擎，并取得了良好的社会效果。为进一步激励、资助在校家庭困难和立志于中医药发展事业的优秀学生，激发和培养他们"勇于拼搏，敢于奉献，重于创新"的胸怀与抱负，他先后捐出个人获得的各类奖金400余万元，设立"勇博奖助学基金"，奖励品学兼优的学生，在社会各界人士的支持下，该奖学金已超过500万元，在激发和培养青年学子进取精神方面发挥着愈来愈大的作用。作为一位教师，培养出一批超过他的学生，就是他最大的心愿，多年来共培养了硕士、博士研究生及博士后300名，获全国百篇优博3篇，提名2篇。其中包括长江学者、国家杰出青年、万人计划等一批骨干人才。作为一位管理者，2011—2018年，兼任中国中医科学院院长期间，以发挥"国家队"作用为统领，提出"推倒围墙，整合资源，优势互补，和合共进"工作方针，加大对高层次科技领军人才和创新团队引进扶持力度，打造了一支由院士、国医大师、首席研究员、客座研究员、学科骨干为主体的人才梯队，搭建了一系列国家级平台，取得了一批重大成果及多项国家奖，显著提升了科学院研究水平，在国内外产生重要影响。

张伯礼将中医药传承与创新融为一体，开放包容、富于创新、治学严谨、求真务实，引领中医药现代化发展。作为科研工作者，他带领科研团队始终面向国家战略需求和行业痛点进行科技攻关；作为教育工作者，始终致力于中医药教育与传承，不断探索中医药人才成长规律；作为中医临床专家，始终以"贤以弘德、术以辅仁"为座右铭，以医者仁心、行仁爱之术，为中医药事业做出了重大贡献。如今，中医药作为"中国古代科学的瑰宝"，迎来前所未有的发展机遇，把中医药伟大宝库继承好、发展好、利用好是我们这一代中医药工作者的光荣使命，继续深入发掘中医药宝库中的精华，充分发挥中医药的独特优势，推进中医药现代化，推动中医药走向世界，需要我们再接再厉、接续奋斗，谱写新时代中医药创新发展新篇章！

（撰稿：天津中医药大学　薛晓娟）

李登海
痴迷育种研究
走中国高产玉米之路

李登海（1949年9月—），杂交玉米育种专家。长期致力于提高我国杂交玉米的高产攻关研究和高产玉米品种选育，在我国率先培育出具有亩产700公斤到1600公斤高产能力的系列紧凑型杂交玉米新品种，为保障国家粮食安全作出巨大贡献。2004年获国家科学技术进步奖一等奖，2019年荣获"最美奋斗者"称号。入选"庆祝中华人民共和国成立70周年大型成就展"1980—1989年英雄模范人物。

中国农民不比美国农民差

1966年，17岁的李登海初中毕业回到家乡山东莱州邓家村务农，他当时的愿望很简单，就是努力打粮，能够吃饱饭。1970年，他进入了当地农科队，后来担任队长。

1972年，他偶然看到了中国赴美国农业考察团带回来的一些材料，介绍了美国农民华莱士创造了春玉米亩产1250公斤的纪录，并且创建了

李登海　痴迷育种研究　走中国高产玉米之路

美国最大的种业公司——先锋种业公司。在当时，我国玉米的亩产量只有一两百公斤，他被这将近10倍的差距震惊了。他把这份材料给农科队的队员们看，并义愤填膺地说："我们中国是农业大国，美国农民能办到的事，我们中国农民为什么不行？我们一定要赶超美国！"这时候的李登海已经下定决心，要为一穷二白的祖国自立于世界民族之林贡献力量。

然而，玉米育种工作是科学性很强的工作，光有决心是不够的，更需要科技知识的支撑。可是，李登海既没有资料参考，又没有经验借鉴，这可怎么办呢？李登海白天在玉米地里干活儿，晚上看书，学习有关育种的理论知识。遇到问题，他就骑着自行车，到处请教拜师，想办法弥补他理论基础的不足。根据理论知识，他果断淘汰了'二马牙''小粒红'等村里种植了几十年的玉米种，第一次试种了自交系玉米杂交种'烟三10号'。播种时候的行距、种子的深浅、肥料如何放及放多少，以及种植的密度，他都算得非常清楚，他把学到的知识、技术全部用于实践。他天天往地里跑，有时开会或者外出回来晚了，他就是打着手电筒也要到玉米地里看一圈。

经过李登海的不懈努力，终于在1972年的夏播玉米创造了亩产512公斤的高产纪录。消息一传开，全村、全县都为之震撼，大家纷纷前来参观、学习，李登

海成了十里八乡的"科技人才"。次年,李登海的夏播玉米亩产达到了620公斤。

1974年,教育界试行"社来社去"的招生制度,村里认为李登海是棵能成才的科技苗子,便选派他到山东省莱阳农学院就读。这对于李登海来说,能够接受系统的学习,是一个千载难逢的好机会,他牢牢地抓住这次机会。他天天泡在图书馆里,学习土壤科学、遗传学、作物栽培学等理论知识,用一年的时间就学完了4年的课程。他执着的学习劲头打动了教他植物遗传的老师刘恩训,在李登海毕业的时候,刘恩训把他叫到家中讨论育种问题,并在临走时给了他20粒美国玉米杂交种子,并祝福他早日出成果。就这样,李登海带着这20粒美国的种子及满腹知识和改变中国玉米产量的决心,回到了地里,开始了他的实践工作,踏上了培育玉米新品种的艰辛之路。

海南育种,加快创新

玉米在我国北方地区只能一年一熟,要想加快育种组配速度,就必须到南方一年多熟的地方,李登海瞄准了祖国最南端的"天然温室"——海南。

1978年的冬天,李登海和他的3个伙伴背着他们吃的干萝卜丝和猪油,揣着老师送的20粒种子,踏上了去海南的路。经历了8天8夜的汽车、火车、轮船的跋涉,李登海疲惫不堪,乘船时遇巨浪,他差点没把苦胆吐出来。终于,他从山东莱州来到了海南。固然海南风景秀丽、美不胜收,可李登海哪有心情欣赏,他心里只有玉米育种。他选择的海南最南端是黎族少数民族聚集区,在这里语言不通,人生地不熟,李登海感叹:没想到在这儿找到一块合适的玉米育种田这么难!他花了整整10天,每顿饭只花两毛钱买一碗米饭,找到离三亚市15公里的人合村安顿下来。当时,

李登海　痴迷育种研究　走中国高产玉米之路

这里还是人迹罕至的不毛之地，条件非常艰苦，零零散散就 11 户人家。他住的是一间废弃已久的小库房，连门都没有。李登海他们自己砍树枝，在庄稼地旁搭起一间没有门板的窝棚。虽然海南炎热，不需要抗寒，但是却挡不住蚊虫、老鼠及风雨。常常是人在床上睡，老鼠在床下、被子上蹿行，外面下大雨，里面下小雨。吃饭就是 3 块石头上支上口锅，用萝卜丝煮上汤，放进去面疙瘩，就当干粮了。

吃住凑合，可育种丝毫不马虎。顶着火辣辣的太阳，他和 3 个伙伴一锹一锹地开垦了 10 多亩育种田，把他 4 年才分离出来的"107"自交系的 315 粒玉米种子，一粒粒地播种在地里，也播下了希望。浇水、除草、灭虫，李登海起早贪黑，给玉米杂交的人工授粉是在夏天最热的时候进行的，在 40 ℃的高温下，一站就是一天。李登海经常中暑，而且全身都晒黑了，也经常被玉米叶子划得都是血印子，一出汗就更疼了。

李登海这个北方人受不了海南的气候，上午太阳蒸烤着，水雾缭绕，就像一个蒸笼，中午又有高强的紫外线，晚上呢，硕大的蚊子成群结队，身上全是红肿的大包。

李登海在海南艰难的条件下试验了两万多个组合，观察记录了 50 多万个数据，终于在 1979 年培育出我国第一个紧凑型玉米种'掖单 2 号'，亩产量高达 776.6 公斤，创造了当时我国夏季玉米单产最高纪录。

10 年后，紧凑型玉米品种'掖单 2 号'在我国的年种植面积达 3000 万亩，李登海也因此荣获全国科学技术星火奖一等奖。

在海南的加代育种，每年以 3~4 代的惊人速度推进着育种科研的步伐。从山东到海南，李登海和他的伙伴们培育出一个又一个的玉米新品种，创造了一个又一个的玉米高产新纪录。

科学家精神 求实篇
SPIRIT OF SCIENTISTS

一切都为了"玉米"

李登海算是扎在了玉米地里，满脑子除了玉米就是玉米。他尝试不同的办法、不同的种植方式、不同的肥力条件、不同的密度，只为了找到更高产的突破点。

李登海深知，对于一个培育玉米新品种的农业科技专家来说，实践是多么的重要，李登海曾说过："多少箱演算纸也算不出一个新品种，条件再优越的实验室也代替不了在酷暑严寒、急风暴雨中面朝黄土背朝天的辛勤劳作，如果你不甘心做一个庄稼汉，像养护自己的孩子一样年年月月地伺候它，机遇随时就可能从你身边溜走。"

玉米杂交必须进行人工授粉，而授粉的季节是夏天最热的时候，而且越是中午天最热的时候越要在地里工作。在玉米地里钻上一圈，全身都会被玉米叶子划得又痛又痒，并且在这样暴晒、高温下，很可能会中暑。李登海在田间地头一钻就是几十年。

1984 年，作为拔尖人才的李登海"农转干"，被任命为莱州市科委副主任，开始离开农村田地，坐进办公室了。然而在办公室的李登海，待了 6 天就不行了，他找到领导说："培养高产玉米还应该是在大田里，我这辈子只跟种子有缘，还是让我回到玉米地里吧！"他自己也说，没什么爱好，工作是玉米生活也是玉米，满脑子想的都是玉米。

20 世纪 80 年代，山东农村实行了家庭联产承包责任制，农科队解体，分田到户，李登海的同伴和科研条件都没了，只剩他孤身一人。他放弃了政府的工作，创建了全国第一个民营玉米研究所——莱州市玉米研究所。当时我国的农业科技体制是科研、生产、推广、销售放在一起，实行产业化管理。他打破了过去条块分割的格局，建立了科研、引进、生产、推广、经营一条龙的运营机制，以及"以市场为导向定课题—引进开发新成果—生产推广促转化—经营创收养科技"的发展路数。最开始，李登海带着

李登海　痴迷育种研究　走中国高产玉米之路

他的团队，通过这种科技发展模式，引进了包括美国、日本、德国等农业发达国家的种子，丰富了育种的基因库，培育了一系列优良的玉米品种。同时，育种时间也由常规的6～8年，缩短至2年，推广时间也由之前的6～7年，缩短至2～3年，大大加快了中国玉米更新换代的高产步伐。

搞育种，没有地怎么行？可承包后的村子不会划出一块专门的育种地了。为了玉米育种，他把刚"入城脱农"没几天的老母亲的户口迁回了农村，为的就是分块口粮田继续他的育种事业。

1989年，李登海培育的'掖单13号'玉米创造了亩产1096.29公斤的世界夏玉米单产最高纪录，使中国的玉米良种培育跨入世界前列。

为了育种，李登海每年都像候鸟一样，冬天就去海南育种，春天回莱州播下良种，几乎每年都不能回家过团圆年。通过他们的高产攻关试验，认识到我国平展型玉米杂交品种在夏播区不能提升到亩产700公斤以上的高产能力，并率先发现、找到和确立了紧凑型高产玉米杂交品种才是我国杂交玉米高产品种的育种方向。通过他们的努力，选育出150多个紧凑型高产玉米品种，多次创造了我国玉米的高产纪录和世界夏玉米高产纪录，结束了大粒玉米产量低于小粒小麦产量的历史。通过紧凑型高产玉米品种的推广和高产攻关的实践研究，紧凑型杂交玉米的高产能力夏玉米可达1400多公斤，春玉米可达1500～1600公斤，较过去平展型杂交玉米高产品种不到700公斤的产量提高了一倍以上。紧凑型玉米杂交种的推广成为我国重大科技推广项目，是我国杂交玉米发展史上的一次重大的绿色革命。

据不完全统计，他育成的紧凑型高产玉米杂交种通过国家推广和登海种业自身推广，累计推广面积至少达14亿亩以上，为国家实现经济效益达1400多亿元。

李登海对功名利禄看得很轻，仍然保持着胶东农民的淳朴、实在和勤奋。他始终一身工装，一双黄胶鞋，工装洗得泛白，黄胶鞋还沾着泥土，他还是风里来雨里去，每天扎在玉米地里，专心搞育种。

（撰稿：薛祺）

参考文献

[1] 中华全国青年联合会秘书处. 中国十大杰出青年报告文学集 [M]. 北京：中国国际广播出版社，1991.

[2] 山东省文明办. 道德楷模 [M]. 济南：山东人民出版社，2008.

[3] 共青团中央青运史档案馆. 新中国 60 年杰出青年成长故事 [M]. 北京：中国青年出版社，2009.

[4] 吴永强. 李登海的玉米江湖 [J]. 齐鲁周刊，2016（35）：52-54.

[5] 卞文志. 李登海情系玉米良种 [J]. 科学种养，2016（3）：10-11.

[6] 孙永东，黄涛. 时代楷模李登海 [J]. 支部生活（山东），2015（11）：36-37.

[7] 韩忍冬. 紧凑型杂交玉米之父 李登海 [J]. 中国新时代，2020（10）：62-66.

姚檀栋
揭开"第三极"环境变化之谜

姚檀栋（1954年7月—），冰川环境与全球变化学家，中国科学院院士，第二次青藏高原综合科学考察研究队队长，"第三极环境（TPE）"国际计划主席。主要从事第三极环境与地球系统科学研究，在中国山地冰芯和冰川变化研究领域作出了系统性杰出贡献。2017年作为首位受奖的中国科学家和亚洲科学家获得瑞典国王颁发的维加奖。

20世纪70年代，姚檀栋初遇祁连山"七一"冰川时，眼前绮丽壮美的冰川美景和心中的科研热情激烈碰撞，奠定了他一生的目标和方向——探寻冰川下的秘密。40年孜孜矻矻辛勤耕耘，时至今日，姚檀栋仍然初心依旧、满怀热情，在冰川环境与全球变化研究领域不断开拓进取。

结缘冰川研究

1974年，姚檀栋以优异的成绩被兰州大学冰川冻土专业录取，在此

科学家精神 求实篇

之前，出生农村的他从未听过这个看起来有些"另类"的专业。顾不得内心的好奇，单单是毕业后可以分配工作的消息就足以使姚檀栋和他的家人们兴奋不已。

进入兰州大学之后，学院院长的一席话在姚檀栋的心里种下了一颗种子，"我国冰川冻土专业的人才数量稀少，难以满足国家科技发展的需求"。回忆起这段话，姚檀栋动情地说："当时我就有一个朴素的感觉：中国不能输，没有人，我就顶上。"在祁连山，当一腔科研热血与美丽冰川完美相遇时，姚檀栋便彻底决定了，自己的一生便与冰川紧紧相连。

大学毕业后，姚檀栋先后考取自然地理学家和冰川学家李吉均院士的硕士研究生和冰川学家施雅风院士的博士研究生。1984年，姚檀栋赴美国爱达荷大学继续深造，3年后，又在世界冰芯研究权威、环境泰勒奖得主劳瑞斯教授的指导下做博士后研究，在此期间开始投身冰芯研究。

当回忆起自己的求学经历时，姚檀栋总是说"老一辈的科学家，几乎所有时间都用在了研究上"，而这种近乎执着的科研求索精神也在姚檀栋身上得到了完美印证。

投身青藏科考

冰芯研究是冰川研究的新领域，也是解锁气候变化的新钥匙，冰封数千年的微小气泡可以帮助我们窥见气候变化的些许踪迹。长久以来，科学家们更多关注南北极的冰芯研究，而在姚檀栋看来，被誉为"世界第三极"的青藏高原则隐藏了更多的气候变化秘密。

早在美国做研究时，姚檀栋就暗暗立志，对青藏高原的研究要先于国际的步伐。1989年完成博士后研究的他，返回国内，开始追逐自己的青藏冰川梦。关于青藏高原这个"宝藏"，姚檀栋可以算是名副其实的寻宝人。

姚檀栋　揭开"第三极"环境变化之谜

在谈及青藏高原时,姚檀栋说"美国科学家视野是宽广的,可我只关注第三极"。换句话说,国外科学家对青藏高原的关注是泛化的,视野广阔却只是将青藏高原作为一个普通案例看待,但姚檀栋认为,青藏高原本身就是一个"大宝藏",蕴藏着无限的挖掘空间,专注第三极,就青藏高原的问题不断进行深挖,就足以做出一篇篇恢弘壮阔的关于人与自然、人与环境的大文章。而从"小题大做"的学术视野来说,青藏高原是"亚洲水塔",

它的环境变化不但关乎整个中国,更是关乎全亚洲乃至全球,研究青藏高原的变化发展,就可以从这个小窗口望见全中国、全亚洲乃至全球环境的变化。

1990年8月,姚檀栋作为中美西昆仑山古里雅冰帽考察队的中方队长率队由兰州出发,经乌鲁木齐与美方队员汇合后向目的地进发。除去考察道路上的险阻,沉重的设备和恶劣的环境也搅扰着姚檀栋团队前进的步伐。从居住和存放设备的场所到海拔6400米的科考地点,厚厚的积雪使得设备的搬运只能靠人力实现。高原上稀薄的空气,时不时的暴风雪洗礼,又或者没有抵挡的紫外线灼伤都使得这项工作变得格外艰难。折腾了10天,重达几吨的仪器设备才被安置在工作地点。

受到季节的影响,姚檀栋和他的队员们不得不在寒冷的冰帽上争分夺秒,冰馒头就着冰罐头,每天的工作时间达到了10多个小时,最后在15天的时间内成功钻取了3根浅芯,验证了开采深芯的可能性。1991年4月,考察队向古里雅冰帽进发。

相比工作的艰难，野外恶劣的生存环境更是常伴姚檀栋左右。一同参与科考的队员描述过这样的场景，"每隔不远就可以见到一块小黑牌子，上面写着遇难者的姓名"，高寒、缺氧带来的身体上的疲惫远不及脚下被积雪掩埋的冰缝令人胆战。在科考求证的过程中，姚檀栋也不止一次与死神擦肩而过。

有一天傍晚，完成一天工作的科考队正打算回居住地，不巧赶上了暴风雪。为了保证当天的冰芯可以顺利运回，姚檀栋赶忙驾驶雪上摩托车，将部分队员和冰芯运回居住地，又急忙赶回运第二批。风雪使姚檀栋暂时迷失方向，突然车尾猛地一沉，姚檀栋感觉到事情不妙，他赶忙将车摆尾90°，跳下车，下来才发现摩托车跟冰缝同向了，多年的科考经验让他知道此时必须匍匐前进。漆黑一片的天和越来越大的风雪让姚檀栋胆战的同时，也时刻提醒着他要回去接未归的队友们。经过整夜的跋涉，姚檀栋和其余4名队员才终于摸回了居住地。

1992年5月，考察队第3次前往古里雅冰帽考察。在这次考察中，姚檀栋和队员们又一次开始了夜以继日的工作，灌湿了衣服，冻裂了手脚，姚檀栋自己也几次被紫外线烧伤了眼睛。在近两个月的艰难作业后，姚檀栋带领的团队打穿了309米深的古里雅冰帽，获取了10根总长800米的深芯，为揭示青藏高原气候环境变化提供了宝贵的资料。

冰川是美丽的秘密，也是致命的冰窟，而一年往返数次的姚檀栋早已习惯了在青藏高原壮美洁白的冰川中探寻气候变化的踪迹。1996年，中国科学院西北生态环境资源研究院冰冻圈科学国家重点实验室研究员段克勤第一次跟随姚檀栋到希夏邦马峰进行科学考察，高原缺氧、体力不支、夜寒难眠让他第一次认识到这项工作的艰难所在。反观姚檀栋，当过膝的积雪、掩藏的冰缝，阻挠所有人前进脚步时，姚檀栋却已经开始进行钻取工作了。当高原的寒风不断吹打单薄的棉衣，袭扰所有人的清梦时，姚檀栋已经醒来开始了一天的工作。姚檀栋以忘我的科学探索精神，在青藏高原研究领域树立起了一个标杆，感召着一代又一代的青年学者在这条科研道路上不断奋勇前进。

2002年，中国科学院计划成立青藏高原研究所，时任中国科学院副院长的陈宜瑜邀请姚檀栋负责策划拟建方案，2003年，姚檀栋被正式任命为中国科学院青藏高原研究所所长，开启我国青藏高原研究领域全新纪年。

解码全球气候变化

历经艰险，置生死于度外取得的冰芯只是解密气候变化的第一步。对于姚檀栋和他的团队来说，一切才刚刚开始，接下来的工作需要在实验室中潜心研究。

在实验室的姚檀栋没有往日攀岩高山、钻取冰芯的豪迈气息，取而代之的是夜以继日的钻研与求证。对此姚檀栋的一句话在研究所广为流传，"8小时是出不了科研成果的"，因而大家也常常在夜里11点见到灯火通明的青藏高原研究所所长办公室。对于自己的老师姚檀栋，戴玉凤博士感慨地说，"姚老师就像超人，他对科学研究有着一种虔诚的情怀"，有时，从国外开会回来的姚檀栋，甚至都能不顾倒时差，晚上从机场就直奔办公室。他早已将个人利益抛诸脑后，他内心燃烧的是对冰雪世界的深切渴望，是浓烈的科研追求。

姚檀栋对科研近乎狂热的追求，以及严谨的研究态度深深影响了他的团队。30余年来，姚檀栋带领他的团队在冰川环境与全球变化的研究中，稳扎稳打，取得了系统性的成就。

在古里雅冰芯的研究中，姚檀栋发现同时被南极冰芯和格陵兰冰芯记录的过去10多万年来5次大的气候事件在古里雅冰芯上再次得到验证。除此之外，他还发现古里雅冰芯具有从暖变冷时快速变化、从冷变暖时呈现缓慢变化的特征，并且探明了古里雅冰芯显示的气候波动的次数和幅度大于南极冰芯和格陵兰冰芯所显示的。这些研究成果远超国际研究水平，同时显示出青藏高原冰芯研究的较高价值。

在青藏高原南部的冰芯研究中，姚檀栋首次从冰芯里分析出记录了1000年的甲烷浓度含质变化情况。认为通过冰芯中的甲烷浓度变化可以探究甲烷浓度与气候变化之间的关系，并提出冰芯是探究温室气体变化最有效的研究样品。这一研究结论得到了国内外学者的高度评价。

在青藏高原中部和西部的冰芯研究中，姚檀栋通过提取普若岗日冰原和慕士塔格冰芯，大规模开展实地考察，进行连续定点观测和室内航片、遥感、冰川编目等资料分析。最终发现，在全球变暖和印度季风与西风交互作用下，青藏高原的冰川正加速退缩，并将对这一地区的水资源产生深刻影响。这一发现，对冰川环境研究作出了巨大贡献。

2016年，因在青藏高原冰川和环境研究方面所作出的贡献，瑞典人类学和地理学会决定授予姚檀栋2017年维加奖。姚檀栋表示，维加奖是对整个中国群体的嘉奖，表明我们在青藏高原这个"世界第三极"上的研究得到了国际认可。

对于姚檀栋而言，获奖并不是他人生的最终追求。冰川才是他奋进的目标。2017年，面对又一年的暖冬，全球变暖影响下的"亚洲水塔"失衡，使得自然灾害频发，与之相应的气候灾难也可能会出现。我国正式启动了第二次青藏高原综合科学考察研究，作为本次综合科考队的队长，姚檀栋将带领科考队的国际顶尖科学家们一起，在探索"亚洲水塔"的变化及其对中国和亚洲地区的影响和寻求应对方案上不懈努力，进一步解锁"第三极"环境变化的新秘密。

姚檀栋将自己毕生的精力和心血投入到冰川环境与全球变化事业中，为中国冰芯研究的开拓和发展作出了重要贡献。他以忘我的科研求索和不断实践论证的朴素作风，铸就了新时代科学家不畏艰险、严谨求实的精神高地，激励着广大青年科技工作者不断学习、不断进步，向着建设世界科技强国的伟大目标奋勇前进。

（撰稿：陈丽娜）

参考文献

[1] 白真智，李兵兵，谈思如. 姚檀栋：冰川科考不"高冷"[EB/OL].（2019-11-20）[2020-07-12]. http://www.people.com.cn/n1/2019/1120/c32306-31465326.html.

[2] 吕芮光. 姚檀栋获"地理学诺贝尔奖"[EB/OL].（2017-05-25）[2020-07-25]. http://www.xinhuanet.com//science/2017-05/25/c_136314248.htm.

[3] 屈辰. 姚檀栋：情系"冰心"守净土[EB/OL].（2016-09-13）[2020-07-25]. http://www.cas.cn/zkyzs/2016/09/70/cmsm/201609/t20160919_4575058.shtml.

[4] 陆立仁. 为了揭开冰雪世界的奥秘：记中科院兰州冰川冻土研究所副所长、研究员姚檀栋博士[J]. 党的建设，1996（8）：24-25.

郑明光
知难而上 核电报国

> 郑明光（1962年12月—），全国工程勘察设计大师。先后参与了中国大陆第一座核电站——秦山核电站、中国第一座出口核电站——巴基斯坦恰希玛核电站的研发设计。作为总设计师，牵头实施国家重大专项大型先进压水堆核电站研发，成功开发了"国和一号"三代非能动先进核电型号，是中国核电技术创新的领军人物。

突破求实，啃下150万千瓦的硬骨头

习近平总书记强调："能源安全是关系国家经济社会发展的全局性、战略性问题。"而核电，以其清洁、经济、安全、稳定的优势，在优化我国能源供给结构，保障国家能源战略安全中具有重要的地位。

2003年，面对我国缺少拥有自主知识产权先进核电技术的局面，为了赶超世界先进水平，又好又快又安全地发展核电，国家相关部委开始

郑明光　知难而上　核电报国

研究引进世界最先进核电技术，并在此基础上研发具有我国自主知识产权核电技术的可行性。

2007 年，经过组织各界专家进行多年研究分析论证，党中央、国务院作出了"引进先进技术、统一技术路线、高起点实现我国核电自主化"这一重大国家战略决策，决定引进国际先进的 AP1000 三代核电技术，通过引进消化吸收再创新，形成具有自主知识产权的先进核电品牌。

同一年，中国与美国签订三代核电技术转让和采购合同，中方将从美国引进世界上最先进的 AP1000 三代核电技术，美方将电厂设计等技术转让给中方，并指导中方在浙江和山东共建造四台核电机组。

当然，中方的最终目标不仅仅是拿到设计图纸，而是最终研发出具有自主知识产权的核电技术。根据技术引进合同，中方要在 AP1000 净发电功率 100 万千瓦的基础上，研发设计出净发电功率大于 135 万千瓦的核电站，否则，美方会认为中方只是在美方技术基础上进行了有限改进。只有超过了 135 万千瓦的限制，新电站的建造和出口才不会受到美方的限制。

为什么是 135 万千瓦？此前美方专家经过大量分析计算，认为超过 135 万千瓦后，很多设备已经不是简单放大，甚至超出各国设备制造的极限。换句话说，功率这么大的核电站，美方专家认为中方就算设计出来，也根本造不出来。

比如 10 厘米厚的钢板和 100 厘米厚的钢板，制造和焊接难度绝不是 10 倍的关系。同样，功率增加 50%，绝不是所有设备尺寸增加 50% 那么简单。除了设备体积、数量、重量的增加，还要考虑温度、压力、振动等因为体积和重量变化带来的变化，还要验证新的电厂是否满足安全要求。所以说，中方设计人员需要重新全面进行型号开发、技术设计、设备研制、试验研究和安全审评。

不畏浮云遮望眼。虽然美方专家认为中方面前是一座无法逾越的高山，但中方技术团队却下定决心，一定要在消化吸收美方技术的基础上，

科学家精神 求实篇

研发设计出净发电功率超过135万千瓦的核电站,获得自主知识产权。2008年,作为我国16个国家科技重大专项,"国和一号"的总体实施方案在国务院常务会议上获得审议通过。"国和一号"与大飞机、载人航天、探月工程等科技项目一起,受到了全国上下的高度关注,研发设计工作步入快车道。所谓国家科技重大专项,是指为了实现国家目标,通过核心技术突破和资源集成,在一定时限内完成的重大战略产品、关键共性技术和重大工程,被定位为我国科技发展的重中之重。

时任上海核工程研究设计院有限公司(简称"上海核工院")院长的郑明光,责无旁贷地承担起了这一"国家使命",开始担任压水堆重大专项的总设计师。

上海核工院拥有丰厚的历史底蕴,研发设计了我国第一座自主设计建造的核电站——秦山核电站,研发设计了中国第一座出口核电站——巴基斯坦恰希玛核电站。而技术出身的郑明光不但直接参与了这两个"中国第一"的研发设计工作,还正是恰希玛核电站二期工程的设计负责人。

为跨过美方专家画下的红线,切实履行好国家赋予的使命,郑明光带领研发团队用心做好顶层设计,在引进技术之初就提出了核电型号系列化战略,即以型号开发为驱动,推动核电技术代际融合,有序推进国家重大专项创新研发。

核电厂设计难在总体、贵在总体,是决胜千里的第一步。郑明光提出了"国和一号"的总体技术方案,并以上海核工院研发团队为主,同时组织中核集团、中广核集团、清华大学等国内二十余家单位参与编制《大型先进压水堆核电站重大专项总体实施方案》,从工程研发的技术难度、时间进度、经济性等角度细化了总体技术方案的实施策略。

同时,郑明光挑选精兵强将,与各专业技术中坚组成总师团队,依据设计理论、工程试验与实践经验,高质量高标准完成堆型策划,为工程设计奠定良好基础。团队增加了钢安全壳的厚度和直径以扩大核岛空间,重新设计了蒸汽发生器,大幅度优化主泵流量、主管道流通截面等,整个机组的总体性能和效率得到全面提升,发电功率达到150万千瓦,成功突破美方画出的红线。

每一个设备参数的修改和确定,都是郑明光带领研发团队经过大量计算、模拟、试验的结果。以产生蒸汽去推动汽轮发电机组转动的设备——蒸汽发生器为例,AP1000核电设计为容纳10 025根传热管,"国和一号"则为12 606根。"凭什么是12 606根?所有的数据必须根据整个工况、效能、机组的功率,重新计算、重新分析、重新确定。"郑明光说。

同时,为了验证设计的合理性,他牵头协调相关单位,组织新建43个试验台架;在国内22个世界先进试验台架上完成6大试验课题17项关键试验共887个工况的独立试验验证,有效保证"国和一号"的设计安全可行。

锲而不舍,金石可镂。经历十年攻关,以郑明光为总设计师的技术研发团队联合国内相关大学、科研院所、制造业等产学单位,在技术创新、装备制造能力创新、产业链上下游协同创新方面取得重大突破,成功研发出具有自主知识产权,达到世界先进水平的"国和一号"核电技术。

2016年,国家核安全局审查认为"国和一号"设计满足我国现行有效的核安全法律、法规和标准要求,满足"十三五"期间新建核电机组安全目标要求;国际原子能机构审查认为"国和一号"达到国际原子能机构安全法规标准的最新要求。至此,"国和一号"不但通过了中国核电"史上最严苛的安全评审",也拿到了国际通行证。国际原子能机构前总干事天野之弥评价:"中国成功设计研发了大型压水堆 CAP1400(即'国和一号'),这对世界核能未来非常重要。"原中国核学会理事长、中国工程院院士李冠兴评价说:"任务难度非常大,也取得了很大的成绩,郑明光的能力和贡献也是有目共睹。"上海交通大学校长、中国工程院院士林忠钦评价说:"郑明光博士践行国家战略,建设三代核电工程,达到国际一流水平。"

自主求实,致力制造业产业升级

在开展新型号设计的同时,一个同样重要的问题是:如何制造出来?

真正的科学家不会仅从设计需要出发,去提出脱离人类制造极限的设计图纸和设计参数。因此,在"国和一号"研发过程中,郑明光所带领的研发团队遴选了一批有底蕴、有潜质、有能力的装备制造企业参与到设备国产化工作中来,通过设计工作牵引制造企业能力提升,又通过制造过程的经验反馈反哺设计水平提高,相互作用、共同成长。

核电装备制造是一个系统工程,大到 70 多米高的钢制安全壳,小到几毫米厚的核级垫片,要调动几百家制造企业通力合作。2007 年,中国还没有一家企业能制造出三代核电设备,甚至二代核电设备中很多材料都需要进口,更不要说对材料要求更高的三代核电了。

"设计能力增强,制造能力跟我们迭代,共同进步。"郑明光如是说。于是,全国整个装备制造的产业链都被调动起来了。

作为总设计师,郑明光组织国内研究机构和设备制造厂共同开展三代核电设备和材料的研制。以 100% 国产化为目标,策划 100% 国产化方案,从设备整机到部件级全面实现国产化,打通创新链、价值链、产业链,实现三链融合。他制定总体技术方案，明确研发技术路线，最终实现了反应堆压力容器、控制棒驱动机构、蒸汽发生器、稳压器等核心设备的国产化，解决了超大、异型大锻件，核级焊材，锆合金等核电关键材料的自主化设计和制造。研制出全球最大功率的蒸汽发生器，创新设计汽水分离装置，提高蒸汽品质；采用国内自主研制的药筒驱动装置和剪切盖，研制出全球最大规格的爆破阀，性能达到国际领先水平……

以蒸汽发生器为例，它用于产生蒸汽去推动汽轮发电机组转动。"国和一号"的蒸汽发生器高约25米，重达800吨，是全球尺寸最大的蒸汽发生器。

首先要解决外壳制造问题。蒸汽发生器的外壳是由多段高度不同的环形锻件焊接而成，以其中一段外壳锻件为例，直径超过4.5米，高约3.5米，净重虽然只有43吨，却需要首先制造出160吨的圆柱形锻件，再切削加工成型。如此大型化、复杂化和高性能要求，对锻件均匀性、稳定性和淬透性提出了前所未有的挑战。为解决这些世界性难题，郑明光带领研发团队围绕冶炼、锻造、热处理等关键工艺开展了大量研究，逐一攻克难题，实现了国产化制造和工程化应用。

随后还要解决蒸汽发生器内传热管的研发问题。每台蒸汽发生器里有12 606根20多米长的U型传热管，总长度近300公里。每根传热管只有拇指粗细，管壁厚度薄至一毫米，却需要承受相当于核潜艇外壳承压能力好几倍的压力，属于超长、薄壁、高精密管，对纯净度、同质度和均匀性、尺寸精度等方面都提出极高要求。

6年寒来暑往，攻坚克难，郑明光带领研发小组先后攻克了超纯净冶炼技术、热挤压和管坯精细化处理技术、精密冷轧技术、细长管脱脂清洗技术、高精度弯管技术等一系列难题，突破并掌握了特殊合金制造、高质量无缝管制造等大量关键核心技术，成功实现了传热管的国产化。随着传热管国产化的成功，国外厂商报价不得不从每吨140万元应声下跌至 80 万元。

还有核级焊材，在核电厂中，需要焊接的设备数不胜数，其中用到的焊接材料既有一般工业用的焊材，更有像反应堆压力容器、蒸汽发生器上所需要的高强度、耐辐射和热冲击的高端焊材。

郑明光带领上海核工院、哈尔滨焊接研究所和焊材生产厂家共同承担研发任务，先后攻克了耐辐照、高强度和低温冲击韧性焊接材料，确保了压力容器、蒸汽发生器等主设备的焊接；又针对工作温度从零下几十度到零上一百多度的安全壳钢板开发出 –45℃冲击性能焊接材料；同时还攻克了高塑性技术指标不锈钢焊接材料、高强度主管道用不锈钢焊接材料等 8 大类、19 种焊接材料，形成了 26 个牌号的产品，涵盖了核电厂核岛设备制造及现场安装使用的焊接材料种类，填补了国内空白，多项技术指标优于进口产品。其中埋弧自动横焊焊丝/焊剂和气体保护焊焊丝为国际首创，实现了钢制安全壳的自动化焊接，显著提升了现场焊接效率和焊缝质量。

类似的例子不胜枚举，就这样，研发设计人员同制造厂一同攻关，我国核电装备制造能力和水平大幅提升，一大批设备实现了国产化，使我国具备年产 6 ~ 8 台（套）三代核电设备供货能力，三代核电国产化率从引进第一台机组的 30％提高到"国和一号"首台机组 90％以上，后续机组可实现完全国产化，为日后我国核电大规模发展打下了坚实的物质基础。

"为什么我们要让每个企业都参与？就是为了提升整个国家的制造能力，获益的是整个国家的工业能力，而不仅仅是'国和一号'本身。"在自主求实的路上，看着国家装备制造业整体水平的提升，郑明光十分欣慰。

跨越求实，核能的征途是星辰大海

2020 年 12 月，中央经济工作会议指出，中国二氧化碳排放力争于

郑明光　知难而上　核电报国

2030年前达到峰值，努力争取2060年前实现碳中和。碳中和，即产生的温室气体总量同通过植树造林和碳捕捉等方式消耗的温室气体总量相等。要实现这样的目标，目前我国火电装机容量占比超过60%的电力能源结构势必需要进行大规模调整。作为可以稳定输出、能够大量使用的低碳发电能源，核能必须在我国低碳减排发展的道路上承担更为重要的使命。

作为一个在核能行业奋斗近40年的行业领军人物，郑明光心知，要实现这样的目标，不仅仅是需要研发一两个核电技术。他一直致力于推进中国核电行业的发展和壮大，在掌握的三代核电关键技术基础上，构建国际先进水平的核电"八大体系"，即研发技术体系、软件体系、设备体系、材料体系、试验验证体系、标准体系、人才体系和知识产权体系。有了体系不愁出不来好技术，这些体系的建立是比核电技术本身更宝贵的财富。

同时，他正视国内外核电技术在某些领域的差距，致力于推动高端人才多元化，邀请国际资深核电专家不定期到国内设计院交流和探讨。利用自身在国际核能行业的影响力，"走出去、请进来"，与国际原子能机构、世界核协会、美国电科院、密歇根大学、俄亥俄州立大学等国际组织、机构、知名学府建立了战略合作关系。人才培养实现国际化，鼓励并支持员工投身国际事务与活动，在国际舞台上拓展视野、展示能力、学习交流。

在完成压水堆核电重大专项研发的同时，郑明光带领上海核工院积极响应"海洋强国"国家战略号召，在小型模块化反应堆设计研发方面，以核能海水淡化、供热、海洋动力、离网区域供电等多用途为重点，突出关键共性技术，形成了一体化和紧凑式两条技术路线，组织梳理并主持推进三十余项小堆关键共性技术和堆型专项技术攻关，为核能利用走向海陆空天，为人类能源提供最终解决方案不懈奋斗。

士不可以不弘毅，任重而道远。"国和一号"的研发建设远不是我国核电发展的终点，其在研发建设过程中培育出来的各种体系和装备制造能力,都为核能行业的发展打下了坚实的基础。正如郑明光所说:"科技创新工作要积极对接国家战略、符合世界的发展要求,从'国之光荣、一枝独秀'到'国之辉煌、百花齐放',为中国核电乃至世界的核电发展做出更大的贡献。"

(撰稿:国家电力投资集团有限公司)

高宗余
架起跨越天堑的中国桥

高宗余（1964年1月—），全国工程勘察设计大师，中国工程院院士。长期致力于大型桥梁的设计、施工技术研究与管理工作，主持了多项国家重点桥梁工程的设计研究工作。在多塔缆索承重桥梁、高速铁路大跨度桥梁、跨海大桥设计研究方面取得突出成绩，为我国桥梁技术走向世界前列作出了突出贡献。先后获国家科学技术进步奖特等奖1项、一等奖1项、二等奖4项，国家优秀工程设计金奖1项。

50余座大跨桥梁串联建桥人生

20世纪50年代的武汉长江大桥、60年代的南京长江大桥……跟随着新中国成长起来的一代人，这两座桥都伴随着他们的童年。而那时的高宗余未曾想到，桥会走进他的生命，自己设计的大桥，会与百年巨匠詹天佑、茅以升的杰作一起横跨长江，遥相辉映。

1981年，高宗余的高考志愿填报了西南交通大学。在专业一栏，他

科学家精神 求实篇

一眼就扫到了铁道桥梁专业,一些桥梁大师的名字不知不觉地浮现在脑海中,他就这么填报了桥梁专业。4年后,高宗余从校园走进了工程实践的战场。

20世纪80年代,桥梁设计编程还是一项十分前沿的工作,市场上没有现成的软件能买,高宗余便自己着手编程。此后的5年,高宗余一边做设计一边做编程。这5年的锤炼与沉淀,让他在工作上有着过硬的技术和过人的能力。"一张图纸交到他手上,他一眼就能看出哪里不对",这使得大桥院里的每位同事都对他的基本功刮目相看。

1990年,26岁的高宗余参加武汉长江二桥设计。他在负责力学计算时,就初露锋芒。长江二桥跨度当时是亚洲第一,数据汇总成一本100多页的厚书。高宗余自己编程序,边计算、边完善,上万个数据,算一遍要10小时。高宗余硬是这样干了半年。这套"斜拉结构软件系统",直到今天仍在国际上领先。

1996年,高宗余第一次做总体项目负责人,设计福州市三县洲闽江大桥。常规建桥,先选200米长、30米宽空地,做好全部混凝土箱梁,分块吊装上桥,以减少预制误差。但三县洲大桥位于市中心,空地只有块60米长的菜地。高宗余采用的办法是将混凝土预制箱梁分成14块一组,每块30米宽、3.5米长,完成一组架一组。为减少误差,增加了现场浇筑的调整接头。每吊装一组就调整,这个看似简单的方法,成为桥梁界的"中线法"制梁,并创造了全桥 56 块预制箱梁架设中再未调整垫片的奇迹,在世界上也属领先。

真正让高宗余名扬中国桥梁界的,是 1998 年设计的福州市青州闽江大桥,这座大桥主跨达 605 米,在当时全球结合梁斜拉桥中位居第一。

"一座桥从设计到建成十几年,在我心里,它们都像是我的孩子。"很多人都说,青州闽江大桥是以大桥院高宗余为首的新一代桥梁技术骨干事业的起点。从这个起点出发,他在此后的几十余年中,武汉天兴洲长江大桥、合福高铁铜陵长江大桥、京沪铁路南京大胜关长江大桥、沪苏通铁路沪苏通长江公铁大桥、福平铁路平潭海峡公铁两用大桥……50 余座世界瞩目的超级工程成为他建桥生涯中的一颗颗明珠。

一次又一次刷新世界建桥纪录

"桥梁建设 20 世纪 70 年代以前看欧美,90 年代看日本,21 世纪看中国。"这是在桥梁建设行业流行的一句话。现代建桥看中国,不仅仅是指中国建桥数量上的优势,更是体现在质量指标上。

高宗余说,创新是永恒的概念,不同的历史时期有不同的侧重点。"50—60 年代,目的就是建成学会,当时建设万里长江第一桥的武汉长江大桥,请的苏联专家,毛泽东主席亲自视察了 3 次,每次都问中方技术人员:'看懂了吗?学会了吗?'现如今,中国的桥梁技术突飞猛进,在很多方面遥遥领先于世界,在传统安全、质量、经济合理的基础上,更加注重耐久性、低碳绿色环保、信息化智能化等。"

2001 年,高宗余设计中国第一座跨海大桥——东海大桥,遇到了前所未有的挑战:桥址水域海水对钢材有腐蚀性,这里一年中有 180 天刮着 6 级以上大风。高宗余和同事们经过研究,提出了海洋环境下桥梁结构的耐久性设计方案,并大胆设想将两桥墩间的混凝土箱梁全部在陆地上工厂化整体预制，再运到海上拼装。东海大桥的新型建桥法，不仅推出了桥梁建设的"预制、整体、工厂"概念，还大大提高了建桥效率，开创了世界桥梁先河，使全长32.5公里的东海大桥不到4年就竣工完成，让世界同行叹服。

郑州黄河公铁两用大桥，公路铁路合建长度约10公里，是京广高速铁路的重要控制性工程。该桥上层公路面宽度达32.5米，下层铁路面宽度仅17米，为解决上下层桥面宽度差较大的难题，高宗余将钢桁梁设计成独特的倒梯形，上宽下窄，为世界首次采用，桥梁主桁杆件设计成平行四边形，节省了大量钢材。大桥公路、铁路采用上下层布置，上层为设计时速100公里的双向六车道国道公路，下层为设计时速350公里的高速铁路，创下世界特大型桥梁通行速度的新纪录。

多塔缆索承重桥梁具有用多个大跨度跨越宽阔水域，以提供多孔宽大航道并节约工程投资的优点，但在工程实践上却有重大技术难题，美国20世纪30年代设计的旧金山奥克兰海湾桥、日本20世纪80年代建设的本州—四国联络桥，因无法解决这些技术难题而分别选择了两座串联桥、姊妹桥。

三塔悬索桥设计概念提出已有百年，但如何在保证主缆抗滑安全的同时，提供足够的主梁刚度，成为"世纪难题"。经过多年的克难攻坚，高宗余通过多参数敏感性分析及试验研究，揭示了中塔在顺桥向的合理抗弯刚度是保证主缆在跨越塔顶鞍座时的抗滑移安全又保证主跨桥梁具有足够的竖向刚度的关键因素。以中塔合理刚度为目标，解决了桥梁刚度和主缆抗滑移安全的技术难题。他带领的团队成功设计出了泰州长江大桥、马鞍山大桥、武汉鹦鹉洲长江大桥等全球仅有的3座三塔悬索桥，也使中国成为世界上率先修建多塔悬索桥的国家。多塔缆索承重桥梁的难题解决为未来建设跨琼州海峡、渤海湾、台湾海峡等跨海通道提供了可供选择的桥梁方案。

攻坚克难 在追求完美中坚持创新

"每一座大桥都是一个新的挑战,对一名工程师而言,稍有差池,可能一生的努力都会毁掉。但是,没有敢为人先的担当精神,就无法实现桥梁设计的创新。一座桥梁就是一座丰碑,追求完美,是一名工程师的生命。"

21世纪,随着中国高铁的迅猛发展,高宗余将精力投放到高铁大跨度桥梁上。武汉天兴洲公铁两用长江大桥是高宗余桥梁生涯中的又一座里程碑。"上面跑汽车,下面跑火车",公铁两用桥结构的难度远大于普通的公路桥。当接手这座大桥的设计时,高宗余在国内已是知名的桥梁设计师。守成,是一种无风险的做法,但必须整体抬高桥梁,加大杆件尺寸,从而造成工程量、材料量猛增。为了实现经济合理,结构合适,受力完美,他设计了全新的结构方案,在这座当时世界上最大跨度的公铁两用斜拉桥上采用三索面、三主桁结构。

方案刚提出,就有专家质疑,认为该方案在世界上没有先例,存在巨大风险。他们认为还是采用常规方案好,安全风险可控。争议声中,大桥设计一度陷入进退两难的窘境。是墨守成规,还是勇于创新?高宗余坚定地选择了后者。

难关被一个个攻克,通过一系列科学严谨的研究,他的团队完全论证了三索面、三主桁桥梁结构的技术经济可行性和合理性。与传统的双索面结构相比,这种方案节省用钢3330吨,铁路和公路桥面高度降低1米,两岸引桥也可相应降低高度、缩短长度,节省工程造价1.1亿多元。经过5年多的建设,武汉天兴洲长江大桥顺利建成通车,收获了无数"世界之最、中国之最"。在2010年6月,荣获了第27届国际桥梁大会乔治·理查德森大奖,这是桥梁界的"诺贝尔"奖,每年全世界评选一座。2014年,武汉天兴洲长江大桥"三索面三主桁公铁两用斜拉桥建造技术"荣获国

科学家精神 求实篇

家科学技术进步奖一等奖，该项目是那3年以来，唯一被授予国家科学技术进步奖一等奖的桥梁工程类项目。

钻研11载　中国高速铁路桥梁迈入千米时代

设计沪苏通铁路控制性工程——沪苏通长江公铁大桥时，面对前所未有的高速重载要求，高宗余带领团队50多次踏勘现场，"沪苏通长江公铁大桥是2005年正式开始研究的，此后整整5年，光是桥位，先后就考察了10多个，重点研究了5个桥位，这个实际上是最难的事情。"他说："桥修在哪里太关键了，要保障长江航道畅通，要考虑当地的地质、水文特点，具备防洪功能，要考虑公路铁路的接洽点和周围的建设拆迁用地，越是经济发达的地区制约因素越多"。

起初，沪苏通长江公铁大桥只是为沪苏通铁路而建的，所以一开始就一直在苏通大桥下游找桥位，这样整条线路最近。但当时苏通大桥下游合适的岸线只有9公里可选，最初选在苏通大桥下游8公里处，位于太仓北面。但他们深入研究后发现，这里正对着长江水道的分汊口，长江主航道在这里分为南支、北支两条航道，通航环境复杂，不得不放弃了。然后，他们就往苏通大桥方向上移，距苏通大桥下游5公里、3公里处有没有合适的桥位？结论都不行。最后想索性与苏通大桥并行，又发现因铁路接线困难，动迁压力太大，也只能放弃了。

直到2009年年末，他们才把目光转向苏通大桥的上游，这是因为"（南）通—苏（州）—嘉（兴）—甬（宁波）"城际铁路规划确定了，开始做前期设计，而高速公路的跨江"锡通通道"（无锡—南通）也要过江，于是决定沪苏通铁路、"通—苏—嘉—甬"城际铁路跨江通道和"锡通通道"三者共享一座跨江大桥，铁路由原来的双线改为4线，一增一减，仅此就可为国家省下至少100亿元建桥投入，还大大节省了土地和岸线。于是，

2010年2月，在苏通大桥上游40公里处建设公铁两用桥的方案得以确定，发展改革委将此列为"多通道合建"的范例。

此后两年多，高宗余带领团队开展了紧张的研究工作，必须完成通航、防洪、地质、气象等20多项专题研究，才能拿到大桥的"准生证"。2012年12月19日，"沪苏通铁路工程可行性研究"报告终获发展改革委批复。1年后，中国铁路总公司和江苏省政府下达了《新建南通到上海铁路沪通长江公铁大桥工程初步设计的批复》，仅3个月内，大桥院项目团队在高宗余的带领下，开足马力，将大桥所有的施工图出完——2014年3月1日，沪苏通长江公铁大桥正式开工。

看高速铁路桥梁发展　赞叹新中国辉煌成就

在修建沪苏通长江公铁大桥时，由于当时现有的钢材强度不够，高宗余提出要研制Q500qE桥梁钢和应力可达2000 MPa的新型斜拉索，他与武钢、鞍钢等企业一同研发出高性能的桥梁结构钢，达到了国际领先水平，推动了国产桥梁钢的技术进步。

"沪苏通大桥的'钢筋铁骨'，都是我们中国人自主创新研制的。"高宗余很自豪地说。沪苏通长江公铁大桥集国铁、城际铁路和高速公路于一体，主跨1092米，为世界最大跨度的公铁两用斜拉桥、世界首座跨度超千米级公铁两用斜拉桥。大桥建成后，可抵御14级台风、8级地震及10万吨级船舶的撞击，其工程规模之大、施工难度之高、科技创新之多，创造了3项世界之最，形成了4项国际领先成套技术，代表着当前中国乃至世界桥梁建设的最高水平。

高宗余经常说，设计好桥梁要"上知天文、下知地理"。例如，桥梁工程要求确定百年一遇的设计水位，但却没有100年的水位记录。为此，就要去看居民住房的水印子、花草树木、岩石土坡中存在的蛛丝马迹，

科学家精神 求实篇

从中推理,就像侦探一样。在福平铁路平潭跨海公铁两用大桥的设计中,高宗余又成了"气象专家"。大桥环境恶劣,每年7级以上的风就有200天,浪涌最高可达10米,有效施工时间有限,工期紧张。和时间赛跑,他们从外海波浪和气象情况来判断桥位处的风浪,决定施工作业"窗口期"。同时,首次将"海洋水动力响应"概念引入跨海桥梁工程设计。

高宗余是业内公认的"大师",很多人都认为他成就非凡。但高宗余却说,自己最庆幸的是赶上了一个好时代,有着中铁大桥院这么好的工作平台,能让他有机遇、有战场可以发挥自己的专长。

"一桥飞架南北 天堑变通途"是中华民族一直以来的梦想,如今,俯瞰中国大地,一座座桥梁屹立于江河湖海之上,成为架通南来北往的经济快车道。一代代中国桥梁科技工作者的不懈追求,让梦想插上了腾飞的翅膀,让中国桥梁成为世界名片。

对高宗余而言,一个人的生命只有几十年,而一座桥却要至少屹立百年。桥是他生命的延续,是他用整个人生画下的绚丽彩虹。

三十载以桥报国,为穿越山谷、跨江越海,攻坚克难,勇于创新;三十载甘为桥基,为桥梁大国、交通强国,初心不改,筑梦前行。

(撰稿:中国国家铁路集团有限公司)